和准爸爸一起做胎教同步全书

岳然/编著

中国人口出版社
China Population Publishing House
全国百佳出版单位

图书在版编目（CIP）数据

和准爸爸一起做胎教同步全书／岳然编著．—北京：中国人口出版社，2014.7

（完美孕产育系列）

ISBN 978-7-5101-2583-6

Ⅰ．①和…　Ⅱ．①岳…　Ⅲ．①胎教—基本知识　Ⅳ．①G61

中国版本图书馆CIP数据核字（2014）第119285号

和准爸爸一起做胎教同步全书

岳然　编著

出版发行　中国人口出版社

印　　刷　河北美程印刷有限公司

开　　本　820毫米×1400毫米　1/24

印　　张　10

字　　数　200千

版　　次　2014年7月第1版

印　　次　2014年7月第1次印刷

书　　号　ISBN 978-7-5101-2583-6

定　　价　39.80元（赠送CD）

社　　长　陶庆军

网　　址　www.rkcbs.net

电子信箱　rkcbs@126.com

总编室电话　(010) 83519392

发行部电话　(010) 83534662

传　　真　(010) 83515922

地　　址　北京市西城区广安门南街80号中加大厦

邮政编码　100054

目录

Part 2

孕2月，迅速发育着

Part 3

孕3月，成了小人儿

Part 4

孕4月，激动人心的胎心音

Part 5

孕5月，幸福满满的胎动

Part 6

孕6月，好奇的倾听者

Part 7

孕7月，越来越“淘气”

Part 8

孕8月，告别“小老头”

Part 1

孕1月，生命萌芽了

胎宝宝的发育

怀孕1~2周

本书中，孕龄是从孕妈妈末次月经第1天算起的，所以怀孕1~2周时的胎宝宝实际上还不存在，他还是在爸爸体内养精蓄锐的精子和在妈妈体内茁壮成长的卵子。所以，此时的未来准爸妈应该做的胎教就是达到“精壮卵肥”的佳境，需要注意调整身心，合理运动和作息，改善环境，摄入丰富均衡的营养，补益精卵，让它们更加强壮，为孕育健康宝宝打好基础。

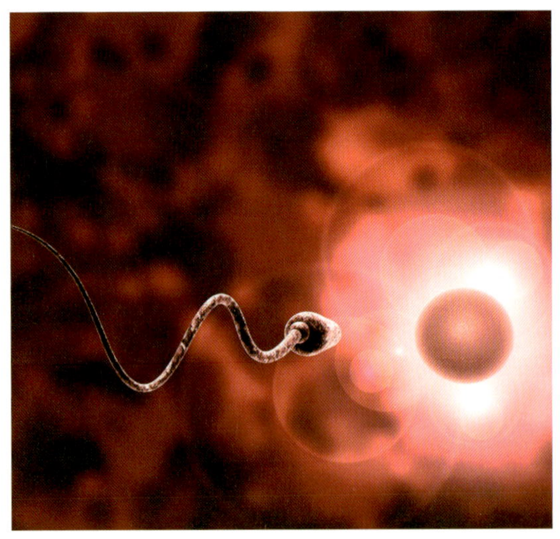

怀孕3周

这一周是未来准妈妈末次月经后的第3周，此时是受孕的黄金期，正在备孕的未来准妈妈和未来准爸爸要把握好，可以在这段时间隔天同房或每天同房，以提高受孕的概率。

同房受孕成功之后，未来准爸爸3亿多个精子中的一个幸运儿会与未来准妈妈排出的卵子结合，形成一个新的细胞——受精卵，即孕卵。

当然，也可能此时输卵管中有2个或2个以上的卵细胞，那么就可能会有2个或2个以上的精子同时进入不同的卵细胞中，好运的孕妈妈就拥有了一个双胞胎或者多胞胎。有些具有相同特征的多胞胎则是在受精卵分裂过程中产生的2个或2个以上相同的细胞。如果怀上多胞胎，孕妈妈就需要加倍地吸收营养来滋养胎宝宝。

怀孕4周

这一周，胎宝宝（暂时还是受精卵）会在子宫内“安家”，这称为着床。受精卵着床一般在受精后6~7天开始，于11~12天内完成，也就是说，第4周是受精卵着床的关键期。

一般情况下，受精卵着床是在无声无息中进行的，孕妈妈不会有什么特别的感觉。也有的准妈妈可能会察觉自己身体发生的微妙变化，比如基础体温骤降骤升、小腹胀痛、乳房胀痛、阴道出血等，但这都是个别情况，不具有普遍性和代表性。如果孕妈妈没有出现上述情况，也不用担心，只要孕妈妈的生殖系统健康，各项机能正常，受精卵一般都能顺利着床。

这个时期，胎宝宝的大脑已经开始发育了，在卵子受精后1 周，受精卵不断地分裂，其中的一部分形成大脑，一部分形成神经组织。此后，胚胎细胞将以惊人的速度分裂，细胞数量急剧增长，并逐步分化成不同的组织和器官。

最激动人心的是，这一周胎宝宝的心脏开始跳动了。

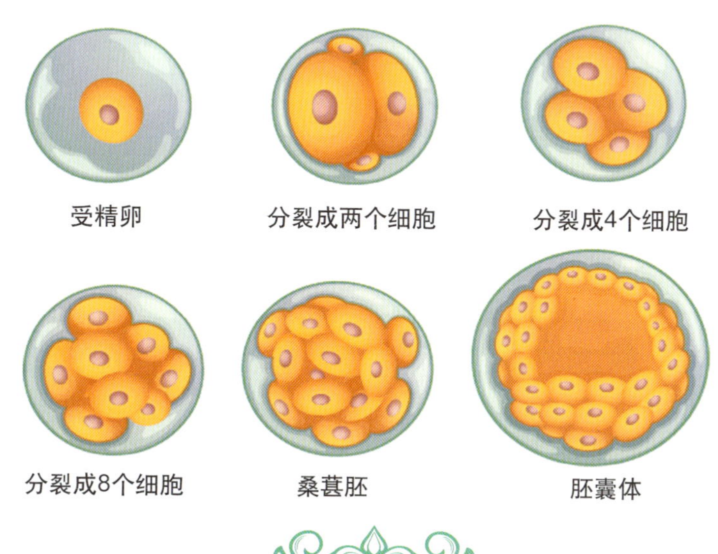

小贴士

受精卵正常着床是在子宫前壁或后壁的中上部，如果着床在输卵管等部位，就会形成宫外孕，引发意外；如果着床在宫颈口附近，就形成了前置胎盘，会给将来的分娩造成小小的麻烦，所以，孕早期应到医院检查，以排除异位妊娠。

孕妈妈的变化

停经

孕妈妈怀孕后身体最明显的变化就是月经过期不来，这时，细心的孕妈妈一般都会意识到胎宝宝的存在了。

当精子和卵子结合形成受精卵，受精卵经过分裂、移动，最后在子宫内着床，着床后的受精卵会与孕妈妈的子宫内膜互相粘附，这时有的孕妈妈会有一定的不适感，有的孕妈妈体质好，根本感觉不到，但一般都还不明显。

小贴士

受精卵着床并分泌人绒毛膜促性腺激素（HCG）后，就能用早孕试纸测出是否怀孕了，此时约为排卵后的15天，一般月经推迟几天未来时，孕妈妈就可以考虑用早孕试纸测试了。

倦怠

怀孕第1个月，孕妈妈的身体在外观上看不出任何变化，而且孕妈妈自己可能也没有任何感觉，但细心的孕妈妈可能会发现自己突然容易感到倦怠，类似感冒。

没有人确切地知道怀孕早期的疲劳是由什么引起的。不过，快速增加的孕酮（也叫黄体酮）水平可能会使孕妈妈感到特别困倦。

有些孕妈妈会把怀孕早期的感觉当成感冒，而懵懵懂懂吃了感冒药，事后想起来又很担心，怕影响胎宝宝发育。因此要提醒正在备孕的孕妈妈，如果有了不适，首先要想到怀孕的可能，不要随便吃药，即便不小心吃了药，也不要随意打胎，及时去医院检查。

值得庆幸的是，孕妈妈一旦进入怀孕中期，就会开始感到精力比孕早期更充沛了。但是，到了怀孕晚期，疲倦感通常又会出现，因为，这时孕妈妈的体重会大幅增加，而且孕期常见的不适反应也会影响孕妈妈晚间的睡眠质量。

基础体温居高不下

基础体温的测试方法：在每晚临睡前把体温计的水银柱甩到35℃以下，并把它放在床头柜上或枕头边，早上醒来后什么都不要做，随手拿起体温计，放在口腔里5分钟，然后取出查看温度，并作记录。

正常的基础体温呈双向曲线，即排卵前较低，排卵后升高。受孕后除了月经到期不来潮，孕妈妈的身体还有一个明显的标志，就是基础体温升高后不再下降，此后的整个孕期，基础体温会一直保持在较高的水平。

乳房发生变化

虽然身形上还没有什么变化，但此时身体一些与哺乳及分娩有关的部位都在悄然改变，比如乳房开始增大，由于激素的增加，乳头、乳晕颜色加深，乳头四周还会出现一些小结节，乳房变得极其敏感，稍稍一碰就会痛，而孕妈妈的臀部则正在增大，可能有些比较紧的裤子已经不能顺利穿下了。

小贴士

孕妈妈在备孕期间及怀孕期间不妨养成测量基础体温的习惯，这可以帮助你及时发现异常，并提醒你咨询医生。

安胎与保健

从备孕起就谨慎用药

卵子从初期卵细胞到成熟卵子约14天，在此期间卵子最容易受药物的影响。特别是怀孕前3个月，是主要器官分化发育时期，最容易受内外环境影响，是用药的高敏感期。

现实中，很多孕妈妈会在受孕2周之后才发觉自己怀孕了，所以很容易因为没有察觉而服药。一般来说，女性在停药20天后受孕，比较安全，但有些药物的影响时间可能更长，因此，从决定受孕开始，最好停止随便服用药物。

孕前和孕期忌服的药物

下述药物有或可能有致畸作用，所以在孕期头3个月中应禁用或小心使用：

1 抗肿瘤药。如甲氨蝶呤易引起流产和无脑、脑积水、腭裂等畸形，与他种抗癌药合用危险性更大。还有白消安、苯丁酸氮芥、6-巯基嘌呤等，都可引起胎宝宝畸形。

2 激素类药物。于妊娠头3个月服用可使女性胎宝宝男性化；3个月后服用，可使女性胎宝宝生殖器暂时增大等。

3 抗糖尿病药。甲苯磺丁脲和氯磺丙脲可能引起死胎、新生儿死亡、多发性畸形和兔唇。

4 抗疟药。乙胺嘧啶和氯喹可致胎宝宝耳聋、脑积水和四肢缺陷畸形；长期大量使用奎宁可造成死胎、先天性耳聋，是否造成畸形尚有分歧。

5 抗惊、镇静、安定药。如苯妥英钠、苯巴比妥都能引起胎宝宝唇腭裂；氯丙嗪可引起视网膜病变；氟哌啶醇可引起四肢畸形；眠而通、安定、利眠宁也可致畸胎。

6 抗抑郁药。丙咪嗪可引起胎宝宝骨畸形和兔唇；苯丙胺可致心脏缺损、大血管异位及畸形足等。

7 抗凝血药。双香豆素和华法林可致胎宝宝出血、死亡或鼻骨发育不全。

8 华素片。孕妇如服华素片，则可能导致胎宝宝体内碘聚集，甲状腺激素分泌因此受到抑制，使胎宝宝先天性甲状腺发育不良，甲状腺功能下降。

不小心误服了药物怎么办

如果是在停经3周内不小心服用药物，孕妈妈不必太过担心，此期间受精卵若受有害药物的影响而导致它无法正常分裂、发育，就会造成自然流产，孕妈妈不必为生畸形儿担忧；而若无任何流产现象，就表示受精卵已通过超强的自我修复能力挽回损伤，并继续发育成一个正常的胎宝宝。当然了，无论怎样，孕妈妈都应该及时去医院检查一下，并详细告知医生所服药物的名称，何时服用等情况。

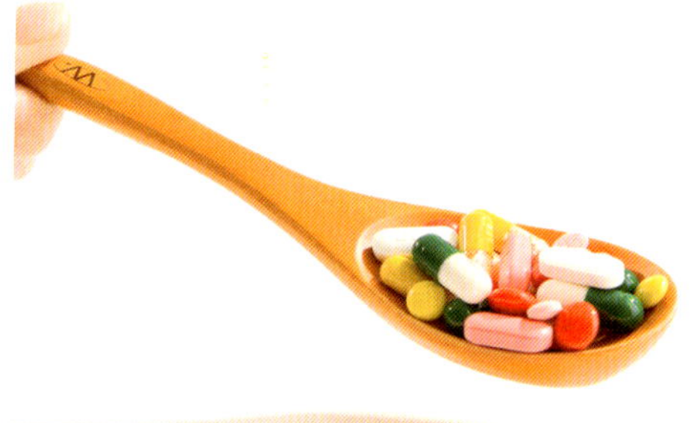

小贴士

并不是所有的药物都是孕妇禁忌的，所以生病后一定要及时去医院治疗，患病如果硬扛着不治疗的话，身体的免疫力会更低下，会对胎宝宝造成更不好的影响，最好是在医生指导下选择适当的用药方案、剂量、途径、时间，可以最大限度地保护胎宝宝。

妥善安排好宠物

之所以怀孕后需要注意宠物的安排，是因为宠物身上很可能寄生有弓形虫，这是一种肉眼看不见的小原虫，广泛存在于猫科动物中，这种原虫寄生到人和动物体内就会引起弓形虫病。

孕妈妈如果在怀孕早期感染弓形虫，就可能会引起死胎、流产、死产或畸形儿等严重后果。

怎样安排宠物

如果孕妈妈在孕前并没有养过宠物，那么孕期最好不要再特意买新宠物饲养了。如果在孕前一直饲养宠物，在决定怀孕后，可以考虑将它暂时送给亲朋好友饲养。假如孕期也不想离开宠物的话，就要特别注意宠物的卫生问题：

1 在计划怀孕之前，一定要带宠物去检查一下有无弓形虫，防患于未然。

2 不要接触来路不明、卫生状况不明的小动物。

3 限制宠物在一个房间活动，不要让它上床一起睡，接触宠物后要洗手。在众多的宠物中，猫咪的粪便最易传播弓形虫。

4 减少宠物在外游荡及与其他动物接触的机会，特别注意不要让宠物在外面吃不洁食物。孕妈妈自己动手替宠物清洁或喂饲时，最好先戴上手套，用完的手套也要第一时间彻底清洁或弃掉。当完成清洁或喂饲的工作后，切记马上洗手。

周期检测表

月经周期	开始检测日	月经周期	开始检测日	月经周期	开始检测日
21天	第6天	28天	第11天	35天	第18天
22天	第6天	29天	第12天	36天	第19天
23天	第7天	30天	第13天	37天	第20天
24天	第7天	31天	第14天	38天	第21天
25天	第8天	32天	第15天	39天	第22天
26天	第9天	33天	第16天	40天	第23天
27天	第10天	34天	第17天		

注：若月经周期天数少于21天或多于40天请咨询专科医生。

排卵试纸使用方法

1 用洁净、干燥容器收集尿液，不可使用晨尿，收集尿液的最佳时间是早10点至晚20点，尽量采用每天同一时刻的尿样，收集尿液前2小时应减少水分摄入，因为稀释了的尿液样本会妨碍LH峰值的检测。

2 将试纸有箭头标志线的一端浸入尿液中，测试纸插入尿液深度不可超过最大标志线。

3 约3秒钟后取出平放10~20分钟，观察结果，结果以30分钟内阅读为准。

结果：

两条紫红色线，下端线（检测线）比上端线（对照线）明显浅，表示LH尚未出现高峰值，必须持续每天测试。

两条紫红色线，上、下端线（对照线、检测线）颜色基本相同，或下端线（检测线）比上端线（对照线）色深，表示将在24~48小时内排卵。

只出现一条紫红色线（对照线）于试条上端，表示无排卵。

小贴士

性交次数过疏或过频都不利于受孕，性交过频会导致精液稀薄，精子量少。为了增加受孕的机会，提高精子质量，接近排卵期前，应禁欲3~5天，使双方精血旺盛。

学会用早孕试纸

早孕试纸是测试怀孕非常方便的工具，它通过测量女性尿液中人绒毛膜促性腺激素（HCG）的含量来得到结果。当HCG的含量达到一定的诊断标准时，早孕试纸显示阳性结果，即表明可能怀孕，在性行为后14天左右，可以通过这种方式检测是否怀孕。

早孕试纸的使用方法

1 用洁净、干燥的容器收集尿液。任何时间的尿液均适合本试验。如刚怀孕，则用早晨第一次尿液为最佳。

2 将测试纸条有箭头标志的一端浸入装有尿液的容器中， 约3秒钟后取出平放，30 秒至5分钟内观察结果（测试时请勿超过最大值线）。

测试结果

1 阴性：只出现对照线，表示没有怀孕。

2 弱阳性：对照线、检测线都显色，但检测线显色弱于对照线，表示可能怀孕，应隔天用晨尿重测。

3 阳性：对照线、检测线都显色，检测线显色明显清晰，表示已经怀孕。

4 强阳性：对照线、检测线都显色，但检测线显色强于对照线，表示怀孕一段时间。

5 无效：无任何色线出现，表明试验失效或失败。

注意事项

1 注意产品的生产日期，不要使用过期的测试纸，因为化学药剂时间长了就会失效。而且经过冷藏处理和受潮的试纸，都会导致试纸失效，使得测试结果不准确。

2 测试的时间不宜太早。HCG在受孕后10~14天开始分泌，60~70天达到高峰。因此，受孕10 天内，即使怀孕了，HCG的含量也比较少，此时检测的话，无法断定是否怀孕。

3 如果自测结果呈阴性，但1周之后月经仍未来潮，应再做一次自测。如果还是阴性，最好去医院做检查。

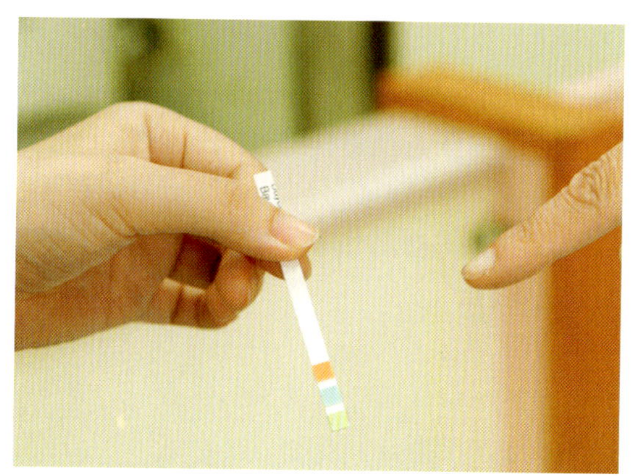

小贴士

早孕试纸的一般测试结果只能达到50%~75%的精确率，最好能多做几次检测，而且最好尽快去医院做早早孕检测，以确认怀孕。

别将怀孕误以为是感冒

怀孕早期，孕妈妈常常没有任何原因地出现类似感冒的症状，比如：

周身发热，浑身倦怠乏力。

感到周身发冷，睡意绵绵，清晨起来有些睡不醒的感觉，觉得头晕、恶心。

有的孕妈妈误以为是感冒，自行吃药，结果造成不良影响。计划怀孕的孕妈妈这个时候千万不要马虎大意，误把怀孕当感冒来治了。

怎样区别是真的感冒还是怀孕了

如果是怀孕了，这些类似感冒的症状过几天就会自动消失，不必吃药，早期胚胎比较脆弱，烟、酒、药物、疾病等都可能影响胎宝宝的发育。当出现这样的症状时，可以先买一个试纸自己测一下，阳性和弱阳性一般情况下可能就是怀上了，这时候孕妈妈要多注意身体。

如果确实是感冒了，这些症状可能会越来越重，还会伴随流清鼻涕的症状，一般要1周左右才能渐渐痊愈。

假如孕期感冒了

怀孕之后，孕妈妈的鼻、咽、气管等呼吸道黏膜肥厚、水肿、充血，抗病能力下降，所以也比较容易感冒。一旦感冒，一定要及时去医院就诊，分清是普通型的小感冒，还是病毒性的流行性感冒。

如果是一般的小感冒，建议用物理治疗的方式：

1 多喝水，多吃一些富含维生素C的食物。维生素C是体内有害物质过氧化物的清除剂，同时具有提高呼吸道纤毛运动和防御功能。富含维生素C的食物有番茄、菜花、青椒、柑橘、草莓、猕猴桃、西瓜、葡萄等。

2 多吃一些富含锌的食物。当人体缺锌时，呼吸道防御功能会下降，孕妈妈则需要比平时摄入更多的含锌食品（如海产品、瘦肉、花生米、葵花子和豆类等食物都富含锌）。

3 多锻炼身体。锻炼是提高身体抗病能力的有效途径，孕妈妈在整个孕期都要坚持锻炼。

4 多开窗换气，让新鲜空气不断进入室内。

但如果患的是流行性感冒，并伴随出现发烧等现象，则要在医生指导下，进行治疗，以免胎宝宝受到影响。

小贴士

如果孕妈妈服用感冒药之后发现自己怀孕了，先不要慌，记下所吃药物的种类，然后尽快去咨询一下医生。不要做无谓的担忧，也不要轻易决定流产。

坚持继续补充叶酸

叶酸是孕早期最重要的营养素之一，孕妈妈早期缺乏叶酸，可造成胎宝宝器官发育障碍，引起神经管畸形，而此时多数孕妈妈可能并没有意识到自己已经怀孕。叶酸必须每天补充400微克，连续补充一个月，体内血液里的浓度才能达到预防神经管疾病的发生的标准，所以提倡从准备怀孕就开始补充，一直补到怀孕后3个月。

帮孕妈妈补充叶酸的食物

含叶酸的食物很多，尤以猕猴桃为佳，其中含有高达8%的叶酸，有“天然叶酸大户”之美誉，孕妈妈可以经常吃，尤其是当季时。

下表中所列的食物，都含有叶酸：	
动物食品	动物的肝脏、肾脏，禽肉及蛋类，牛肉，羊肉等
蔬菜	莴苣、青菜、龙须菜、花椰菜、油菜、小白菜、菠菜、胡萝卜、番茄、扁豆、豆荚、蘑菇等
谷物	大麦、米糠、小麦胚芽、糙米等
豆类	黄豆、豆制品等
坚果	核桃、腰果、栗子、杏仁、松子等
水果	橘子、草莓、樱桃、香蕉、柠檬、桃子、李、杏、杨梅、海棠、酸枣、石榴、葡萄、猕猴桃、梨、胡桃等

食补不能替代叶酸补充剂

“药补不如食补”是我们的传统观念，然而补叶酸却是反过来的。由于中国人的传统烹饪习惯容易使食物中的天然叶酸含量丧失，食补的效果大打折扣，很可能达不到替代叶酸补充剂的效果。

叶酸是一种水溶性的B族维生素，遇光、遇热就不稳定，容易失去活性，所以，虽然含叶酸的食物很多，但人体真正能从食物中获得的叶酸并不多。如蔬菜贮藏2~3天后叶酸损失50%~70%；煲汤等烹饪方法会使食物中的叶酸损失50%~95%；盐水浸泡过的蔬菜，叶酸的成分也会损失很大。

中国传统饮食的烹制习惯，喜欢将蔬菜等长时间高温炒、煮，这会使食物中大部分叶酸被破坏，被吸收的叶酸就可想而知了。所以，要想足量摄入叶酸，除了在食物的储存、烹饪上多加注意，还必须重视叶酸补充剂。有研究显示，人体对叶酸补充剂的吸收，要比对某些食物中包含的天然叶酸的吸收好得多，也就是说，服用叶酸补充剂比食补效果更好。

胎教三人行

第1周胎教方案：做受孕的准备

ξ 准爸爸胎教：可以更体贴一点

很多孕妈妈在怀孕早期会出现肠胃不适、恶心、呕吐、头晕、乏力等早孕反应，这样的情况下很容易产生烦躁、恐慌、疲劳等各种心理和生理上的压力。这个时候孕妈妈很需要准爸爸的宽容和鼓励，如果准爸爸能够多学习一些孕期的保健知识，多关心、体贴、安慰和鼓励孕妈妈，就能帮助孕妈妈保持一个良好的心情。

可以做的体贴活

首先，准爸爸需要加倍关心、爱护、体贴孕妈妈，让她能够时时体会到家庭的温暖，并且主动承担家务活，保证孕妈妈能够有充足的休息和睡眠时间。除此之外，还要妥善安排好孕妈妈的饮食，以保证营养物质的摄入。

其次，准爸爸要尽量给孕妈妈创造安静、舒适、整洁的环境，不要惹孕妈妈生气，更不要发生争吵，避免孕妈妈有不良情绪的刺激。准爸爸可以多陪孕妈妈出去散散步，到环境好的公园里走一走，多呼吸一些新鲜的空气。

得知妻子怀孕以后，准爸爸就该了解一些孕育、胎教知识了，可以问有经验的同辈和长辈，也可以买一些这方面的书看，条件允许的可以咨询专业的妇产科大夫或专家。此外，家庭要增加小成员了，不要忘了重新修改一下自己的工作、生活计划，比如怀孕期间准爸爸最好不要到外地工作，取消两个人的长途旅行计划，喜欢自助游的夫妻要避免运动量大的旅行活动等。

最后，不要吸烟，同时要节制性生活，尤其是在胚胎形成的孕早期更要避免。

小贴士

对于即将为人父的准爸爸而言，能够做到的，除了主动关心和照顾孕妈妈外，更重要的是在孕妈妈提出合理要求时，尽量想办法去配合，这样可以让孕妈妈感受到无比的幸福与喜悦，有助于胎宝宝发育。

ξ 优境胎教：巧妙优化工作环境

虽然现在许多写字楼装修精美、设备先进，环境也很优雅、舒适，但它们也同时存在着各种各样的污染源，孕妈妈应该尽量避开这些不利因素，最大限度地减少对胎宝宝造成的不良影响。

电脑

电脑开启时，显示器散发出电磁辐射，在备孕及怀孕时，孕妈妈需要与主机或显示器保持一臂以上的距离。显示器的屏幕需要定期擦拭，减少静电伤害。此外，孕妈妈不应该总是坐在电脑面前不动，长久不动也不利于胎宝宝成长。

电话

电话是最容易在写字楼里传播疾病的办公用品之一。电话听筒上2/3的细菌可以传给下一个拿电话的人，是办公室里传播感冒和腹泻的主要途径。所以孕妈妈最好拥有一部独立的电话机或减少打电话的次数，或经常用酒精擦拭一下听筒和键盘。

空调

孕妈妈在空调房里面待久了，可能会出现头晕、疲倦、心情烦躁的感觉。长期在空调环境里工作的人容易出现头痛和血液循环方面的问题，而且特别容易感冒。所以孕妈妈需要时常让自己透透气，在空调房里时需要多备一件衣服，避免着凉。

复印机

由于复印机的静电作用，空气中会产生出臭氧，它使人头痛和晕眩，启动时，还会释放一些有毒的气体，有些过敏体质的人会因此发生咳嗽、哮喘。因此，复印机要尽量放在一个空气流通的地方，并要避免日光直接照射，使用时需要尽量远离，怀孕后可以请人代劳。

小贴士

在工作场所，孕妈妈一定要记得定时开窗通风。怀孕期间，尽量每隔两三个小时到室外待一会儿，呼吸几口新鲜空气。

ξ 情绪胎教：畅快心情塑造优良内环境

孕妈妈心情舒畅时，体内可分泌一些有益的激素，以及酶和乙酰胆碱，有利于胎宝宝的正常生长发育；而孕妈妈情绪不良时，如激动或焦虑时，会产生大量肾上腺皮质激素，并随着血液循环进入胎宝宝体内，使胎宝宝产生不良情绪，扰乱其正常发育。

所以，孕妈妈保持心情舒畅实际上是一种情绪胎教，通过对孕妈妈的情绪进行调节，忘掉烦恼和忧虑，创造清新的氛围及和谐的心境，从而塑造优良的内环境，促进胎宝宝的发育。

改善情绪的方式

转移不良情绪：这是一种比较常用的方法，在情绪不好的时候，可以做一些自己喜欢做的事情，如听音乐、看画册等，从而使自己的情绪得到转移。

释放不良情绪：找朋友诉说，也可以写妊娠日记，必要的时候还可以哭一场，这些都可以释放心中的压力、委屈和不安。

自我告诫：当有坏情绪时，告诫自己："不要生气，生气解决不了问题，肚子里的宝宝正在看着你呢，他也会不高兴的！"

生气时调节心情的几个小方法

1 凡事要往好处想，不要生气，不要着急。

2 遇到不开心的事情要往别处想，离开不愉快的情境，转移注意力。

3 跟自己说话，相信有办法解决，说话慢一点，平和一些。

4 坐下来，身子往后靠，使心情平静下来。

5 按摩头部和太阳穴。

6 用温水洗澡。

7 把眼睛闭上几秒钟。

8 置身于欢乐的人群中，给自己的情绪以积极的感染，从中得到宽慰。

9 到附近草木茂盛的宁静小路上散步。

10 听听自己喜爱的音乐，翻翻自己喜爱的书籍，想一想未来小宝宝的模样。

小贴士

出现坏情绪的时候，孕妈妈一定要想办法改善和调节，不要大悲大怒，尤其不能赌气，更不可吵骂争斗，这样不仅伤身体，还会影响胎宝宝的成长。

营养胎教：这些食物可助孕

计划怀孕的未来准爸爸、未来准妈妈可以多吃以下食物来提高受孕概率：

动物内脏	这类食品中含有较多的胆固醇，其中，约10%是肾上腺皮质激素和性激素，适当食用这类食物，对提高受孕概率有帮助
含锌食物	锌在男性产生精液和睾丸激素以及女性的排卵和生育能力方面，都能发挥作用。各种植物性食物中含锌量比较高的有豆类、花生、小米、萝卜、大白菜等。各种动物性食物中，以牡蛎含锌最为丰富，此外，牛肉、鸡肝、蛋类、羊排、猪肉等含锌也较多
富含精氨酸的食物	精氨酸是精子形成的必需成分，并且能够增强精子的活动能力，对男子生殖系统正常功能的维持有重要作用。富含精氨酸的食物有：鳝鱼、海参、墨鱼、章鱼、木松鱼、芝麻、花生仁、核桃等
富含蛋白质、维生素的食物	精子和卵子的生存需要优质蛋白质及多种维生素，充足的蛋白质和维生素可以令精子和卵子更优质。富含蛋白质、维生素的食物有瘦肉、鸡蛋、新鲜蔬果等
含叶酸的食物	叶酸不足会降低精液的浓度，减弱精子的活力，还可能造成精子中染色体分离异常，加大胎宝宝出现染色体缺陷的概率。富含叶酸的食物种类比较多，如动物肝脏、蔬果、谷物、黄豆、坚果等

小贴士

食物能提高受孕概率并不表示一次要吃很多，只要每天能吃一些即可，否则过量的营养素反而可能降低生育能力。此外，提高受孕概率还要注意避免一些不良的穿衣习惯，不要穿紧身裤，也不要穿T形内裤。

第2周胎教方案：放轻松迎接好“孕”

美育胎教：欣赏古曲《渔樵问答》

《渔樵问答》是一首古琴曲，描述的是一个渔夫和一个樵夫聊天的情景，充满了自然的趣味。乐曲开始曲调悠然自得，表现出一种飘逸洒脱的格调，上下句的呼应造成渔樵对答的情趣。主题音调的变化发展，并不断加入新的音调，刻画出隐士豪放不羁、潇洒自得的情景，使人仿佛看到高山巍巍，听到樵夫咚咚的伐木声。

此曲有一定的隐逸色彩，能引起人们对渔樵生活的向往，但此曲的内中深意，应是“古今多少事，都付笑谈中”及“千载得失是非，尽付渔樵一话而已”。兴亡得失这一千载厚重的话题，被渔夫、樵夫的一席对话解构于无形，这才是乐曲的主旨所在。

小贴士

吃过早饭之后，如果不急着上班，不妨在阳台或院子里慢慢地踱着步，打开音响或随身戴着耳机，听着渔夫和樵夫的“对话”。孕妈妈可以边听边想象他们谈话的内容，你会发现，一首曲子可以轻轻地将你带入惬意的田园意境。

情绪胎教：拥有一颗平常心

从微观的角度看，孕育是一个神奇的过程，精卵结合的瞬间，一个新的生命便开始孕育生成，细胞分裂后生命在一分一秒中不断成长。

然而，孕育生命并非像看起来那样难，也并非像看上去那么特殊，它的本质是实现生命的延续，这是人类繁衍的必经之途，也是自古以来每个女性都拥有的一种权利。孕育之所以如此精密，正是因为人类经历了相当长久的进化，所以孕育也是相对安全的。

每个人来到这个世界上都是通过母亲孕育而来，在母亲们看来，孕育是一件自然而平常的事情，正因为这样，每个孩子的到来也是一件能预料和期待的事情。

孕妈妈应有一颗平常心，不高估自己，也不能低估自己，将孕育一个宝宝看作是一件平常事，既积极主动，尽力而为，又顺其自然，不苛求事事完美。做好每天要做的事情，享受生活，享受做好每一件事情所带来的快乐，这会让自己有足够的力量去承担挫折和苦闷。

小贴士

现在，孕育的知识已经相当普及，孕育的科学技术也在不断成熟，孕育宝宝比以前要好把握得多了，孕妈妈只要调整好心态，配合好医生，孕育过程一般都会很顺利。

阅读胎教：朗诵赞美母亲的诗句

十月胎恩重， 三生报答轻。（《劝孝歌》）

世上唯一没有被污染的爱，那便是母爱。（宇严）

成功的时候，谁都是朋友。但只有母亲——她是失败时的伴侣。（郑振铎）

父兮生我，母兮鞠我，抚我畜我，长我育我， 顾我复我。（《诗经》）

慈母手中线，游子身上衣。临行密密缝，意恐迟迟归。谁言寸草心，报得三春晖。（孟郊）

慈母的胳膊是由爱构成的，孩子睡在里面怎能不香甜？（雨果）

全世界的母亲是多么的相像！ 她们的心始终一样，每一个母亲都有一颗极为纯真的赤子之心。（惠特曼）

我的生命是从睁开眼睛，爱上我母亲的面孔开始的。（乔治·艾略特）

妈妈是我最伟大的老师，一个充满慈爱和富于无畏精神的老师。如果说爱如花般甜美，那么我的母亲就是那朵甜美的爱之花。（史蒂维·旺德，美国著名盲人男歌手）

世界上的一切光荣和骄傲，都来自母亲。（高尔基）

世界上有一种最美丽的声音，那便是母亲的呼唤。（但丁）

人的嘴唇所能发出的最甜美的字眼，就是“母亲”，最美好的呼唤，就是“妈妈”。（纪伯伦）

妈妈你在哪儿，哪儿就是最快乐的地方。（英国谚语）

我给我母亲添了不少乱，但是我认为她对此颇为享受。（马克·吐温）

小贴士

母亲是一个充满神圣的字眼，从现在开始，你即将成为一个小生命的母亲，在这个过程中，你感受着生命的悸动，同时更深刻地感受到母亲深沉的爱，你会把这份爱给你腹中的生命，将来的某一天，他会把这份爱还给你。

准爸爸胎教：善用胎教日记

孕期的生活不妨做下记录，包括孕妈妈身体、情绪和心理点点滴滴的变化，以及学习和了解的胎教知识、孕期常识、胎教理念等，不仅可以记下听音乐、读唐诗、朗诵英语的情景或感受，还可以记下十月怀胎的酸甜苦辣，记下孕妈妈孕育新生命的喜怒哀乐，记下孕妈妈的衣、食、住、行等，甚至偶有的不适、如何就医、如何服药也可以记下来，还可以记下新生命的全部孕育过程，以及对腹中的胎宝宝进行胎教的全过程。

胎教日记不仅仅是一份记录，更重要的是写下这些内容时会激发一颗快乐的心。胎教日记还是培养夫妻爱情结晶的记录，日后读起来的时候，会勾起甜蜜的回忆，有利于夫妻感情的深化。当宝宝长大了读到胎教日记时，他一定会一会儿摇头，一会儿笑得前仰后合，也一定十分喜爱这份“个人成长史”的见证物，会更深刻地体会和领悟父母的养育之恩。

准爸爸写胎教日记好处多多

胎教日记可以由孕妈妈来记，也可以是准爸爸来写，如果孕妈妈和准爸爸一起完成的话，效果会更好。但鉴于准爸爸无法与胎宝宝进行最亲密的接触，所以，无论孕妈妈是否自己写了胎教日记，准爸爸都不妨以记录胎教日记的方式来感同身受地表达自己眼中胎宝宝的成长，一个勤奋又负责的准爸爸一定可以写出世界上最好的胎教日记。俗话说，“一个父亲胜于百个教师”，做胎宝宝的好爸爸就从写胎教日记开始吧。

第3周胎教方案：开始神奇的孕之旅

营养胎教：这些营养素越吃越聪明

智商的基础是神经系统，而神经系统在胚胎早期就开始发育了，比起其他器官及系统的发育，神经系统可能是最早发育的，而且贯穿整个孕期。因此，在整个孕期，孕妈妈都可以多补充神经系统发育所需的营养，帮助胎宝宝完善脑部发育，孕育一个聪明宝宝。

大脑及神经系统发育所需的营养素及食物来源：

维生素A 主要存在于动物肝脏中。

维生素E 广泛存在于各种油料种子及植物油中。

β-胡萝卜素存在于深颜色的蔬菜水果中，如胡萝卜、南瓜等。

小贴士

人脑发育需要脂类、蛋白类、碳水化合物类、B族维生素、维生素C、维生素E和钙等营养成分共同作用，所以除了一些重点营养素外，孕期营养摄取还必须兼顾全面，每天最好摄取15种左右的食物。

DHA又称长链多不饱和脂肪酸，在深海鱼的脂肪组织和肝脏组织中含量丰富。

磷脂主要存在于肝脏和蛋黄里。

碘是一种重要的微量元素，孕期缺碘有可能生出呆小症儿， 奶制品、海产、海藻类、蛋、面包都含有碘。

铁主要存在于动物肝脏、动物瘦肉、动物血中。

钙奶及奶制品含钙丰富，且吸收率高，是钙的良好来源。

阅读胎教：朗诵诗歌《开始》

开始

泰戈尔

我是从哪儿来的，你，在哪儿把我捡起来的？孩子问他的妈妈说。

她把孩子紧紧地搂在胸前，半哭半笑地答道——你曾被我当作心愿藏在我的心里，我的宝贝。

你曾存在于我孩童时代的泥娃娃身上，每天早晨我用泥土塑造我的神像，那时我反复地塑了又捏碎了的就是你。

你曾和我们的家庭守护神一同受到祀奉，我崇拜家神时也就崇拜了你。

你曾活在我所有的希望和爱情里，活在我的生命里，我母亲的生命里。

在主宰着我们家庭的不死的精灵的膝上，你已经被抚育了好多代了。

当我做女孩子的时候，我的心的花瓣儿张开，你就像一股花香似的散发出来。

你的软软的温柔，在我青春的肢体上开花了，像太阳出来之前的天空上的一片曙光。

上天的第一宠儿，晨曦的孪生兄弟，你从世界的生命的溪流浮泛而下，终于停泊在我的心头。

当我凝视你的脸蛋儿的时候，神秘之感淹没了我；你这属于一切人的，竟成了我的。

为了怕失掉你，我把你紧紧地搂在胸前。是什么魔术把这世界的宝贝引到我这双纤小的手臂里来的呢？

小贴士

泰戈尔的这首诗歌甜美、深切感人，是一首对生命的礼赞之歌，它通过一位母亲对孩子的自述，追溯了人类孕育、诞生的全过程，满怀着母亲无限的爱意。在这首诗歌里，孕妈妈一定可以感受到生命的美好，体会到生命带来的温暖与感动。

ξ 意念胎教：想象胎宝宝的样子

孕妈妈的心里一定对胎宝宝的样子充满了期待吧，从决定要一个宝宝到现在知道自己真的已经拥有这个宝宝，这期间胎宝宝经历了太多神奇的变化，几乎一天一个样儿，不妨多想象一下胎宝宝的模样。

从胎教的角度来看，孕妈妈的想象非同小可，它能通过意念构成胎教的重要因素，转化渗透在胎宝宝的身心感受之中，影响他的成长过程。孕妈妈脑中时常萦绕着的对于胎宝宝的美好想象，对他正在迅速发育的大脑、形体和容颜以及各个脏器会有很大刺激，使得它们按着你的意念去发育成长。

怎样想象胎宝宝的模样

孕妈妈不妨经常想象，胎宝宝有天使般的脸庞、健康的体魄、聪明的大脑……尽可能想象一切美好、健康、积极的因素，并盼望着他的到来。用自己的意象塑造理想中的胎宝宝，这种强化“我的孩子应该是这样的”的愿望，对塑造理想中的胎宝宝是有积极意义的。还可以为胎宝宝画下一幅想象画，或者找一张孕妈妈觉得和他长得最像的宝宝照片，把想对他说的话和自己的美好愿望写下来，这对于强化意愿是有帮助的。

在宁静的环境中，采取轻松的姿势，想象胎宝宝的情形，甚至连心脏的脉动都能感受到，然后跟胎宝宝之间，便会产生传递爱意的精神回路，胎教效果会更好。

ξ 优境胎教：正确应对辐射源

自然环境中有许多的天然辐射，这些天然产生的电磁辐射大多对人体是无害的。不过现代社会有很多人工辐射，比如手机、电脑、家用电器等，它们是生活中必不可少的部分，难以完全避免，但也可能对孕妈妈的健康产生威胁，因此，孕妈妈要学会正确地应对，安然度过孕期。

手机：减少接触时间

手机未接通时的辐射是接通时的20倍，而手机只剩一格电时的辐射也要远远超过满格时。所以孕妈妈应当尽量减少使用手机的机会，并且长话短说，也尽量避免将手机挂在胸前或腰间。

电脑：避开电脑后背

电脑在开机时辐射最强，它放射出的电磁辐射十分复杂，不过真正辐射到人身上的射线照射量很小，但孕早期为了避免可能造成的伤害，孕妈妈还是要多加注意。

上班的孕妈妈要尽量避免坐在电脑背后，将后方电脑的朝向往旁边移，或改用笔记本电脑。此外，每日使用电脑的时间最好控制在2~4小时。使用电脑时还要注意活动，不可久坐不动。

家用电器：摆放不宜过于集中

包括电视、电冰箱、洗衣机、空调等，它们的辐射强度总的来说不如手机和电脑，但仍然要注意使用方法。选购时注意挑选正规厂家的名牌家电产品，保持一定的安全距离。电器摆放不要过于集中，电视机、电脑、冰箱等不宜摆放在卧室里。

微波炉：使用注意安全距离

微波炉的辐射是家用电器中危害最大的，必须注意防范。

在挑选微波炉时一定要注意看说明书上的辐射标准，尽量不独自使用微波炉，如果需要使用，要远离微波炉至少1米。

其他家用电器的使用方法

吸尘器、电熨斗、吹风机在使用时都会放射出较强的辐射，电源接线板在通电时也会放射出较强的辐射。孕妈妈要尽量避免用吸尘器清洁房间；使用电熨斗切不可一边加热一边熨衣服，那样会增加辐射；头发最好自然晾干，避免使用吹风机；电源接线板要远离床。

尽量避免使用抽油烟机

抽油烟机的辐射超过了电冰箱和电视机，所以孕妈妈在孕早期应尽量避免做饭，必须使用抽油烟机的情况下尽量缩短炒菜时间。规避装修材料的辐射，化学物品也具有辐射性，大理石类建材也是个辐射源。搬进新居前应对房屋进行辐射检查，对辐射源加以屏蔽或调整家具位置，避免近距离接触辐射材料。

小贴士

无线鼠标、无线键盘辐射均较大，孕妈妈要慎重使用，普通键盘、鼠标，以及无线网关、数码相机和MP4电源辐射都不大，孕妈妈可适当使用。

第4周胎教方案：成为最快乐的小胚芽

ξ 阅读胎教：朗诵诗歌《你是人间四月天》

你是人间四月天

林徽因

我说你是人间的四月天；
笑音点亮了四面风；
轻灵在春的光艳中交舞着变。
你是四月早天里的云烟，
黄昏吹着风的软，
星子在无意中闪，
细雨点洒在花前。
那轻，那娉婷，你是，
鲜妍百花的冠冕你戴着，
你是天真，庄严，
你是夜夜的月圆。
雪化后那片鹅黄，你像；
新鲜初放芽的绿，你是；
柔嫩喜悦水光浮动着你梦期待中白莲。
你是一树一树的花开，
是燕在梁间呢喃，
你是爱，是暖，是希望，
你是人间的四月天！

小贴士

这首诗是民国时期的才女林徽因为儿子的出生而作的，诗人将四月的春景比作她心里的那个小天使，字里行间诠释的都是爱与希望。一个妈妈对孩子的期待与爱恐怕只有做了妈妈的人才能真正诠释，儿子出生带来的喜悦以及母亲对儿子的希望，这些都被她写进了这首深情的诗歌《你是人间四月天》中。同样爱子情深的孕妈妈在读这首诗歌时，相信也能在心中激起满满的温暖与享受。

ξ营养胎教：吃酸的讲究

由于酸味能刺激胃分泌胃液，有利于食物的消化与吸收，所以多数孕妈妈都爱吃酸味食物。从营养方面来说，孕妈妈吃酸味食物对自己和胎宝宝的发育都有好处，但并不是说只要是酸味就一定是好的食物，这里所说的营养酸味食物包括新鲜水果和酸奶等营养食品，孕妈妈应该对酸味食物有选择地食用。

哪些酸味食物对孕妈妈有益

很多新鲜的瓜果含酸味，这类食物含有丰富的维生素C，维生素C可以增强母体的抵抗力，促进胎宝宝正常生长发育。因此喜吃酸味食物的孕妈妈最适合选用一些带酸味的新鲜瓜果，如西红柿、青苹果、橘子、草莓、葡萄、酸枣、话梅等，也可在食物中放少量的醋、番茄酱，增加一些酸味。酸奶富含钙、优质蛋白质、多种维生素和碳水化合物，还能帮助人体吸收营养、排泄有毒物质。

哪些酸味食物孕妈妈不宜食用

孕妈妈一定要慎吃人工腌渍的酸菜或者醋制品，虽然它们有一定的酸味，但维生素、蛋白质、矿物质、碳水化合物等多种营养几乎丧失殆尽，而且腌菜中的致癌物质亚硝酸盐含量较高，过多地食用对母体、胎宝宝的健康无益。

另外，酸酸的山楂虽然富含维生素C，但是无论是鲜果还是干片，孕妈妈都不能多吃。因为山楂或山楂片具有刺激子宫收缩的成分，有可能引发流产和早产，尤其是在孕早期，有过流产、早产史的孕妈妈更不可贪食。

ξ优境胎教：换换卧具与寝具

一个舒适的卧室能使孕妈妈的情绪稳定，并有利于促进胎宝宝的成长发育，卧室是否舒适与寝具是否舒适有很大的关系。进入孕期了，孕妈妈不妨行动起来，为自己和胎宝宝打造温馨舒适的卧室，及时换掉那些不合适的卧具和寝具。

孕期睡木板床更好

孕妈妈适宜睡木板床，铺上较厚的棉垫，避免因床板过硬，缺乏对身体的缓冲力，从而转侧过频，多梦易醒。还可以在床边加一张活动式桌子，让孕妈妈坐在床上看书或享受美餐。

枕头不宜太高

枕头高度以9厘米（平肩）为宜，过高会迫使颈部前屈而压迫颈动脉，进而引起大脑血流量降低而引起脑缺氧。

被褥、床单宜选用全棉制品

理想的被褥是全棉布包裹棉絮，床单也应是棉织品，它们亲肤柔和，不会引起皮肤过敏或不适，孕期不宜使用化纤混纺织物作被套及床单。

房间要留出活动空间

家具要尽可能地靠墙放，棱角不要太突出，尽量让空间相对增大，孕妈妈需要一个宽敞的空间进行活动。

夫妻时间：看电影《初试啼声》

电影基本信息

片名：《初试啼声》

英文名：The first cry

导演：Gillesde Maistre

编剧：Marie Claire Javoy/Gillesde Maistre

类型：纪录片

语言：法语

《初试啼声》是一部温暖又恬淡的纪录片，记录了全世界不同国家不同地区的女人生孩子的不同情况。有人在家生，有人在海里生，有人在游泳池生，有人在浴缸里生，还有人站在野外抓着木棍生。

有这样一群人，他们用纪录片记录了大自然和人类一些被忽视了的情节，孕育就是其中一个素材。孕育是人类繁衍传承的基本活动，在这样一部记录孕育的片子里，孕妈妈对自己的胎宝宝或许会有些不同的感受。

如果没有看片子，孕妈妈可能会被吓到，实际上，这部片子拍得很美，每个镜头都透着对孕妈妈的敬畏心，每一个新生命来到世界的整个过程，在镜头里都是神圣的。想要顺产的孕妈妈，相信会在片子中找到更加坚定的信心。

Part 2

孕2月，迅速发育着

胎宝宝的发育

ξ 怀孕5周

到现在为止，受精卵已经在孕妈妈的肚子里住满4周了。此时，小胚胎像颗绿豆那么大（8周之前称为胚胎），虽然只有6毫米长、1克重，却有个约占了身长一半的大脑袋，手脚几乎看不到，还有一条小尾巴。它刚刚能用肉眼看到，酷似一只可爱的小海马。

这个时候是小胚胎重要的“变身”期。胚泡着床后，在第5 周形成内、中、外3个胚层：外胚层出现一条脊索，并分化成神经系统、眼睛的晶体、内耳的膜、皮肤表层、毛发和指甲等；中胚层分化成肌肉、骨骼、结缔组织、循环系统、泌尿系统；内胚层则分化成消化系统、呼吸系统的上皮组织及有关的腺体、膀胱、尿道及前庭等。

神经系统和循环系统在这个时期最先开始分化，心脏开始成形，刚开始有了搏动，每分钟可达70次左右。

ξ 怀孕6周

怀孕进入第6周了，此时，胎盘还没有形成，胚胎用绒毛来吸收母体的营养，它的表面覆盖着绒毛组织，这种绒毛深植于厚软的子宫内膜中，它暂时用这种方式来给自己提供营养， 不久就会形成胎盘， 出生之前，它都是通过胎盘吸收母体的营养成分， 排出代谢产物。

现在，小胚胎看上去像一颗小松子仁那么大，别看它此时还小，但生长十分迅速，脑和呼吸系统正在发育， 肝脏开始发育， 血液循环系统的器官原型已经出现，四肢的雏形已经出现，只是还不很规则，医学上称它为“胎芽”。

这一周，胚胎形成了与母体相连的脐带，开始漂浮在充满液体（羊水）的羊膜囊中，身体蜷缩成一个“C”字，活像一条快乐地游弋在水里的小鱼儿。

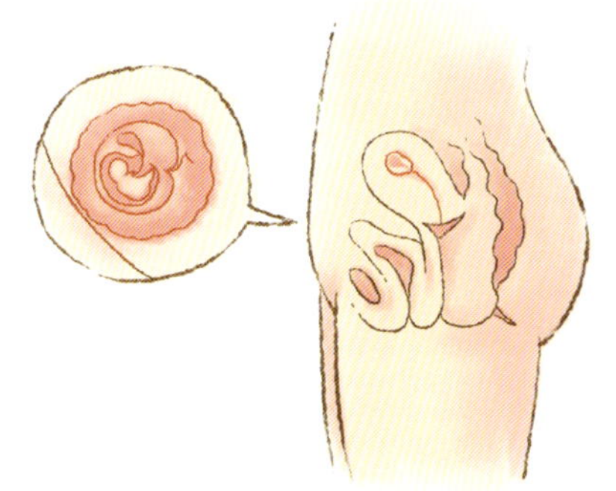

怀孕7周

这一周，胎宝宝的大脑、身体将经历重要的发育时期。胚胎的神经系统轮廓在这一周已接近完成，头部明显增大，80%的脑和脊髓的神经细胞开始形成，大脑平均每分钟就有10000个神经细胞产生，迅速发育成前脑、后脑和中脑3个部分，大脑皮质也已经清晰可见。

胚胎上伸出的幼芽般的四肢长成的胳膊和腿现在看上去很明显，在其末端有裂，以后这些变成手指和脚趾。两条胳膊很像鱼鳍，比腿长一些，而且宝宝的胳膊比腿发育得稍快，这种状况一直会持续到宝宝3岁以后。

肺、肠、肝、两肾以及内生殖器官正在发育，但均尚未完全形成。他的心脏已经划分成左心房和右心房，并开始了有规律的跳动，每分钟大约跳150 下， 开始有血液在胚胎的体内循环。胃和食管正在建造过程当中。舌头很快就会发育完成。此前已经成形的各个器官，也随着胎宝宝的长大不断生长。

到这一周末的时候，会形成2毫米左右的胚盘，胚胎长成一粒蚕豆大小， 头看上去特别大， 向胸部弯曲，眼睛部分有两个黑点，这是眼珠，胎宝宝的鼻孔开始成形，耳朵部位明显隆起， 另外，胎宝宝的腭部也开始发育。

怀孕8周

这一周，如果孕妈妈去做B超的话，从B超影像中，已经可以看到一个小小的人儿了。胚胎的发育非常迅速，经过一周的生长，此时他大约有一颗葡萄那样大了。他会以平均每天1毫米的速度继续长大，这个增长速度会一直持续到第20周。

胚胎的心脏和大脑已经发育得非常复杂，器官已经开始有明显的特征，如果用B超检查，能清楚地听到心脏跳动的声音。各种复杂的器官都开始成长，负责平衡和听力的内耳正在形成，大部分内脏器官的发育已经初具规模。其中，肠道很长，因为没有足够的空间容纳，所以要在腹腔外生长，与脐带相连。

小胚胎通体透明，皮肤像纸一样薄，血管清晰可见。此时眼睑开始出现褶痕，发育完全，两眼位于头部两侧，而不是正前方，因此两眼间的距离还很大。能辨认出鼻尖，两个鼻孔已形成。两侧颌骨联合起来形成了口腔，已经有了舌头，牙和腭开始发育。胳膊在肘部变得弯曲，肩、肘、髋以及膝等关节已能看出。手脚还会轻柔地动，就像游泳一样。

孕妈妈的变化

瞌睡多梦

早孕期间，孕妈妈很容易感到疲倦，常常会想睡觉，或没有兴趣做事情，整天昏昏欲睡，提不起精神，还总是做很多梦。这是因为孕育宝宝需要耗费孕妈妈很多精力，所以孕妈妈才会感觉精力疲乏犯困。

怀孕期间，为了让自身和胎宝宝体内供血充足，孕妈妈心脏工作强度会是平时的四五倍；肾脏也是超速运转，以便把体内的废物排出去；同时为了支撑不断变大的肚子，肌肉也处于拉伸状态。这些都是孕早期感觉疲倦、瞌睡、多梦的原因。

瞌睡的情况每个孕妈妈都不同，这和个人激素有关，有的人早孕反应时间比较长，直到16~18周才消失。但一般怀孕3个月后都会自然消失，感到嗜睡通常在停经6周以后，一般持续到怀孕3个月。

身体充实感

由于激素的作用，孕妈妈还可能有一种异于往常的充实感。激素会随着胚胎的发育分泌得越来越多，孕妈妈的身体渐渐开始感觉到它带来的变化，比如乳房敏感胀痛、乳头触痛、阴道分泌物变黏稠等。如果是初次怀孕，这些表征会更明显，而且每一周都会发现比上一周更为明显。

如果孕妈妈有规律的月经周期，会发现月经超期已经有好几天了， 这会引起你的重视。如果身体出现一些异于往常的感觉，这也是提醒怀孕了，应该考虑是不是需要验孕。

食欲不佳、恶心呕吐

虽然从外观看来，孕妈妈依然看不出什么变化，但大部分孕妈妈开始出现了早孕反应，会食欲不佳，同时伴有恶心、呕吐、唾液分泌多，并且精神不济，常常昏昏欲睡，情绪低落，不愿多说话，不愿做家务，不愿运动，只想静静地待在家里。

孕吐的原因现在还不能完全确定，而且孕吐反应轻重也是因人而异的。有的孕妈妈症状较明显、严重，大多数孕妈妈的妊娠反应都是比较轻的，可能只是在早上起床刷牙时，或闻到厨房里油腻、煤气等气味时，感觉到恶心、想吐。

有的孕妈妈从早到晚都恶心，但也能进食，并不把吃进去的食物吐出来，只是吐些黏液或酸水，即使每顿都会吐出一些食物，但也不会把所有的食物都吐出来，所以营养丢失并不严重，当然也不会影响胚胎发育。

所以，如果孕妈妈怀孕早期有轻微的孕吐，不必过于担心，只需顺其自然，喜欢吃什么就吃什么（注意孕期禁忌食物），注意少食多餐，尽量保证一定量的食物摄取即可。如果正餐吃不下，可以时不时吃一些有营养的小点心、水果、牛奶等作为补充。

小贴士

一般情况下，这些害喜现象可能伴随孕妈妈2个月左右，到孕中期后就会结束，但也有少数孕妈妈恶心呕吐的症状到孕晚期才消失，如果呕吐严重，可以考虑去医院寻求医生的帮助。

安胎与保健

怎样缓解孕吐

怀孕早期，大多数孕妈妈会有孕吐经历，许多孕妈妈是在早晨起床后出现不同程度的恶心感，也叫晨吐，这是孕期的正常反应，孕妈妈不必太过担心。虽然孕吐可能无法避免，但可以通过一些小方法和生活细节来进行缓解。

缓解孕吐的方法

1 远离厨房的油烟味，那种气味会加重孕妈妈的早孕反应，让孕妈妈更加没有进食欲望。利用微波炉烹调，会减少油烟等气味的产生。

2 刚吃完饭不要马上躺下，可以适当参加一些轻缓的活动，如室外散步、做孕妇保健操等，都可改善心情，减轻压力，缓解早孕反应，但是孕妈妈应注意避免过激的运动或嘈杂的环境。

3 不要过度劳累，因为在疲惫的情况下，孕吐状况会加剧。建议孕妈妈要多注意休息，最好能在中午小睡片刻。晚上也要充分休息，早点就寝。睡觉的时候保持室内的空气清新。

4 尽量避免温度过高的地方，太热的空气会增加恶心的感觉。

5 心情的变化也起着很大的作用，压力会加剧孕吐情况，所以，孕妈妈应让自己保持心境平和，不要太紧张、焦虑。

缓解晨起恶心感的方法

1 孕妈妈首先要在心理上放轻松，可以把晨吐看作是身体对胎宝宝生长的一种保护机制，这样可以避免晨吐时的情绪低落。

2 早晨起床时动作要慢。

3 在床边放一些小零食，如饼干、全麦面包等，每天在睡前以及起床后都吃一点，可以减轻晨吐。

4 清晨刷牙经常会刺激产生呕吐，不妨先吃点东西再刷牙。

5 喝水时加些苹果汁和蜂蜜，或者吃些苹果酱，可以起到保护胃的作用。

6 觉得恶心的时候吮吸一片新鲜的柠檬；吃姜也可以缓解恶心的症状，不过每天吃姜不可超过3次；香蕉也有不错的镇定功效，可以减轻恶心、晨吐。

出行要注意安全

孕妈妈无论是上班还是出门做别的事，都可能需要使用交通工具，怀孕后出行需要格外注意安全，所以孕妈妈一定要学会保护自己。

乘坐公共交通工具的安全提示

1 避开上下班高峰期出行，当公车即将发动时，不要不顾一切地追赶，也不要与别人争抢车门、座位，以免造成危险。

2 站累了或是车上太过拥挤时，孕妈妈可以请别人让个座位，也可以请售票员帮助找个座位。

3 选择汽车靠前、靠窗通风的位置，这样能减少颠簸，恶心时也可以呼吸一下窗外新鲜的空气，以免发生意外。

4 随身带个塑料袋，以免孕吐无法控制。

5 乘坐地铁时需要进行安检，这时孕妈妈可以绕过安检仪器，将手提包交给安检人员代为安检，以避免射线的辐射。

自驾车时的安全提示

1 避免在凹凸不平或弯曲的路面上行驶，更不要快速行驶，以防紧急刹车碰撞腹部。

2 不要长时间开车或坐车，坐的时间过久，长期处于单一姿势，会使得孕妈妈腰部受力最大，致使腹压过大，从而可能引发流产。而且，长时间处于震动和摇晃之中很容易疲劳，颠簸状态还可能会引起不正常的腹痛。

3 一定要系上安全带，安全带的肩带置于肩胛骨的地方，不要紧贴脖子，肩带部分应该以穿过胸部中央为宜，腰带应置于腹部下方，不要压迫到肚子。

小贴士

由于体内激素的变化，孕妈妈在怀孕早期的心理状态变得不稳定，注意力不易集中，容易突然间困倦，因此建议孕妈妈在孕早期尽量不要自己开车。如果肚子大到抵住了方向盘，此时为了安全起见，也不宜勉强开车。

产检前要做什么准备

大多数孕妈妈都很期待自己每一次的产前检查，一般来说，除了第一次产检外，以后每一次产检的过程都不会太长，甚至10分钟就完成了，这有时令孕妈妈失望。产检快多表示一切正常，不必担心，但为进行产检跑一趟医院也不容易，就这么回去似乎也不太甘心。如果在产检前做些必要的准备，可以将产检时间充分利用起来，令产检更高效。

衣着准备

由于产检时需要进行身体检查，所以方便的衣着可以省去很多不必要的麻烦，具体来说注意以下几点即可：

1 衣服。一定要穿宽松的衣服，这样可方便检查，尤其是到了孕中期，医生会开始测宫高、腹围，此时宽松的衣服非常必要。

2 下装。穿容易穿脱的裤子，宽裙子也很好，这样内诊时就不会给自己造成太大的麻烦。

3 鞋子。穿舒服的鞋子，且以方便穿脱为好，如果孕妈妈是汗脚或脚臭，最好别穿不透气的鞋，避开平时穿了会加重脚臭或出汗的鞋，以免脱鞋后引起尴尬。

4 袜子。最好不要穿高过膝盖的袜子，尤其是水肿的时候，检查时脱袜子会很不方便。

5 手提包。包不必太大太重，能放下一些琐碎的小东西如纸、笔等就行，里面可经常放笔和笔记本。产检时带上必要的证件、手册等，必要时要做记录。

6 卫生护垫。内诊后可能会有出血等情况发生，最好带上卫生护垫或卫生巾。

疑问准备

在孕育生活中，会遇到许多问题，要知道大多数时候医生并非心理专家，不可能猜透孕妈妈所关心的问题，所以孕妈妈必须要做有心人，用笔记下任何关心的问题，产检时带上这份问题清单，尽量向医生提出来。

问题事无巨细都可以记下来，除了身体上可能的不适，任何情绪、运动或营养方面的问题，只要有疑问，都可以向医生咨询。

由于时间或精力有限，医生可能没办法为孕妈妈解答所有的疑问，不妨在产检前将问题分一下类，标注一下优先次序：一些非医学方面的事务性问题可以向其他人咨询；一些关于医疗保险或医院咨询等事务性方面的问题，可以去问询处询问；一些重要的亟待了解的问题应向医生咨询。

在和医生沟通的时候应畅所欲言，但也要记得多听，保持虚心学习的态度，信任医生才有助于解决问题。如果产检过程中，医生态度冷漠，对你提出的问题不耐烦，或是不能给你满意的答复，这时可以考虑换别的医生，让自己心安。

孕期化妆的注意事项

孕妈妈可以偶尔化淡妆，但是尽量少浓妆艳抹。由于工作或其他原因必须得化妆的孕妈妈，在挑选化妆品和化妆的时候，要注意以下几个问题：

1 最好使用同一个品牌的化妆品。建议孕妈妈用婴儿系列的安全护肤用品。像一些高科技生化产品、祛痘祛斑的特殊保养品、磨砂类产品，最好都不要使用。

2 选择安全性强、透气性好、油性小、含铅少、不含激素且品质优良的产品，否则在天气热的时候不利于排汗，影响代谢功能。

3 不文眼线、眉毛，不绣红唇，不拔眉毛。孕妈妈在修眉毛的时候，可以改用修眉刀。

4 进餐前应先抹去口红，防止有害物质通过口腔进入体内。

5 每次妆容的清洗一定要彻底。

小贴士

虽说很多化妆品孕妈妈使用后对身体不利，但有些爱美的孕妈妈出门不化妆会不习惯，可以选用刺激性小的化妆品化点淡妆，但不宜浓妆艳抹。

ξ 不要长时间看电视、电脑

电视机和电脑在工作时，显示屏会释放出大量的正离子，正离子能吸收空气中带负电的尘埃，使得荧光屏周围飘浮着含大量微生物的灰尘。另外，电视和电脑还会产生一些肉眼看不到的射线，虽然这些射线和静电引起的灰尘对普通人没有什么影响，但是长时间的积累对孕妈妈和胎宝宝也没有好处。

孕妈妈看电视要注意的问题

1 控制看电视的时间。孕妈妈一次看电视时间不宜超过2 小时，避免过度使用眼睛，中间最好能够起身活动一下。

2 与电视保持一定的距离。孕妈妈看电视的时候应远离电视机2米以上，这样可以减少射线和静电的影响。当然也可以穿上防辐射服将危险降到最低。

3 保持室内空气流通。可以减少电视在播放时所产生的静电荷和X射线等。另外，家中带有显示器的电器要经常擦拭，这样在清除灰尘的同时，也可以把滞留在里面的电磁辐射一并清除掉。

4 不要饱食后看电视，以免使食物积压。也不要边看电视边吃零食或蜷着身体看电视，以免使孕妈妈腹腔内压增大，胃肠蠕动受限，不利于食物的消化吸收。

孕妈妈使用电脑要注意的问题

电脑两侧、后部的射线最强，虽然它们对普通人不会产生有害影响，但是孕妈妈要尽量避免在该区域活动，最大限度地保证环境的优良。

有些孕妈妈怀孕后各种外出活动减少，便花很多时间在电脑前上网或玩游戏，以此消磨时间，这种做法对胎宝宝十分不利。

在电脑前面待得太久，会影响孕妈妈的下肢血液循环，加重下肢水肿，导致下肢静脉曲张，不利于胎宝宝营养的吸收。孕妈妈一定要控制时间，经常站起来走走，活动活动。

电脑游戏中的紧张情节和惊险场面， 对胎宝宝的刺激过大， 如果要玩游戏，尽量选择一些温和有趣的游戏。

胎教三人行

第5周胎教方案：悄悄发出到来的信息

ξ 语言胎教：子宫对话

对着子宫中的小宝宝说话，想起来似乎不太可行，胎宝宝听觉还没有发育，这么早就说话有用吗？事实上，对着子宫讲话并没有想象中那么难，全凭对胎宝宝的爱意。

只要孕妈妈用爱来看待子宫中的胎宝宝，无论是与他说话，还是深情地想象他的模样，都可以刺激胎宝宝脑部发育，有助于胎宝宝的成长。我们将孕妈妈与子宫中胎宝宝说话的方法称为子宫对话法。

子宫对话法的好处

孕妈妈腹中的胎宝宝，是一个有血有肉的小生命，并不像白菜一样仅靠营养发育生长。实践表明，孕妈妈如果能经常与胎宝宝进行充满亲情爱意的语言沟通，会使宝宝日后拥有出色的语言能力。

另外，准爸爸、孕妈妈亲切的语调、动听的语言传递给胎宝宝会使他产生一种安全感，促进大脑发育。这样，不仅能增进宝宝出生后与爸爸妈妈的感情，使他们相见时即早已彼此熟悉，利于早期智力的开发，还可使宝宝更愿意同周围环境的人相互交流，促进健全人格的培养和形成。

子宫对话要从怀孕早期开始

子宫对话实际上就是孕妈妈与胎宝宝的一种沟通方法，孕妈妈通过讲话将情感、心绪、思考等传达给胎宝宝，这与意念一样，尽管还是小胚胎，但胎宝宝具有感知能力。子宫对话应从怀孕早期就开始施行，并一直坚持到胎宝宝出生，这样的效果是最好的。

子宫对话可以进行的内容

根据生活内容和宝宝对话。根据日常生活，随意确定与胎宝宝的对话内容。比如，孕妈妈洗脸时，就对胎宝宝说："宝宝，妈妈要洗脸了，你看，洗完脸妈妈觉得舒服极了，也漂亮了，对吗？"

给胎宝宝讲故事。给胎宝宝讲故事是语言胎教中一项必不可少的内容。孕妈妈把胎宝宝当成一个大孩子，认真地用亲切动听的语言、充满感情的语气给他讲故事。

为胎宝宝读文学作品。给胎宝宝读文学作品，尤其是优美的散文和诗歌，也是语言胎教的一项内容。

总之，与胎宝宝对话不必拘谨，话题很多，信手拈来即可。还可以将自己对胎宝宝的期望也说出来，这对于强化胎宝宝的形象也是有益的。

子宫对话的方法和技巧

从确切知道怀孕的消息开始，孕妈妈就应经常将思绪用默念的方式"说"给胎宝宝听，并时常与他对话，唱歌给他听。每天坚持，等胎宝宝习惯后，每当孕妈妈发出声音、思考时，胎宝宝就能感觉到。

怀孕第5个月后他就能听到孕妈妈的话语，接下来可以尝试着集中意识，大声地教汉字、数字、字母、花草树木等，胎宝宝能感受到这种交流，从而促进智力的发展。

对话时注意简化并重复短句，准爸爸、孕妈妈最好能将针对日常生活内容和表达感情的话语简化，如"宝宝，我们吃饭了""饭好香""宝宝，我们很爱你"等，然后经常性地重复对胎宝宝讲，以加深胎宝宝对这些话的印象，促进他的记忆力和理解力的发展。

ξ美育胎教：看看漂亮的宝宝像

如果孕妈妈眼里所见到的宝宝都是那么的可爱、漂亮，那么心情也会变得特别"靓"，这种"靓"心情，自然会影响到你的胎宝宝，他的"心情"也会变"靓"。当孕妈妈怀着一颗无比期待的心情等待宝宝的到来时，他会长得更漂亮。

多看漂亮宝宝像，将来宝宝也漂亮

孕妈妈看漂亮宝宝的照片时，觉得赏心悦目，要是长期看漂亮的宝宝像，胎宝宝就会受到陶冶，他将来也会更漂亮。

孕妈妈可以在睡房或床头挂上大幅漂亮宝宝的图片，也可以将自己喜欢的各种大小的宝宝像贴在床头。如果可以找到自己和准爸爸小时候的漂亮照片，也可以经常拿出来翻看，或是贴在床头。这样，孕妈妈就可以将它们当作是宝宝未来的样子，每天醒来或是睡前，总可以与胎宝宝一起陶醉在这种美好的心情中。

小贴士

怀孕后身体会出现不适，有的孕妈妈因此而产生怨恨心理，甚至经常产生不好的意念感受，这种不良意念会引起胎宝宝精神上的异常反应。对待孕期不适，孕妈妈要明白这是胎宝宝的信号，用宽容慈爱的心来对待。

ξ准爸爸胎教：帮孕妈妈减压

怀孕可能令孕妈妈的情绪不受控制，时好时坏，而且很容易变得情绪低落。一个人心理状态越不好，就越想得到亲人的同情和安慰，因此，准爸爸要行动起来，为孕妈妈减压，给予她加倍的关怀和爱护、鼓励和支持。

准爸爸的助减压方法

1 陪伴孕妈妈听讲座：准爸爸陪同孕妈妈到孕妇学校或相关孕妇课堂听取全面的孕期知识的讲座，以便对妊娠、生产、养育等问题做到心中有数，并互相交流、沟通，就会减少孕妈妈因不了解而产生的恐惧和忧虑。

2 帮助孕妈妈按摩：准爸爸在临睡前（或每天固定时间）给孕妈妈轻轻按摩腰腿，缓解孕期酸痛和水肿，使孕妈妈放松精神，舒适地进入睡眠。

3 陪伴孕妈妈散步：准爸爸每天清晨或傍晚陪伴孕妈妈出去散步，在小区里或附近的公园里慢走，也可以适当地做孕妇体操，对孕妈妈缓解压力是很有好处的。

4 多体谅孕妈妈：许多孕妈妈在怀孕后，由于身体和心理上的变化，常常脾气无端很坏，此时准爸爸应该比平时更加耐心和包容、温柔体贴，帮助孕妈妈放松心情，缓解情绪。

情绪胎教：微笑是极佳的胎教

微笑是开在嘴角的两朵花，我们都喜欢看见微笑的脸。腹中的胎宝宝虽然看不见母亲的表情，却能感受到母亲的喜怒哀乐。

胎宝宝可以“看到”孕妈妈的微笑

研究证明，笑有强心健脑、促进呼吸、有助美容、改善消化、缓解疼痛、降压健身和防治疾病等多种保健功能。

微笑是一种感情，是无声的问候，是心灵相通的阳光，传递着亲切与尊重的信息。甜美的微笑往往比言语更富魅力，它不仅使人心情舒畅，还是拉近人们之间距离的法宝。孕妈妈的情绪变化会通过内分泌的变化传递给胎宝宝，在紧张的情绪下，肾上腺皮质激素增多，对胎宝宝发育没有好处。

所以，无论是出于健康的目的，还是出于促进胎宝宝发育的想法，孕妈妈每天都应该多一些微笑，保持轻松愉快的心情。微笑，也是一种胎教。

每天给自己一些微笑

微笑不仅仅是给别人看的，也可以给自己看。每天清晨，孕妈妈可以对着镜子，先给自己一个微笑，在一瞬间，一脸惺忪转为光华润泽，沉睡的细胞苏醒了，让人充满朝气与活力。

哪怕生气的时候，孕妈妈也可以照一照镜子，这时孕妈妈会发现镜子中的自己并不好看，脸上的肉扭曲而痉挛，眉头紧皱，脸色晦暗，简直就像一个陌生的面具，孕妈妈甚至会质疑：这是我吗？我怎么是这个样子？

一点也不错，生气就是会使一个人变得畸形，变得让周围的人觉得陌生。那么，当人们正视丑陋的自己时，就会产生一种愿望，这就是改过的愿望，人们不希望自己继续丑陋下去，于是就会采取实际行动，好让镜子里的自己变得好看一些。当然，变得好看的办法也很简单，只要调整呼吸，平和心情，给自己一个微笑即可。

第6周胎教方案：好营养，好心情

ξ优境胎教：提高自我修养

胎宝宝和孕妈妈之间有着微妙的心理感应，孕妈妈的一言一行、一举一动都将对胎宝宝产生潜移默化的影响，所以，每一个孕妈妈都应从自己做起，从现在做起，努力提高自身的修养，给胎宝宝最有益的影响。

孕妈妈如何提高自身修养

1 加强文化修养。文化修养体现了内心世界的美，可以说是人生的无价之宝。孕妈妈可以有计划地阅读一些有益于身心的文学作品、知识读物及人物传记，欣赏一些精美的摄影、绘画作品，聆听一些优美的音乐等，使胎宝宝出生后更加聪明，更加可爱。

2 提升言谈举止。这是良好的精神修养的外在形式，孕妈妈应从一点一滴的小事做起，如言谈要文雅、举止要端庄、服饰要整洁、声调要轻柔等。

3 培养健康的生活情趣。充实自身的精神生活，热爱大自然，热爱人生，热爱一切美好的事物，长期坚持，腹中的胎宝宝也会感受到生活的美好和幸福。

ξ运动胎教：做家务也可胎教

在孕期，孕妈妈可以在不疲劳的前提下，做一些力所能及的家务活。有的孕妈妈怀孕后就被保护了起来，什么家务活都不“染指”，这其实并无必要，因为许多家务活并不劳累，适当做做家务不但可以锻炼身体，还可以调剂生活。

合理安排家务

合理地安排家务，既能融胎教于家务活中，又能使生活规律舒适，何乐而不为。只要安排得当，家务活里的胎教活动是很丰富的，可以开展语言胎教、进行运动胎教等。

周一、周四：改变外出采购路线，花费一定的时间观察周围的事物，并向胎宝宝讲述看到的各种事物。

周二：打扫起居室、卧室卫生，擦洗家具，给胎宝宝描述这个温馨的家是什么样子的。

周三：擦拭窗户和门框，冲洗厕所和浴室，可以给胎宝宝讲妈妈是怎么劳动的，告诉胎宝宝要讲卫生。

周五：打扫和整理厨房，安排星期六和星期日的食谱，告诉胎宝宝自己怎样合理地安排每天的膳食以保证营养需要。

做家务时要注意的事情

孕妈妈做家务要在力所能及的范围内，要掌握在不累、不搬动重东西、震动较小、不压迫腹部的范围里，比如煮米饭、收拾屋子、扫地等。

有条件的孕妈妈应少进厨房，并尽可能把停留在厨房里的时间缩短，厨房里应保持良好的通风换气。需要下厨做饭的孕妈妈，应该事先做好厨房的通风换气工作，在孕早期尽量请家人帮忙。

洗菜、刷洗碗碟时尽量不要把手直接浸入冷水里，因过凉受寒有可能诱发流产。

洗衣服时用温水，而且用力不要过猛，姿势要稳，不要蹲着洗，因为蹲位可使胎宝宝受压，影响血液循环。晒衣服时动作要轻柔，不要向上伸腰，晒衣绳应放得低一些。

做任何家务都应该避免久站，做家务一段时间后休息一会儿，不可太劳累。

美育胎教：欣赏欢快的《欢乐颂》

这首众所周知的《欢乐颂》，其实是《贝多芬第九交响曲》的终曲乐章。作品是贝多芬于1819 年到1824年间创作的，也是他全部音乐创作生涯的最高峰和总结。

这首乐曲的主旋律进场是由大提琴和低音提琴演奏的，浑厚、低沉的声音在寂静中响起，给人一种深沉、平静的感觉；旋律演奏了一次之后，中提琴进场重复旋律，旋律行进到中音部，主题曲稍亮的音色给旋律带来一种明快的感觉，低音部则退到后面和木管一起伴奏；中提琴演奏完旋律之后也退到伴奏，接着小提琴加入了，小提琴如歌般的声音欢唱着，让旋律真的活起来了；小提琴声部简单重复了旋律后，旋律行进到乐队齐奏，这时铜管、木管吹奏主旋律，其他各声部伴奏，场面宏大，由前面的平静、深沉的快乐进入了万众欢腾的场面，欢乐颂的主旋律贯穿始终。这便是这部伟大的曲子所要歌颂的主题——欢乐，一个简单却又优美的旋律将它表现得淋漓尽致。

小贴士

在这个阶段，孕妈妈的精神情绪正处于低潮期，所以应该听一些欢快、柔和的乐曲，这样可以平复焦躁不安的情绪。另外，一些中国的古典名曲也是不错的选择，如《春江花月夜》、《高山流水》、《二泉映月》等。

ξ意念胎教：想象宝宝是个小天才

几乎所有的孕妈妈都希望自己的宝宝是非凡的天才，那就尝试运用想象的力量，将美好的愿望、祝愿传递给胎宝宝。意念是胎教的一种重要手段，从某种意义上来说就是想象力，想象能增加孕妈妈与胎宝宝的联系，这也是意念力对胎宝宝身心发育的促进作用。

根据天才宝宝的特征来尽情想象

1 讲话早。宝宝会迅速掌握大量词汇，发音清晰，喜欢刨根问底并具备非凡的理解力，显示出聪明的潜力。

2 阅读早。宝宝识字和识图很快，会捡起书本自己阅读。

3 喜欢数字。宝宝喜欢数日常生活中的一切东西，如楼梯、来往的车辆，能记住电话号码，并且认识书本上的数字，很早就开始数数，甚至能解简单的数学题。

4 善于解决问题。宝宝能玩比他年长的孩子才能玩的游戏，能自主解决游戏中的困惑，对细节特别感兴趣。

5 专心致志。宝宝玩拼图游戏的时候非常有耐心，能长时间地关注一件事情，自始至终，有成为天才的趋势。

小贴士

孕妈妈不妨找一些介绍天才宝宝的书籍来看，在心里形成具体的天才宝宝形象，这样就能够产生强烈而有效的想象，使意念胎教发挥作用。

第7周胎教方案：想吃就吃，平心静气

ξ准爸爸胎教：营造良好的家庭气氛

和谐的家庭气氛是造就身心健康后代的基础，在和睦相处的氛围中孕妈妈得到的是温馨的心理感受，胎宝宝也能在如此良好的环境中获得最佳熏染，从而促进身心的健康发育。

在孕妈妈的整个妊娠过程中，大多数的时间都是在家中度过的，家庭气氛和谐与否对胎宝宝的生长发育影响很大。

良好的家庭氛围需要夫妻双方共同努力营造，一方面孕妈妈自己要注意调节不良情绪，另一方面准爸爸的努力也很重要，准爸爸要积极热忱地为孕妈妈及腹内的胎宝宝做好服务。

准爸爸要努力营造良好的家庭氛围

1 准爸爸应体贴照顾妻子，主动承担家务，常陪妻子消遣，不要和妻子吵架。

2 准爸爸要做到不过量饮酒，不在妻子面前抽烟，节制性生活。

3 准爸爸还应多看一些家庭幽默书籍，以活跃家庭气氛，增进夫妻情趣，使孕妈妈身心愉快。

4 多听听孕妈妈的意见和想法，帮助她实现心中所想。

5 如果与父母同住，准爸爸还要注意调解婆媳关系，避免婆媳矛盾影响家庭关系。

6 时常布置一下家庭环境，改换一下家具的位置，或添置一些有趣的小玩意等，可能给孕期的妻子带来意想不到的惊喜。总

之，夫妻之间要互敬、互爱、互勉、互慰、互谅、互让，经常交流感情。

周总理的《八互歌》

周总理夫妇根据几十年的生活实践，总结出了一首《八互歌》，可以作为夫妻共创温馨家庭的准则，歌词主要大意是：

一互敬，多协商。二互爱，情意长。
三互信，莫乱想。四互勉，共向上。
五互助，热心肠。六互让，不逞强。
七互谅，心坦荡。八互慰，暖心房。
合家欢，乐无疆。八互歌，切莫忘。
努力做，认真想。携手进，路宽广。

《八互歌》高度概括了夫妻关系处理上双方应遵循的道德准则，同时也道出了怎样才能使夫妻和谐与家庭温馨的秘诀，夫妻间互敬互爱是共同创造温馨家庭的感情基础。

小贴士

孕妈妈不应因为怀孕而拒绝做任何家务，适当地做些较轻松的家务活是有益无害的。准爸爸下了班，孕妈妈不妨温柔地问一声“累了吧”，递上一杯水，准爸爸即使再疲劳也会觉得家很温暖，对孕妈妈也会更加体贴、关心、爱护。

美育胎教：欣赏《维也纳森林的故事》

《维也纳森林的故事》是小约翰·施特劳斯继圆舞曲《蓝色多瑙河》之后的又一部杰作， 完成于1868年。小约翰·施特劳斯是地道的维也纳人，《维也纳森林的故事》就是他献给故乡的赞歌。

小约翰·施特劳斯的外祖父在维也纳森林中的扎尔曼村拥有一所爬满海青藤的乡间小舍，小施特劳斯就是在这里度过了他的青少年时光。自1829年起，他常在维也纳森林中度夏，林中百鸟啼鸣，空气芬芳，流泉呜咽，微风低吟，这一切大自然的天籁之声都激发了他的创作灵感，《维也纳森林的故事》圆舞曲便诞生了。

这首乐曲由序奏、五个圆舞曲和尾声构成，其结构属于典型的维也纳圆舞曲式，充满着温柔的抒情诗和蓬勃的朝气。

这首乐曲虽没有具体的“故事”情节，但浓郁的奥地利乡村音乐特点，乐曲中直接使用的奥地利民间乐器齐特琴，以及奥地利民间舞蹈连德勒的风格特征，无一处不清晰地打上鲜明的民族印记，无一处不给人以美丽的维也纳郊外森林的联想，仿佛晨曦透过浓雾照进维也纳森林，还伴随着鸟儿们婉转的鸣叫。

奥地利首都维也纳的郊区有一片美丽的森林，它离城市不远，历来吸引着千千万万的游人。这片森林也是许多居住在维也纳的大作曲家经常光顾的地方，森林的美景常常激起他们的灵感。

优境胎教：用色彩的美来装饰房间

席勒说："真正美的东西，必须一方面跟自然一致，另一方面跟理想一致。"优美的环境，能对人的神经起到调节作用，也能对孕妈妈的性格、心情起到改善、缓和的作用。一个干净整洁、安静舒适的居室还会使孕妈妈从精神上感到愉快。

家庭环境的布置，是孕妈妈的物质、精神生活统一和谐的黏合剂，这不仅能对孕妈妈的精神生活起到一定作用，而且能促进胎宝宝的良好发育。

色调与居室装饰

居室的色彩布置应该因孕妈妈工作种类、个性等不同而有所变化。

一般来说，在纷繁复杂的环境中工作的孕妈妈，居室色彩应该简洁、温柔、清淡，如乳白色、淡蓝色、淡紫色、淡绿色等。因为白色给人一种清洁、朴素、坦率、纯洁的印象，其他如淡蓝色、淡紫色等给人一种深远、冷清、高雅、安静的感觉。孕妈妈从繁乱的环境中回到宁静优美的房间，内心的烦闷便会趋于平和、安详，心情也会稳定。

如果孕妈妈是在紧张、安静、技术要求高、神经经常保持警觉状态的环境下工作，家中不妨用粉红色、橘黄色、黄褐色布置。因为这些颜色都会给人一种健康、活泼、发展、鲜艳、悦目、希望的感觉。孕妈妈从单调的色彩环境、紧张的工作状态中回到生机盎然、轻松活泼的环境中，神经可以得到松弛，体力也可以得到恢复。

布置居室环境

居室除了装饰，还要进行绿化布置，而且应以轻松、温柔的格调为主，无论盆花、插花装饰，均以小型为佳，不宜用大红大紫，花香也不宜太浓。孕妈妈在被花朵装饰得温柔、雅致的房屋里，一定有舒适轻松的感觉，这有利于消除孕妈妈的疲劳，增添情趣。

在居室的墙壁上还可以悬挂一些活泼可爱的宝宝的画像或照片。他们可爱的形象会使孕妈妈产生许多美好的遐想，形成良好的心理状态。另外，悬挂一些景象壮观的油画也是有益的，它不仅能增加居室的自然色彩，而且能使人的视野开阔。试想，茂密的森林、淙淙流水、蓝天、白云、海浪、沙滩……多么令人神往。即使是紧张、劳累了一天，孕妈妈也可以在这优美的环境里得到很好的休养。

除此之外，还可以在居室悬挂一些隽永的书法作品，时时欣赏，以陶冶性情。书法作品的内容常常是令人深思的名句，从中不仅能欣赏字体的美，更能感到有一种使人健康向上，给人以鼓舞和力量的作用在时时激励自己。

在这优美的环境里，孕妈妈还可以培养自己更广泛的兴趣，如可以自己种一些花草，喂养一些漂亮的小鱼等。这些都能够陶冶孕妈妈的情操，使孕妈妈感到那种旺盛的生命力是无处不在的，进而产生美好的联想。

ξ 音乐胎教：寻找欢乐的乐曲

《荀子·乐论》中指出：“夫声乐之入人也深，其化人也速。”说明了音乐容易深入人心，感化人的速度也很快。音乐是一种有节奏的空气压力波，对人类的心理活动与生理活动有着极大的影响。音乐的物质运动过程与人体的物质运动过程比较一致。音乐的节奏作用于孕妈妈，也能影响胎宝宝的生理节奏，使胎宝宝从音乐当中受到教育。

当然，并不是所有的音乐都有这样的效果，那些孕妈妈喜欢的或者是一些优美动听的音乐，对于陶冶情操、和谐生活、加强修养、增进健康，以及激发想象力等方面，都具有很好的作用。

孕妈妈此时适合舒缓、柔和、欢乐的音乐

妊娠3周以后，胎宝宝的中枢神经和心脏开始形成，尽管妊娠早期胎宝宝还不能听到声音，但已经能感知振动了，所以胎宝宝可感觉到随着母亲的心情变化而出现的心脏波动，而且也能够感受母亲的心情和情绪的影响。

在这个时期，孕妈妈的情绪对胎宝宝的发育有很大的影响。此期孕妈妈情绪容易波动，还可能产生不利于胎宝宝生长发育的忧郁和焦虑，因此，这个时期孕妈妈适宜听轻松愉快、诙谐有趣、优美动听的音乐，使孕妈妈不安的心情得以缓解，在精神上得到安慰。孕妈妈的良好情绪还可以传递给胎宝宝，使胎宝宝感受到母亲的好心情，从而有利于胎宝宝的健康成长。

所以，在这个时期，孕妈妈可以选择一些舒缓柔和的音乐，如《春江花月夜》《江南好》和《二泉映月》等民族音乐。当然，孕妈妈所选择的音乐应该是自己所喜欢的，初期可以选出一批可能有兴趣的音乐，然后自己粗略听一下过滤一遍，选出一些中意的曲目，然后制订一个音乐胎教的计划，比如：

晨起时，播放一首活泼的音乐《布谷》，给你一天的好心情；下班后，先放下一天的疲惫，打开CD，播放一首维瓦尔第的四季中的《春》，品一杯营养的饮品，吃一点小点心，身心会真正地得到放松；入睡前，听着《仲夏夜之梦》，读一读与乐曲相关的小品文，甜甜地入睡，会让孕妈妈第二天神采奕奕。

小贴士

选好的乐曲最好做个分类整理，让胎宝宝接触多元的艺术，接触不同演奏形式、不同艺术风格的乐曲，不管是欢快的、悲伤的、沉静的、梦幻的、激情的、淳朴的，让胎宝宝在音乐的海洋中汲取营养，培养胎宝宝的艺术潜能。还要将它们放到显眼好拿的地方，方便以后拿出来反复欣赏。

第8周胎教方案：动动手，换换心情

孕期动动手宝宝更聪明

怀孕后，很多孕妈妈容易变懒，不想做事，不愿动手也不愿动脑，或者怕活动对腹中的胎宝宝影响不好，其实这样反而对胎宝宝不利。

我们知道，孕妈妈与胎宝宝之间能够传递信息，胎宝宝能够感知孕妈妈的思想，如果孕妈妈不喜欢思考也不学习，胎宝宝会深受影响，这对于胎宝宝的大脑发育是极为不利的。而倘若孕妈妈始终保持着旺盛的求知欲，经常做做手工，动动手动动脑，则可使胎宝宝不断接受刺激，促进大脑神经和细胞的发育。

因此，孕妈妈要从自己做起，在孕期多动动手，在DIY的过程中，胎宝宝也得到了相应的胎教，在不断的探索和实践中，胎宝宝能变得更聪明。

动手改装一件合体个性的孕妇装

孕妇装的特点，使得它几乎是一次性的产品，大部分人一生只会用到一次，所以如果能够自己动手做两套合适的孕妇装，不但省钱，而且可以调节孕妈妈的情绪，促进胎宝宝发育。

心灵手巧的孕妈妈自己动手可谓乐趣多多，特别是在夏季，孕妇装都比较简单，用旧裙子等就能很容易改成好看的孕妇装。

孕妇装要求一是宽松合体，特别是大腿及腰部不能太紧；二是在选择布料时，要选择透气性好的布类。比较适合夏季改作孕妇装的，首选是太阳裙，只需要把裙子两边拆开，再用颜色合适的两块布接起来，这样可以根据腰围的变化来随时增加，并且在产后，只要用一根腰带一束，就完全看不出是孕妇装了。

小贴士

孕妈妈在动手过程中，还要勤于动脑、勇于探索，保持求知欲和好学心，在生活中注意观察，将自己的思考方式传递给胎宝宝。

阅读胎教：朗读诗歌《孩童之道》

孩童之道

泰戈尔

如果孩子愿意，此时他就能飞上天堂。

他之所以没离我们而去，这不是没有原因的。

他喜欢将头靠在妈妈的胸间休息，一刻也不能忍受将视线离开她的身体。

孩子知道各种各样的乖巧话，尽管世间很少有人能理解这些话的含义。

他从来不说，这不是没有原因的。

他想要做的一件事，就是学习从妈妈嘴里说出的话语。那也是为什么他看起来如此天真的缘故。

其实，孩子拥有成堆的金子和珍珠，然而他却像个乞丐一样来到这个世界上。

他之所以以假扮的方式来，这不是没有原因的。

这个可爱的小小的裸露着身体的小乞丐假装成完全无助的模样，便是想向妈妈乞求得到爱的财富。

孩子如此无拘无束地生活在这小小的新月世界里。

他之所以放弃了他的自由，这不是没有原因的。

他知道在妈妈内心小小的角落里充满着无穷无尽的快乐，被妈妈亲爱的臂膀拥在怀里的甜蜜要远远超过自由的获取。

孩子从来不知道怎样哭泣，他居住在完美的乐土上。

他选择了流泪，这不是没有原因的。

尽管他带着微笑的可爱的小脸儿引动着妈妈的心向着他，然而他的因为细小的麻烦引起的小小的哭泣，却编织成了怜与爱双重约束的纽带。

小贴士

孩子为什么会来到这个世界上成为你的宝贝？泰戈尔的《孩童之道》这首诗是否给了你一个不一样的答案？从此以后，由于有了一个新生命的加入，对为人父母，你会有全新的感受。这首诗如此生动地刻画了孩子的到来，你还有什么理由不爱他？

情绪胎教：和胎宝宝一起画画

画画就像接受心理治疗一样，可以达到释放内心情绪的目的，这种能够缓解压力的活动所起到的胎教效果比鉴赏画作高出数倍。所以，孕妈妈不妨带着愉快的心情与胎宝宝一起画画吧。

孕妈妈画画不必拘谨

在雪白的画纸上将自己的感情表达出来并不是一件容易的事情，特别是对于有些认为自己完全没有美术细胞的孕妈妈来说，更是如此。不过这些都没有关系，孕妈妈所画的并不是要拿给别人欣赏的作品，我们更应该关心的是，在作画的时候自己是否做到了一直心境平和，以及是否有与胎宝宝共同参与的感觉。

孕妈妈没有画画的经验或者是画得比较少也没关系，可以自己先学着画，在学的过程中，不论是动脑还是动手，都能影响胎宝宝，变成母子同学。

所以，孕妈妈在画画时不必拘谨，可以随心所欲去画。蓝天、白云、树木或是孩子漂亮的面庞等都可作为素材。孕妈妈要尽可能多地接触不同的色彩和素材，甚至可以对着从医院带出来的B超图片画一画胎宝宝现在的模样。

试着给胎宝宝画个红苹果

1 先取一张画纸，可以准备一个绘画本，如果一时没有，也可以用普通白纸代替。

2 准备几支彩色铅笔，便于画画的时候着上漂亮的颜色。

3 孕妈妈先在纸上画个圆形。

4 将圆形的顶部中央修改成心形样。

5 画上苹果把儿。

6 用红色的彩笔将苹果涂色。

7 向胎宝宝做介绍：这个大苹果红红的，多漂亮，吃起来甜甜的、沙沙的，可好吃了。

美育胎教：欣赏西洋画《泉》

《泉》是安格尔最著名的裸体油画杰作，尽管这幅画属于希腊画风之作，但画中裸女却有一种自然的生气。画面表现的是一个手托水罐正面站立着的少女形象，尽管她略含羞涩的美丽面庞和优美匀称的体态可以引起人们无限的联想，但画家的匠心则主要体现在他对理想美的思考和追求上。

少女的造型在整体上是遵循了古希腊雕刻的三段式原则， 左边以高举的手臂组成圆和三角的几何结构，胸部和腹部的转折起落形成波浪式的曲线，与左边的单纯与宁静形成对比。从少女的头部开始，经过耻骨到脚底的S形是中轴线，正是这根无形的中轴线，统一了画面的运动和变化， 达到了高度的和谐，寄托了安格尔对美的全部理想。而水罐倾流的泉水，既起着寓意少女青春纯洁的点题作用，又使画面产生匀称和谐的旋律。

《泉》这幅画创造出的不仅是一个纯洁少女的化身，更创造了恬静、典雅、抒情诗般的意境，而这种意境恰恰是孕妈妈所需要的。如果孕妈妈在这样一种美的境界中去想象自己腹中的宝宝，这是多么的美好。

孕妈妈在欣赏美术作品的时候，通过联想、想象到美好的事物，从而将美的感受传递给宝宝。在欣赏美术作品的时候，孕妈妈要在理解美术作品的基础上，用心去体会，引起感情上的共鸣，产生美的感受，从而达到对胎宝宝进行美育胎教的目的。

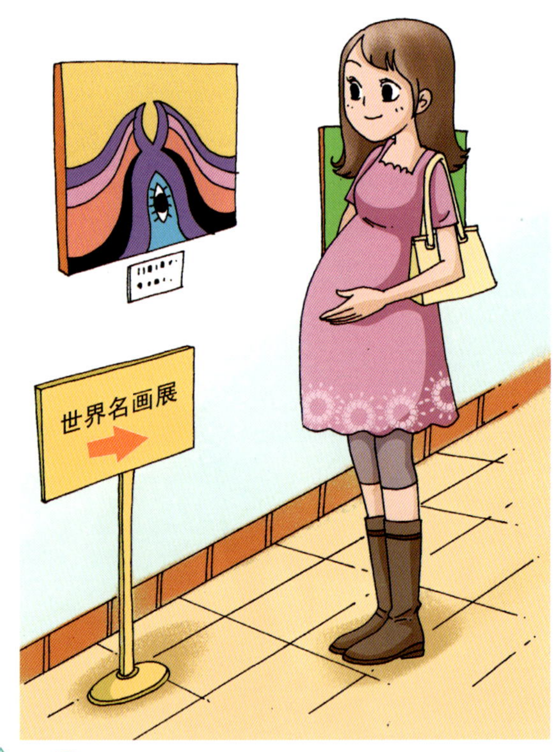

小贴士

孕妈妈在欣赏美术作品时，可根据不同的爱好选择不同的作品，喜欢中国画的可欣赏中国画，喜欢西洋画的可以选择西洋画，喜欢根雕的孕妈妈可选择欣赏根雕…… 总之，孕妈妈要根据自己的喜好和欣赏素质来选择。

Part 3

孕3月，成了小人儿

胎宝宝的发育

ξ 怀孕9周

孕9周的胎宝宝继续快速发育着。胚胎期的小尾巴这个时候已经基本消失，此时他大约长2厘米，身体开始变直。尽管头弯向胸前，却更加成形了，头部仍然比较大。所有的器官、肌肉、神经都已经开始工作。

B超里可以看到，胎宝宝五官越来越全，眼睑覆盖住了眼睛，只是暂时还不能控制眼睛开合，也还没有长出眼睫毛。鼻子慢慢长出。耳朵也隆起，只是暂时待在颈部，还没有到头部。味蕾正在发育，所有牙齿的幼芽都各就各位。

胎宝宝现在的四肢渐渐清晰，可以看见胎宝宝的小肩膀了，且生长迅速。手臂更加长了，臂弯处肘部已经形成，胳膊能在胸前相交。腿也长到足以在身体前面相交了，手指和脚趾基本发育完毕，手部在手腕处有弯曲，两脚开始摆脱蹼状的外表，可以看到脚踝。为了让自己更舒服一些，胎宝宝会不断地动来动去，不停地变换着姿势。

胎宝宝的皮肤变成了半透明，有少量的绒毛长出，像一层毛玻璃护着身体内部的世界。

在本周，膈肌会发育出来，从而把原本相通的胸腔和腹腔分开，腹腔的容积逐渐增大，把之前待在腹腔外的肠道收纳了进去。从大体轮廓上来看，胎宝宝已经“人模人样”，正式宣告从胚胎变成胎宝宝了。

ξ 怀孕10周

这时，胎宝宝身长大约4厘米，形状如同一枚橄榄，从外观上来看，已经很像一个小人儿了。在B超中，已经可以听到胎宝宝的心跳，每分钟在140下左右。还可以看到，胎宝宝面部已经比较清晰了，眼睛、鼻子、嘴巴都在该在的位置上，不过小家伙的眼皮还没有张开，粘合在一起。

胎宝宝90% 的器官已经建立，并且很多已经开始工作，在工作中不断完善自己。其中肾脏和输尿管开始发育，并具有一点点的排尿功能，胃能产生一些消化液，肝脏也开始制造血细胞，肺叶长出许多细支气管。胸部移动，就像在呼吸。另外，胎宝宝的齿根、声带、上牙床和上腭开始形成，味蕾出现。颈部的肌肉不断发达起来，以便支撑起自己的大脑袋。

胎宝宝手臂更长了，肘部更加弯曲，手腕和脚踝已经清晰可见。骨骼还处于软体状态，富有弹性。左右腿会交替做类似踢腿的屈伸动作。手指和脚趾也长了一点，而且对手指、脚趾有保护作用的指甲和趾甲开始生长。

ξ 怀孕11周

从孕11周起，胎宝宝的增长速度增快。此时的胎宝宝仍然是头大身子小，但是比例已经比之前要协调一些了，头只占到整个身体的1/2。肢体在不断加长，骨骼也开始变硬，脊神经开始生长。

细微之处也在发生着变化，比如出现了细小的绒毛和指甲，眼睛的虹膜也开始发育。不过，眼睛此时仍然没有睁开。

胎宝宝此时的能力也在增长，可以把自己的手放到嘴里吮吸，会吞咽羊水、打呵欠。另外，手脚也会经常活动一下，两脚还会做交替向前走的动作，进行原始行走。只是现在的这些动作还很轻微，孕妈妈还感觉不到。

另外，因为基本的器官发育都已成形，胎宝宝已经成功度过了致畸敏感期，抵抗外界干扰的能力大大增强，发育畸形的概率逐渐下降。

ξ 怀孕12周

胎宝宝现在仍然很小，甚至还不如成人的手掌大，但是从牙胚到指甲， 都已发育完全， 身体的雏形已经构造完成。尤其是胎宝宝的面部，五官的位置比以前更接近人了，耳朵已经由颈部移到头部两边的正常位置。整体看上去，就像一个微雕的小宝宝， 漂亮极了。

这部小小的“人体机器”正在欢快地运转着。脾脏已经开始造血，肝脏开始分泌胆汁，肾脏开始制造尿液，这将在很大程度上减少外来药物和感染对他造成的损害。值得一提的是，肾脏制造的尿液开始进入膀胱，进而排泄到羊水里，羊水的成分将因此而改变。

胎宝宝还有了甲状腺和胰腺，不过它们还不具备完整的功能。这两个腺体的形成对胎宝宝来说意义非凡，甲状腺可分泌甲状腺素，甲状腺素是维持人体代谢的基础物质，而胰腺分泌胰液和胰岛素，帮助消化，并调节全身生理功能，都是非常重要的。

当孕妈妈或者准爸爸在爱抚还没怎么显怀的肚子时，住在里边的小宝宝有可能也感受到了，他会把头转开，还会有手指、脚趾张开，嘴巴开合，四肢舞动等反应。不过，这目前还只能在B超中看到，孕妈妈自己还感受不到胎动。

孕妈妈的变化

乳房增大，乳晕颜色变深

在雌激素和孕激素的共同作用下，从怀孕第2个月开始，孕妈妈的乳房会逐渐膨胀增大，变得丰满。这个月乳房的变化已经很明显，隐约可以看到乳房表皮下纤细或稍有扩张的静脉血管。乳头和乳晕的颜色加深，乳晕上出现许多散开的深褐色的小突起，称为蒙氏结节。另外，孕妈妈还会感觉到不同程度的胀痛和触痛，12周以后还会有少量稀薄、淡黄的乳汁分泌。

由于孕妈妈乳房会随着妊娠的继续不断增大，所以在选择胸罩上要根据乳房的增长情况选择合适的尺码。同时，孕妈妈的乳房也会变得更为敏感，要尽量减少对乳房的刺激。

白带增多

怀孕后，盆腔内血液聚集，发生充血和瘀血，阴道的分泌物会较孕前略增多，颜色通常为无色，或橙色、淡黄色，有时为浅褐色。由于阴道分泌物增多，刺激外阴部皮肤发痒，如果不经常清洁处理，往往会引起阴部湿疹、阴道炎或子宫颈炎等感染性疾病。所以，孕妈妈发生白带增多后要更注意清洁，细心清洁私密处。

怀孕后白带增多属正常生理现象，但如果除了白带增多，还有外阴瘙痒和难闻异味，则应去医院进行检查，看是否得了阴道炎或其他妇科疾病。

尿频

由于子宫增大，压迫位于前方及后方的膀胱，会出现排尿间隔缩短、排尿次数增加的现象，还会出现排不净尿的感觉。

孕期尿频是正常的妊娠反应，孕妈妈感觉尿频时，不妨多上几次厕所，尽量不要憋尿。如果觉得晚上老是起夜很麻烦，可在临睡前的两个小时尽量少喝水。还有一个减少排尿次数的方法，就是排尿时身体向前倾，可以彻底排空膀胱。

虽然尿频更厉害了，但孕妈妈不能因此而减少喝水。为了养育胎宝宝，现在孕妈妈的血液量在不断增加，到孕晚期，血管中会多出45%~50%的血液，这需要有足够的水分去支撑，所以喝水是孕期非常重要的事情。孕妈妈每天至少要保证1600毫升的饮水量，才能满足身体的需求（也包括牛奶、汤粥或果汁）。

妊娠斑开始出现

大多数孕妈妈的皮肤都开始色素沉淀加深，很多孕妈妈会发现在小腹部有一条竖线，随着孕期的推进会继续增粗，颜色也会逐渐变深，而且会越来越多，这是妊娠纹。一些孕妈妈还会发现自己的脸和脖子上不同程度地出现了黄褐斑，这是妊娠斑。不过无须担心，大部分孕妈妈的妊娠纹和妊娠斑会在产后逐渐变轻，甚至消失。

由于正处在容易出现妊娠斑的时期，所以孕妈妈外出要更注意防晒，记得带上水。另外指甲变脆、易折断，需要勤剪指甲。

虽然怀孕让孕妈妈身体有了许多不适感，但也可能带来一些好处，比如激素让孕妈妈的皮肤变得更好、更有光泽了，令头发生长得更快等。

食欲有所好转

这个阶段，妊娠反应仍然存在，孕妈妈的情绪变化会很剧烈，刚才还眉开眼笑，转眼间就会闷闷不乐，这时的喜怒无常是正常的情绪波动，是由于激素变化引起的，但要注意调整心绪，让自己好好享受怀孕的乐趣。

不过，令人高兴的是，到这个月月末，孕妈妈的妊娠反应已经没有那么严重了，食欲逐渐变好，可以用少吃多餐的方式，想吃的时候就让自己吃点东西。此时胎宝宝骨骼正在发育，所以，孕妈妈可以选择性地多摄入些含钙的食物，比如牛奶、豆腐等。

安胎与保健

使用空调、电扇须知

孕妈妈在怀孕期间新陈代谢比平时旺盛，皮肤散发的热量也增多，加上孕妈妈的基础体温比一般人高出0.3~0.5℃，因此耐热力也比一般人差，在天气炎热的情况下，是否可以使用空调和电扇呢？使用时有什么需要注意的？

不要长时间使用

如果孕妈妈长时间对着电风扇或者空调吹，就会使血压暂时上升，增加心脏的负担。并且由于头部的血管比较丰富，对冷刺激比较敏感，长时间地吹就会出现头痛头晕、疲倦无力等症状。正确的做法应该是将电风扇调成摇头旋转，并且放在离孕妈妈较远的地方，风量也不宜太大；吹空调时应该穿上长衣裤，晚上则要盖上空调被，不能将肚子裸露在外面对着吹。

出汗多时不能马上使用

身体出汗多时，全身皮肤的毛孔就会舒张，如果此时马上吹电扇或者空调，就会使得邪风进入人体内，轻者伤风感冒，重者高热不退。一般人可以通过打针吃药来治疗，可孕妈妈此时不能轻易打针吃药，因为一旦用药不慎，就会给胎宝宝的健康带来危害。所以，孕妈妈要避免在出汗多时吹风扇或者空调，要等到汗收了之后再吹，以免引发疾病。

定期清洗空调和电扇

使用一段时间后，空调的过滤网、蒸发器和送风系统上会积聚大量灰尘、污垢，产生大量的细菌、病毒；电扇的转叶以及外罩上也会聚积大量的灰尘与污垢。这些有害物质随着空气在室内循环，污染空气，传播疾病，严重危害人体健康。因此，空调、电扇在使用一段时间后或换季停机时，必须清洗，保证有一个健康、清新的空气环境。

小贴士

孕妈妈可能会发觉自己现在特别容易流汗，体味也因此加重，这是正常现象，要注意经常洗澡、更换内衣，尽量保持身体的干燥、清洁。

不是所有花草都适合孕期养

在家中养些花花草草，赏心悦目，这是可取的，但是有些花草可能对人体不利，不适合孕妈妈种植，家里如果有这些花草，一定把它们都“请”到阳台上去。而孕妈妈也要记得，无论在家还是在办公室，都要远离这些植物，以免对自己和胎宝宝造成不良的影响。

孕妈妈不宜养的花卉

松柏类花木以及玉丁香、接骨木、兰花、百合等：所散发的气味能刺激人的肠胃，影响食欲，孕妈妈闻到会引起恶心呕吐。

洋绣球花、五色梅、天竺葵等：可能会使孕妈妈的皮肤过敏而引发瘙痒症。

夜来香以及丁香类：在晚上能散发出大量刺激嗅觉的物质，孕妈妈长期闻此花香，可能会头晕目眩、郁闷不适。

月季花：孕妈妈若长期接触月季的气味，可能会引起气喘烦闷。

紫荆花：孕妈妈若长期接触其花粉，会诱发哮喘症或加重咳嗽症状。

有毒的花卉如郁金香、一品红、夹竹桃、水仙、含羞草等：接触过久，会使孕妈妈皮肤红肿，或者昏昏欲睡、毛发脱落等。

孕妈妈适宜养的花草

吊兰、龟背竹：它们可以净化空气，还能吸收甲醛，清除有害气体。

仙人掌、芦荟：它们可以令空气更清新，并且没有浓重的气味。芦荟还可以吸收装修和家具造成的甲醛。

孕妈妈种植花草的注意事项

1 不要在卧室内摆放花草。大部分花草在夜间会释放二氧化碳，吸收氧气，降低室内氧气浓度，不适合孕妈妈。而且花香会使人神经兴奋，长期放在卧室，会影响孕妈妈的睡眠。

2 夏天不要养喜水喜阴的花草，导致室内湿气太重，也容易滋生蚊虫。

3 养花时需要做的粗重活，比如搬花盆、给花松土，孕妈妈就不要亲力亲为了，交给准爸爸吧。

小贴士

很多孕妈妈在这个阶段就开始出现牙龈红肿、出血现象，千万不要因此懈怠口腔卫生，坚持早晚刷牙，饭后漱口，换软毛牙刷，刷的时候动作尽量轻一点。

不做剧烈运动

即使怀孕已经到了第3 个月，但是孕妈妈的腹部也并没有增大多少，因此很多孕妈妈仍然像以前一样做运动，包括做一些比较剧烈的运动，比如打羽毛球、跑步、爬山等，锻炼完后让自己很疲累，这一定要引起注意。

事实上，怀孕早期是一个非常特殊的时期，对于运动、出行都有很多要求，在进入安定期以前，那种需要瞬间爆发力的运动如打羽毛球、网球、乒乓球，以及会对腹部产生压力的滑雪、滑板等都是不适合的。

在怀孕早期，孕妈妈参加体育运动时，要尽量选择散步、太极、做操等轻微的运动，对于带有奔跑性质的运动，一定要注意规避。尤其是那些有先兆流产的孕妈妈，如果动作幅度太大，很容易引起流产。

注意腹部保暖

怀孕第3个月时，孕妈妈的子宫逐渐变大，会压迫血管，可能引起血液循环不畅通，这就是有的孕妈妈容易感觉发寒的原因。另外，由于皮肤伸展，毛孔打开，体内热量散发得很快，所以不少孕妈妈腹部时不时会有发寒的感觉。

孕妈妈的腹部是胎宝宝健康成长的重要场所，所以，妊娠中孕妈妈要避免让自己处于低温的状态，尤其是腹部，平时需要注重腹部保暖，避免受寒。

所以，无论是为了自己的健康，还是为了保证胎宝宝的发育，孕妈妈都要注意保护腹部，无论在室内还是室外，都要准备一件外衣。

小贴士

有些情况下，孕妈妈可能需要卧床休息，如果医生认为孕妈妈不适宜运动，需要保胎，那么就需要考虑避免做运动，以防万一。

焐得太热也不好

冬天时，在没有暖气供应的南方地区，很多孕妈妈为避免受寒会在肚子上焐个热水袋，这样其实也不好。孕妈妈尤其是怀孕3个月以内的孕妈妈，腹部不能过热，最好是保持正常体温。

科学研究和临床实践已经证实，胎宝宝在怀孕前3个月对高温极为敏感，高温甚至有可能造成胎宝宝发育畸形或者流产。需要指出的是，高温并不见得对所有的胎宝宝都会有不良影响，但能造成不良影响的确实占有一定的比例。因此，孕妈妈应该特别注意，不能受凉的同时也不能焐得太热。

预防二手烟

二手烟的危害是很明显的，孕期的妈妈自己不吸烟固然好，预防二手烟也不能忽视。为了自身及胎宝宝的安全，孕妈妈平时一定要做好预防，养成良好的习惯。

日常生活如何预防二手烟

1 自己坚决不要吸烟，同时还要回避有烟污染的环境，这样可以防止被动吸入二手烟。

2 家人也坚决不要在家里吸烟，如果家里有来串门的客人，也要妥善地提醒他们不要吸烟。

3 尽量不要去公共场所。因为公共场所是没有办法控制的，而且人员混杂，难免会有二手烟。

工作中如何预防二手烟

一般，在计划怀孕以后孕妈妈都会让自己远离烟，但还在上班的孕妈妈，往往会在上班过程中被一群抽烟的人们包围，怎么才能尽量避免这种情况呢？下面几个方法不妨一试：

群发E-mail：可以群发一封动之以情、晓之以理的E-mail，写的时候，要特别注意措辞，将打招呼和提要求尽量表达得自然而诚恳。

无声提醒：如果觉得写E-mail太麻烦，或这样比较柔情的提醒还不能起到作用，那可以试着幽默一下，例如在自己桌上放一块写着“这里有孕妇，No Smoking！”的牌子。

请上司和女同事帮忙：如果以上都不奏效，就请上司帮忙出面制止，或联合女同事一起呼吁。假如上班的地方吸烟的同事很多，完全没有办法规避，为了胎宝宝着想，孕妈妈不妨考虑请假一段时间。

怎样减缓孕期尿频

孕妈妈在孕早期容易发生尿频，这是正常的现象，孕妈妈不必过于担心，可以通过以下方法进行适当的缓解：

1 孕妈妈可以调整饮水时间，在白天保证水分摄入，控制盐分，为避免在夜间频繁起床上厕所，可以从傍晚时就减少喝水。切记，万万不可因为尿频就刻意少喝水，这样只会导致身体缺水，进而影响胎宝宝的发育。

2 晚上少吃利尿食物，如西瓜、茯苓、冬瓜、海带、玉米须等。

3 有了尿意应及时排尿，切不可憋尿。如果憋尿时间太长，会影响膀胱的功能，以至于最后不能自行排尿，造成尿潴留。此外，排尿时身体向前倾，可以帮助孕妈妈彻底排空膀胱。

4 休息时要注意采取侧卧位，避免仰卧位。侧卧可减轻子宫对输尿管的压迫，防治肾盂、输尿管积存尿液而感染。

高龄孕妈妈可以考虑做羊膜腔穿刺检查

如果孕妈妈超过35岁，那么就属于高龄孕妈妈了，高龄孕妈妈孕育相对适龄孕妈妈来说风险较大，胎宝宝容易出现先天性缺陷。在怀孕第3个月的时候，有些高危高龄孕妈妈需要做一次羊膜腔穿刺检查，这样可以及时发现一些胎宝宝的先天缺陷。

羊膜腔穿刺检查的原理

羊膜腔穿刺是一种抽取羊水来检测胎宝宝染色体是否异常等的一种检查，准确率高达99%，是目前最常用的检查方法。羊水与胎宝宝的关系很密切，羊水中有胎宝宝皮肤、消化道等处脱落的细胞以及胎宝宝代谢的产物。在B超的协助下，做羊膜腔穿刺抽取羊水，然后将羊水中的细胞沉淀后做接种培养，可以得到胎宝宝的细胞染色体，从而诊断有无染色体病。

羊膜腔穿刺检查的方法

检查过程并不麻烦，具体为：

1 孕妈妈平躺，排空膀胱后进行腹部超声波检查，确认胎宝宝数、胎位、胎宝宝形态、胎盘位置及羊膜腔位置等，确定下针的位置。

2 以超声波作为引导进行穿刺。

3 先抽取5毫升羊水舍弃不要，再抽取20毫升羊水，这个过程差不多需要5分钟。

4 抽针，再观察胎宝宝心跳等是否正常。这个过程是不需要麻醉的，是目前应用最广泛而且较安全可靠的诊断手段，所以孕妈妈不用担心。另外抽出的第一针可能含有孕妈妈的细胞，所以舍弃不用。

ξ给电话、手机消消毒

座机没有辐射，更加安全，但座机也隐藏了其他健康隐患，比如使用的人越多，卫生状况也就越不好。粘附在电话机上的细菌和病毒有百种以上，尤其使用率高的公用电话，所粘附的细菌和病毒更多，容易使孕妈妈患上呼吸道感染，导致胎宝宝生长发育不良。

因此孕妈妈不妨给家里或者办公室的座机定期消消毒，对于固定使用的办公电话及家庭电话，可以用市售的电话消毒膜来进行消毒处理。也可用75%的酒精棉球来擦拭电话机的外壳部分，但由于酒精容易挥发，消毒效果比较短暂，所以应当经常进行擦拭。

小贴士

如果不得已需要使用公用电话亭的电话时，建议孕妈妈尽量与话筒保持远一点的距离，并在使用后马上洗手。

胎教三人行

第9周胎教方案：胎宝宝成“人”礼

ξ准爸爸胎教：讲点幽默小故事

幽默是营造良好家庭氛围的有效方法，准爸爸无论是发挥自己的幽默，还是给孕妈妈讲讲幽默小故事，都会起到很好的作用。

寄信

有一天，爸爸让小明去寄一封信，小明已经拿着信跑了，爸爸才想起信封上没写地址和收信人的名字。

小明回来后，爸爸问他：“你把信丢进邮筒了吗？”“当然。”

“你没看见信封上没有写地址和收信人名字吗？”“我当然看见信封上什么也没写。”

“那你为什么不拿回来呢？”“我还以为你不写地址和收信人，是为了不想让我知道你把信寄给谁呢！”

原因

有一次，语文老师让大家用“笑眯眯”一词造句。小明站起来说：“我笑眯眯地吃了一只小羊。”老师遂笑，问道：“那你为何不笑眯眯地吃一只老虎呢？”“因为小羊老实，我吃它，它不会反抗。嗯，还有，老虎太大，我不敢吃，再说它是野生保护动物，所以，我不能笑眯眯地吃！”

针锋相对

为了锻炼小明的生活自理能力，爸爸经常让小明干一些简单的家务活。一日，爸爸让小明削土豆皮，小明急了：“我要到法院告你，你这是非法使用童工！”爸爸回应道：“我也到法院告你，告你无理虐待老人！”

类比不当

小明学了一段时间画画，老师让他观察事物。忽一日，他发现邻居家的大狼狗的眼睛和表哥的眼睛比较像，后又自言自语地说：“可惜他们脸盘不像！”

代劳

教师节到了，小明准备给幼儿园老师送一盒朱古力豆。次日早晨，等父亲将他送到幼儿园时，门卫爷爷说：“老师没告诉你吗？今天老师在异地联欢，幼儿园放假。”小明心中不悦，爸爸问：“朱古力豆咋办？”小明没吱声，将朱古力豆放在嘴里嚼了起来，并自言自语地说：“我这也算为老师代劳了！”

胎教故事：《女娲造人》

女娲造人

女娲是一个人身蛇尾的女神，她在盘古开天辟地后，就在天地间游历。有一天，她看着热闹的大自然，却总觉得有一种说不出的寂寞。疲倦的她偶然在一个池子旁边蹲下来，澄澈的池水照见了她的面容和身影。她笑，池水里的影子也向着她笑；她假装生气，池水里的影子也向着她生气。她忽然灵机一动：为什么不创造一种像自己一样的生物加入世间呢？

于是她顺手从池边掘起一团黄泥，掺和了水，在手里揉团着，揉团成了第一个娃娃模样的小东西，她把这个小东西放到地面上。说也奇怪，这个泥捏的小家伙，刚一接触地面，就活了起来，并且开口就喊：“妈妈！”接着一阵兴高采烈的跳跃和欢呼，表现他获得生命的欢乐。

女娲看着她亲手创造的这个聪明美丽的生物，又听见“妈妈”的喊声，不由得满心欢喜、眉开眼笑。她给她心爱的孩子起了一个名字，叫作“人”。这样，她用黄泥做了许多能说会走的可爱的小人儿，一心要让这些灵敏的小生物布满大地。

但是，大地毕竟太大了，疲倦的她从崖壁上拉下一条枯藤，伸入一个泥潭里，搅成了浑黄的泥浆，向地面这么一挥

洒，泥点溅落的地方，就出现了许多小小的叫着跳着的人儿，和先前用黄泥捏成的小人儿，模样一般无二。“妈妈”“妈妈”的喊声，震响在周围。

不久，大地上就布满了人类的踪迹。女娲又考虑着：人是要死亡的，死亡了一批再创造一批吗？这未免太麻烦了。后来她终于想出了一个办法，就是把那些小人儿分为男女，让男人和女人配合起来，叫他们自己去创造后代。这样，人类就世世代代绵延下来，并且一天比一天多了。

节选自《古代神话故事》

小贴士

孕育是一个神奇的过程，这让人类对生命的起源产生了浓厚的兴趣，除了科学但不那么浪漫的进化论外，世界上还有很多关于人类起源的美丽神话与传说，女娲造人就是我们祖先编织的一个浪漫传说。

在传说中，人们表达了对生命繁衍的美好愿望，即使作为一个女神，她也需要孩子的陪伴。繁衍生命是大自然赋予人类神奇的特点，孩子创造着爱，让父母感受到人类繁衍、血脉相承的意义。

美育胎教：欣赏乐曲《杜鹃圆舞曲》

《杜鹃圆舞曲》是根据挪威作曲家约纳森创作的一首同名钢琴曲移植的手风琴曲，据说这首曲子是约纳森在1918~1930年间为无声影片做钢琴配音时即兴配音而作，曲调优美，音乐形象生动鲜明，带有浓浓的春意，特点是模仿杜鹃鸣叫的音调。

《杜鹃圆舞曲》在曲调和节奏上，具有挪威民间舞曲的风格。乐曲一开始节奏轻快、活泼，描绘了一幅生机盎然的景象，接着曲调表现出杜鹃在林中飞来飞去的浓浓春意，形成了温和、迷人的气氛。《杜鹃圆舞曲》由于曲调优美，音乐形象生动鲜明，深受人们的喜爱。

小贴士

好的音乐不仅让人全身舒畅，还能让人体会到无法亲临体会的美丽场景。春天是一个充满了希望和朝气的季节，《杜鹃圆舞曲》用音乐为孕妈妈和胎宝宝带来了春天的声音，听这首春意盎然的曲子，能让孕妈妈一整天都充满朝气和活力，赶走孕期的心理压力，胎宝宝也能受到乐曲的渲染，体验到欢快的情绪。

第10周胎教方案：享受怀孕的充实感

准爸爸胎教：做厨房的主角

我们知道，怀孕早期孕妈妈由于孕吐反应会很不适应厨房的环境，为了保证孕妈妈的情绪，也为了避开厨房不安全的因素，建议孕妈妈尽量少接触厨房，让家人代劳。

如今生活很紧凑，节奏很紧张，准爸爸上了一天班了，还要让他做饭做菜、端汤送水，准爸爸可能一下子难以适应，但是责任感一定会战胜这些小问题的。既然决定了要宝宝，那么准爸爸一定会负起责任来，为孕妈妈和胎宝宝多打算，进厨房也会欣然为之。

害怕自己做不好怎么办

让准爸爸为难的是，自己做的饭菜会符合老婆的胃口吗？其实，看看那些饭店的特级厨师们大多都是男同胞，准爸爸就不必唉声叹气了，有了榜样，又有了动力，相信准爸爸一定会知难而进的。

怎样开始下厨房

一开始，准爸爸可以只是切切菜、动动锅，至于炒菜时先放什么、后放什么、要放多少，这些一时拿不准的事情，可以在孕妈妈的指点下慢慢来。相信准爸爸只要用心，不出半个月就会上手的。

最初的时候，准爸爸也可以只做一两个菜，其他的仍由孕妈妈去做，渐渐的，准爸爸就可以全部大包大揽了。慢慢的，厨房的这个小天地，就会成为准爸爸的地盘，说不定准爸

爸还会对做菜有新的认识，做菜也可以发展成一项个人爱好。

为孕早期妈妈准备营养饮食

在孕早期，主要应该按照孕妈妈的个人口味喜好来准备食物，可以备下一些新鲜水果、饼干、酸奶之类的零食，饿了就吃一些。

此时可以注重神经系统和脑细胞发育所需的营养，比如增加脂类和蛋白质、碘、叶酸等营养丰富的食物（蔬菜、水果、动物肝脏、坚果等）。

营养学家建议，孕妈妈每天除了水之外，还需要摄取10~15种食品，具体的食物分配，可以参考如下的饮食金字塔：

第一层：主食为400~500 克，包括米饭、面包、面条。

第二层： 蔬菜，包括蘑菇、薯类、海藻类，共计为500克。

第三层：鱼、肉、蛋、大豆及豆制品，共400克，其中肉为100~150克。

第四层：牛奶2 杯，水果500克以内。

小贴士

如果孕妈妈还要坚持下厨房，必须注意不要让腹部受压，并尽可能加快做饭的速度，可以多采用蒸煮的方式来烹调食物，减少油烟。厨房里应保持良好的通风换气，如果是冬天，切忌直接用冰凉的水洗菜。

营养胎教：这样吃可以缓解孕吐

孕吐反应会让孕妈妈变得没有胃口，食量骤减。为了照顾好胎宝宝，孕妈妈不能放弃营养，可以采取能缓解孕吐的饮食方法。

缓解孕吐的饮食方法

1 多喝水：孕妈妈要每天保证饮水1600~2000毫升，最好早上起床后饮用1杯水（250毫升），上午、午餐后、下午、晚餐后、睡前各饮1杯，还可以在水中加少量食盐，以预防孕吐造成的低钠现象。

2 准备一些开胃点心：由于饥饿会加剧恶心感，所以饿了就要吃些东西，推荐瓜子、红枣、板栗、巧克力、苏打饼干、烤面包、新鲜开胃的水果等零食。

3 变换环境：尽可能多地变换就餐环境，这样能激发食欲。

4 吃喜欢的食物：在口味上可以尽量选取自己想吃的东西，还要尽量减少每次进食的量，少食多餐。

5 多吃一些较干的食物：如烧饼、饼干、烤馒头片、面包片等，如果孕吐严重，多吃蔬菜、水果等偏碱性的食物。

6 避免吃过于油腻、油炸、味道过重的食物，这类食物会造成孕妈妈恶心或心悸加重。

7 避免刺激性食物：避免咖啡、茶、薄荷这些刺激性的东西，这些不仅对胎宝宝无益，还会增加早孕反应，所以要尽可能远离。

8 多吃蛋白质食物（低脂餐、海产品、蛋、豆类）。

9 姜可缓解孕吐：将鲜姜片含于口中，或者在饮水或牛奶时，冲入鲜姜汁，均可缓解恶心的症状。

10 多吃苹果：孕吐较重时的饮食应以富于营养、清淡可口、容易消化为原则，所吃食物先简单后多样化，尽可能照顾孕妈妈的饮食习惯和爱好。孕吐吃苹果，可补充水分、维生素和必需的矿物质，同时又可调节水及电解质平衡，因此孕妈妈可多吃苹果。

孕吐期间的饮食安排：

早餐	豆包或蒸饼50克 二米粥1碗（大米和小米50克） 煮鸡蛋1个 蔬菜或咸菜适量	加餐	牛奶300毫升 苹果1个
午餐	面条150克 瘦肉50克 黄瓜50克	加餐	烤馒头片50克 橘子1个
晚餐	米饭100克 鱼100克 番茄100克 胡萝卜50克		

意念胎教：创造性审美想象

创造性审美想象是一种能充分发挥和调动主观能动性的心理活动，它可以使任何一个人的生活变得充裕和快乐。孕妈妈比从前任何时候都更需要快乐、满足和美感，进行创造性想象可以更容易获得这样的体验。

创造性审美想象的方法

首先，孕妈妈要进行想象，想自己向往和喜欢的事，如想着自己抱着未来的宝宝，逗着宝宝玩的情景。

孕妈妈自己置身于一个舒适的环境中，或是坐着，或是躺着，使身体完全放松。从脚趾开始，一直到头顶，想着一步步地放松身体的每一块肌肉，让所有的紧张从身体中流出。用腹部又匀又长地呼吸，慢慢地从10倒数到1，每数一下都觉得自己是更深的放松了。

当孕妈妈感到深深地放松了之后，开始想象自己逗玩宝宝的情景。想象宝宝是多么活泼可爱，自己的心情是多么愉快欢乐，胎教成功的喜悦充溢在自己心头。

孕妈妈要放飞想象的翅膀，比如想象自己置身在清新的大自然中——也许是片开阔的绿色草地，旁边是潺潺的小溪；也许是在海边细软的沙滩上，能看到波浪起伏。

花一些时间想象所有美好的细节，意识到自己正充分享受并经历着这一切。你继续漫步、探索，越来越多地看到丰富多彩、美不胜收的景色——山麓、树林，在每一个地方留恋、欣赏一会儿……把这个世界想象成一个辉煌的乐园，你在这个乐园中正完满与丰裕着自己的经历。

在大脑里保留这些美好的情景的同时，在内心对自己做一些十分积极的、肯定的陈述（出声或不出声都可以）。例如：

“我正在和可爱的宝宝度过一个美好的晚上。”

“宝贝，我永远爱你，我们永远在一起。”

在结束想象时，自己再说一段坚定的话：

“这美好的情景，多么和谐，多么令人满意。现在我充分感到了初为人母的幸福，也感到了生育一个健全的宝宝，是多么骄傲，多么光荣。”

孕妈妈要觉得这一过程是欢快有趣的，要坚持做下去，可以是5分钟，也可以是半小时。每天都反复做，或尽可能地经常去做。

创造性想象的技巧

要想练习创造性审美想象，就一定要做到深深放松，孕妈妈的身体和头脑都深深放松了，脑电波就会真正产生变化，变得慢下来。

孕妈妈要进行肯定的练习，用一些更积极的思想、概念来替代过去陈旧的、否定性的思维模式。这是一种强有力的技巧，它能在短时间内改变孕妈妈对生活的态度和期望。

孕妈妈可以不出声地进行，可以大声说出来，也可以写在纸上，甚至可以歌唱或吟诵。一天只要有10分钟有效的练习，就能抵消孕妈妈许多年的思想习惯。孕妈妈在自己告诉自己一切时，要进行积极想象，选择积极的语言和概念，一个积极的现实就会被创造出来。

第11周胎教方案：写下孕育的好心情

运动胎教：孕妇宜散步

散步是一项很适宜孕妈妈的运动，它温和、安全，优美的自然景色又可解除心里对分娩的各种担心，是整个孕期最安全的活动方式。如果孕妈妈不经常运动，这是最容易开始运动的一种方式，如果一直在散步，一定要继续保持。

散步的好处

散步不仅能帮助孕妈妈呼吸到室外的新鲜空气，调节情绪，还能够提高神经系统和心、肺的功能，促进身体的新陈代谢。

散步可以帮助保持体重，而且节奏相对稳定的步行，可以使腿部、腹壁、胸部及心肌运动加强，血管容量增大，血液循环加快，对身体细胞的营养，特别是对心肌的营养有很好的促进作用。

长期坚持散步对促进腹内胎宝宝的发育大有好处，为以后的正常分娩也打下了良好的基础。

到哪里散步最适宜

散步地点最好选择绿色植物较多，尘土和噪声较少的地方，这些地方空气清新，氧含量高，比如空气清新的公园，林荫绿地，干净的水塘、湖泊边等。

有机会时，孕妈妈还可以置身于返璞归真的树林中做“森林浴”，这样，既可使孕妈妈的精神得到放松，又可得到充足的“空气维生素”——负氧离子，从而祛病健身，还可使心情变得舒缓、平静，对腹中的胎宝宝生长发育十分有利。

阳光下散步也是很好的选择，因为阳光中的紫外线具有杀菌功效，而且能使皮下7-脱氢胆固醇转变为维生素D_3，此种维生素能促进肠道对钙、磷的吸收，对胎宝宝的骨骼发育特别有利。

很多孕妈妈喜欢在闹市区马路上、大街上、人群嘈杂的商场中散步，这样的地方汽车尾气多，马达的轰鸣声、刺耳的高音喇叭声等都会对孕妈妈和胎宝宝的健康造成极为不利的影响。

孕妈妈散步宜慢不宜急

孕妈妈散步时不要走得太急，要慢慢地走，以免对身体震动太大或造成疲劳，尤其是刚怀孕的孕早期阶段，胎盘和母体子宫壁的连接还不紧密，很可能由于动作的不当使子宫受到震动，使胎盘脱落而造成流产，此时散步更应慢一点，步调应尽量缓和。

散步多久更合适

散步的时间控制在30分钟即可。如果怀孕前很少运动，开始散步的时候先慢慢走，然后逐渐增加至20~30分钟的快步走，也可以先快走几分钟，再慢走几分钟，交替进行。最好一周运动3次以上，最重要的是坚持进行，偶尔运动一次难以受益。

早晨散步的话，最好是等到日出之后再出去，日出前空气中的有害物质较多。如果是晚上散步，可以选择8点以后，那个时候马路上的车辆相对较少。

散步的时间和距离还应该以自己的感觉来调整，以不觉劳累为宜。孕早期散步，最初5分钟要慢走，做一下热身运动。最后5分钟也要慢些走，使身体消汗。

孕期各个阶段怎样散步

孕早期：这个时候不需要对平日散步的习惯做太多调整，只要确保穿着适合散步的鞋，以便给双脚必要的支撑。

孕中期：这个时期动作比较笨拙，散步时要注意姿势，以免拉伤背部。抬起头，下巴水平，挺胸，不要驼背，眼睛向前看，摆动双臂，以保持平衡和加强锻炼效果。

孕晚期：这个阶段应尽可能坚持散步，但考虑到肚子已经很大，甚至站立时已经看不到自己的脚了，所以要避免远足，不要在任何不平坦的路段上散步，以免身体失去平衡。

小贴士

如果室外很热、很潮湿，就得取消散步计划，因为这样的天气容易导致身体过热，从而可能影响胎宝宝的健康发育。散步时一定要带上一瓶水，防止脱水。

美育胎教：听自然之音《晨光》

《晨光》是由班得瑞乐团所作。班得瑞乐团是一群生活在瑞士山林的音乐精灵，他们是由一群爱好生命的年轻作曲家、演奏家及音源采样工程师组成的团队，热爱生活、热爱大自然让他们心灵纯净，从不因自己制作的音乐被人欣赏而在媒体曝光，一旦开始执行音乐制作，便深居在阿尔卑斯山林中，直到母带成品完成。

置身自然山野中的生活，让班得瑞乐团拥有源源不绝的创作灵感，也拥有最自然脱俗的音乐风格。这首《晨光》排笛与横笛交错吹奏，将日与夜的交替表现得恰到好处，静静聆听下更添空灵之感。

聆听这首曲子会感染于它优美的自然音乐，乐曲中表现的晨光柔和而又充满活力，旭日东升之时，曲中新鲜的朝气将你从梦境中唤醒，加入清新的早晨，你会看到一个格外美好的世界，仿佛眼前有一片享受着晨光的绿油油的麦田，人们正在起床，孩子们正在上学的路上欢唱……

小贴士

怀孕早期进行音乐胎教实际上并不是让胎宝宝听，因为他此时还只是胚胎，听觉器官要到第4个月以后才发育，现在聆听音乐是让孕妈妈舒缓心情，优美的旋律一般都会使人心情舒畅，所以选择那些自己真正欣赏与喜欢的音乐效果才更好。

ξ 情绪胎教：克服孕早期烦躁心理

怀孕早期，多数的孕妈妈会有程度不同的妊娠反应，如恶心、呕吐、厌食等，同时还会有气闷和腹胀、腰痛等不适感觉。妊娠反应大多会持续一段时间，这往往弄得孕妈妈心情恶劣、烦闷不堪。

孕妈妈应正确认识妊娠反应，妊娠的剧烈呕吐多半是由神经系统紊乱、精神过度紧张造成的。孕妈妈应该尽量保持心情舒畅、情绪稳定，保持心理平衡，平时多想一些愉快的事，多看一些轻松、幽默的书籍，多看一些喜剧片和动画片，每天到环境幽雅的地方散散步，和喜欢的人谈谈天，这样会缓解一些心理上的烦乱情绪。精神上的放松，可以使孕妈妈体内循环畅通，从而减轻妊娠的不良反应，也可以使烦躁的心理得到一定程度的减轻。

有的孕妈妈过度担心胎宝宝的健康，这也会导致烦躁不安的心理。如果对胎宝宝的健康产生强烈的质疑时，孕妈妈不妨去医院做个检查，医院的专业检查可以准确证实胎宝宝是否健康，也可以帮助孕妈妈平定不安的情绪。

小贴士

在怀孕期间准爸爸可不能计较孕妈妈的“无名之火”，如果有时间，也多陪孕妈妈散散步，呼吸点新鲜空气，讲讲幽默小故事，或者送上一份孕妈妈心仪的礼物等，准爸爸的一片爱心，是孕妈妈消除烦躁心理的一剂良药。

ξ 语言胎教：这样做语言胎教效果最好

语言胎教就是准爸爸、孕妈妈用亲切、生动、形象的语言与胎宝宝对话，增进亲情。实验证明，进行过语言胎教的胎宝宝，出生后情绪更为稳定，视听定向和视听注意能力比较强，格外识哄、识逗笑。不过，对胎宝宝进行语言胎教也要讲究方法和技巧，这可以让语言胎教事半功倍。

语言胎教的素材

语言胎教的题材很多，可以给胎宝宝朗诵诗歌、阅读美文，也可以将日常生活中遇到的各种知识讲给胎宝宝听，还可以由准爸爸、孕妈妈与胎宝宝对话。这些胎教题材不仅可以把快乐的情绪传递给胎宝宝，促进胎宝宝发育，还能让准爸爸、孕妈妈更快地进入角色。

进行语言胎教的技巧

1 声音要清晰，速度要缓慢，大小要合适。传递给胎宝宝的声音通过羊水后往往有些模糊不清，因此在对胎宝宝说话时，声量要适当大一些，吐字要清晰一些，停顿要长一些，语速要慢一些，声音应发自内心，不应是一时应付的心理。

2 要坚持，不应三天打鱼两天晒网。对胎宝宝进行语言胎教，最重要的是持之以恒，哪怕每天只有10~15分钟也是好的，但要尽量坚持每天都至少进行一次。

3 不要有心理负担，情绪上要保持愉悦。孕妈妈的情绪对胎宝宝有直接的影响，如果孕妈妈有抵触情绪，无形中就会成为一种压力，这种压力会传递给胎宝宝。准爸爸如果情绪低落，也会通过孕妈妈间接影响到胎宝宝。因此，爸爸妈妈应保持轻松愉快的心情，把进行语言胎教作为一种享受。

小贴士

胎宝宝4个月时就有微弱的听力，6个月时孕妈妈周围的声音都可能会被胎宝宝听到。父母应当把胎宝宝当作一个倾心的听众，养成和他对话的习惯，不要忘记随时和他富有感情地交流。

第12周胎教方案：做自信的妈妈

动脑时间：脑筋急转弯

宝宝妈妈脑筋急转弯

1 宝宝问：一角钱能买多少头牛？

妈妈的说法：一角钱能买到牛吗？

宝宝的答案：当然啦，能买到九头呢，因为“九牛一毛”。

2 宝宝问：1加1等于什么？

妈妈的说法：这个简单，等于2。

宝宝的答案：妈妈真笨，“一＋一”明明就是王嘛。

3 宝宝问：为什么大雁秋天要飞到南方去？

妈妈的说法：它们怕冷。

宝宝的答案：嗯，有道理，不过我想是因为用走的就太慢了。

4 宝宝问：小红和小丽是同学，也住在同一条街，她们总是一起上学，可是每天一出家门就一个向左走，一个向右走，这是怎么回事呢？

妈妈的说法：因为小红家和小丽家是相对的。

宝宝的答案：妈妈真棒。答对了。

更多有趣的脑筋急转弯

有一坛酒埋在地下过了一千年，结果它变成了什么？——酒精

蝴蝶、蚂蚁、蜘蛛、蜈蚣，它们一起工作，最后哪一个没有领到酬劳？——蜈蚣，因为无功不受禄

动物园里大象的鼻子最长，那第二长的是谁呢？——小象

哪种水果视力最差？——杧果

小强为什么能用一只手让车子停下来？——打的

如果有一辆车，司机是王子，乘客是公主，请问这辆车是谁的呢？——如果的

金木水火土，谁的腿长？——火腿肠

试试外国的脑筋急转弯

Who is closer to you，your mum or your dad？（爸爸和妈妈谁和你更近？）

——Mum is closer because dad is father. ［“father”（父亲）与“farther”（更远）音同］

What fruit is never found singly?

（什么水果永远不会是单个的？）

—— Pear. ［“pear”（梨）音同“pair”（一对）］

Why are young men unwilling to date the daughter of the Fortunes？（年轻人为什么不愿意和福琼家女儿约会？）

——Because she is Miss Fortune. ［“Miss Fortune”音同“misfortune”（不幸）］

开心一笑：趣味十足的童言稚语

做梦了

宝宝跑过来兴奋地说：“妈妈，我昨天晚上做了一个梦。”

妈妈好奇地问：“做了什么梦啊？宝宝跟妈妈说说。”

宝宝一脸天真：“我想不起来了，就不要问了吧。”

妈妈：“……”

我从哪里来的

宝宝问妈妈：“妈妈，我到底是从哪里来的？”

妈妈觉得应该趁此机会教育小孩，就一本正经地以一个小朋友为例子，详细地以宝宝听得懂的语言介绍了生殖的全部过程。

宝宝听完后，一头雾水地说：“怎么会这样？我同桌说他是从湖南来的！”

爸爸为什么来我家

爸爸忆苦思甜，给宝宝讲小时候挨饿的事。听完后宝宝两眼含泪，十分同情地说：“哦，爸爸，你是因为没饭吃才来我们家的吗？”

年纪大了

宝宝玩耍时发现地上有一根很细很短的头发，疑惑地问："妈妈，你的头发掉吗？"

妈妈说："当然掉了。"

"为什么？"

妈妈随口说："因为我年纪大了。"

宝宝拿着他捡的头发，也学着妈妈的口气说："妈妈，你看这根头发这么细这么短，肯定是我掉的，我的年纪也大了。"

猜谜

妈妈问宝宝："有一种动物，它长着两只脚，每天早晨太阳公公出来后，它就会叫你起床，一直叫到你起床为止，这是只什么动物呢？"

宝宝想都没想地答道："是妈妈。"

小贴士

时时来袭的孕吐可能让准爸爸和孕妈妈都忍不住想象，很好奇宝宝到底是怎样一个活泼的孩子。在脑海中描绘宝宝的模样，听听孩子们的童言童语，想象以后宝宝会带给你们怎样的惊喜，会让孕妈妈在忍俊不禁中忘掉不适。

营养胎教：给胎宝宝大脑加点“油”

这个月，胎宝宝大脑发育很迅速，不仅重量增加，而且脑细胞的数量也迅速增加，因此有必要增加有利于大脑发育的营养物质，如磷脂和胆固醇等脂类。

孕妈妈可以经常交替吃一些核桃、松子、葵花子、杏仁、榛子、花生等脂类食物，同时，还应适量增加植物油的摄取，如豆油、花生油、玉米油等。这些食物富含大脑发育必需的脂肪酸，不仅可满足孕妈妈身体对脂类的需求，还有利于胎宝宝大脑发育。

脂类摄入要注意适量，孕妈妈每天的食物中含有60克脂肪就足够了，太多会导致肥胖，还会引起其他相关症状。

小贴士

孕妈妈即将进入孕中期，此时食欲增加，情绪逐渐好转，很适合调理身体，补充营养。孕妈妈可根据胎宝宝的身体发育需要，以及自己的喜好，多关注一下家庭的营养食谱，制订一个周期内的饮食计划。

Part 4

孕4月，激动人心的胎心音

胎宝宝的发育

ξ 怀孕13周

在本周之前，胎宝宝是耷拉着脑袋的，因为脖子还没发育到足以支撑起头部。这种状况将在本阶段得到改善，现在胎宝宝的脖子已经发育到足以支撑起头部了。

胎宝宝的脊神经开始生长，能看到脊柱的轮廓，神经元迅速增多，神经突触形成，条件反射能力增强。另外，胎宝宝的牙槽内在本周开始出现乳牙牙体，声带也开始形成。

胎宝宝重要的身份识别信息也开始形成了，这就是手指和脚趾纹印， 这是独一无二的， 在宝宝出生后，脚纹将被印在出生记录单上作为证明。

这一周，还有两个重要的东西发育完成了，那就是胎盘和脐带，对胎宝宝来说，这可是一条生命线，胎宝宝通过它们吸收母体中的营养。从现在起， 胎宝宝将努力通过脐带把胎盘内的营养和氧气吸收到自己体内，并把代谢废物从脐带运送出去。

令人高兴的是，胎宝宝的器官和组织已经基本发育成形，接下来就是进一步完善和长大，所以流产的概率大大降低，孕妈妈和胎宝宝的母子缘分已经很深厚了。

ξ 怀孕14周

从这一周开始，胎宝宝身体的生长速度超过头部，头重脚轻的状况将得到很大改善，而且他的颈部更加伸展、更加有力，有时候还能把头抬起来。四肢的生长速度出现了分化，胳膊的生长速度超过腿部，而且灵活性也优于腿部，会时不时挥动胳膊，并做出抓或握的动作，还会把手放入嘴里吮吸。另外，胎宝宝开始锻炼面部的肌肉，经常会出现皱眉、斜眼等动作。

胎宝宝在本周长出了胎毛，全身都被胎毛覆盖。这些胎毛会在宝宝出生后消失。胎宝宝的骨骼继续发育，软骨开始形成。皮肤仍是透明的，从外观可以看到皮下血管和心脏，听觉开始发育。

另外，胎宝宝的胃内消化腺和口腔内唾液腺也会形成，他的脏器功能也在不断地锻炼和完善中。他能吞咽羊水，大部分进入消化道，少量进入肺，协助吮吸运动，吞咽、排尿都很平常。

本周还有一个重要变化就是胎宝宝的外生殖器已经基本成形。

怀孕15周

在本周，胎宝宝身体的发育速度超过前面一段时期，腿部也将超过胳膊的长度，这样，胎宝宝整个身体变得更加协调。

胎宝宝的头发和眉毛也会在本周出现，眼睛虽然闭着，但是已经能感觉到光线强弱了，如果遇到明显的光线刺激，可能会微微眨动眼皮或者将脑袋转开。

胎宝宝不断地吞咽和吐出羊水，这可以促进他肺部气囊的发育。这时胎宝宝的胸部会随着吞咽而有节律地起伏。紧接着，胎宝宝呼吸的前兆就会出现——打嗝，但是还不能像成人一样发出声音，因为他的气管中充斥的是液体而不是气体。

这个时期，胎宝宝的动作更多了，也更协调，因为他的关节全部发育完成而且可以自由运用了。

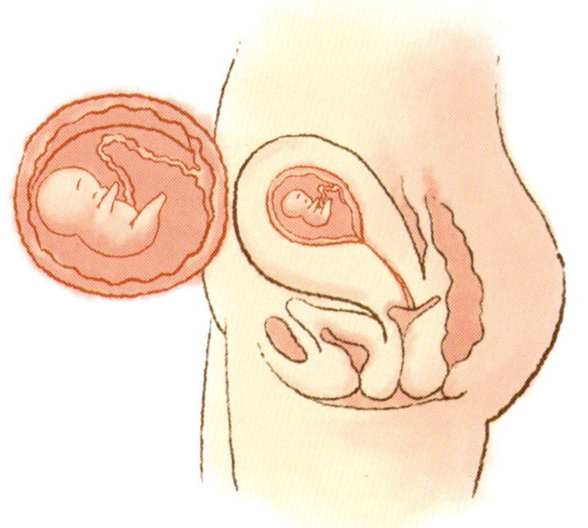

怀孕16周

在第16周，胎宝宝身长12~15厘米，体重120~150克，大约有成人的手掌那么大了。生长依然迅速，头部只占到整个身体的1/3，身体比例协调多了。

虽然此时胎宝宝还比较小，但已经接近完美，小胳膊小腿也发育完成了，关节活动更灵活。神经系统也开始工作，肌肉对于来自脑的刺激有了反应，能够协调运动了。这些成长让小小的胎宝宝越来越好动，不时就会翻个筋斗或者踢蹬一下腿，由于羊水的缓冲作用，孕妈妈仍然不能感受到这样的小动作，但他生长很迅速，很快就能感受到了。

胎宝宝可以把尿排到羊水中，但羊水仍然是安全的，因为胎宝宝的尿液是干净无毒的，其中的代谢废物早已经随着孕妈妈的循环系统排出体外，所以胎宝宝还是会很喜欢吞咽羊水的游戏，这可以帮助他练习呼吸。

另外，胎宝宝的眼珠开始慢慢转动，不过，此时眼睛仍然不能睁开，手指甲也形成了。

孕妈妈的变化

有了怀孕的真实感觉

孕早期已经过去，孕妈妈进入了最美好的怀孕阶段——孕中期。孕妈妈没有了孕吐的困扰，有更多精力去感受怀孕的真实存在，这种感觉很真切，以至于很多孕妈妈常常会有一些不自觉的行为改变，比如会习惯性地轻抚肚子，与胎宝宝进行交流；偶尔会走神，沉浸在对胎宝宝的想象中；会放慢走路的速度，等等。

胃口增大

孕妈妈终于度过了难受又紧张的孕早期，进入孕4月，那些一直困扰孕妈妈的呕吐、疲惫、晕眩等孕早期妊娠反应已大大减轻，甚至完全消失不见了，反而像有股神奇的精力注入体内一般，使孕妈妈感觉胃口大增，精神也好了许多。

这时，除禁忌食物外，孕妈妈可以随意吃自己想吃的食物。不过孕妈妈也不要盲目暴饮暴食，需注意体重的增长速度，体重增长较快对孕妈妈和胎宝宝都不利。

一般孕早期（怀孕前3个月）孕妈妈体重增加2千克，孕中期（怀孕4~7个月）和孕晚期（怀孕8~10个月）体重各增加5千克，整个孕期总体重增加12千克左右为宜。

小贴士

虽然从外观上，别人可能还看不出孕妈妈怀孕了（到这个月月末，大多数孕妈妈的肚子都会有些显，这个月是与亲朋好友分享怀孕好消息的一个好时机），但自己已经能看得出了。从此时开始，体重会逐渐增加，所以孕妈妈最好养成记录体重的习惯，经常量一下体重，它能帮助判断胎宝宝的生长情况。

肚子变大

从这个月开始，随着胎宝宝不断生长发育，孕妈妈子宫也逐渐变大，原本平平的肚子也在一天天地隆起。孕妈妈从这个月开始要留意自己肚子的大小，当然在孕检中，医生可以根据孕妈妈子宫的高度、腹围、腹部检查来评估孕妈妈肚子大小是否正常。如果医生检查后，认为孕妈妈的肚子小，还会建议孕妈妈进行B超检查，进一步评估胎宝宝的生长发育是否正常，所以孕妈妈不要为此过于担心。

下面这个表为孕妈妈肚子大小的参照标准，孕妈妈可以在家自测：

孕月	标准	腹围下限	腹围上限
5	82	76	89
6	85	80	91
7	87	82	94
8	89	84	95
9	92	86	98
10	94	89	100

注：取立位，以肚脐为准，水平绕腹一周，测得数值即为腹围（单位：厘米）。

尿频缓解

到了孕期的第4个月，由于子宫逐渐向腹部扩张，使膀胱所受的压力减少，孕妈妈的尿频症状也逐渐好转。也有些孕妈妈依然尿频，这是胎宝宝的代谢能力增强、代谢物增多的缘故。

气色越来越好

由于身体内血容量的增加，血液循环速度的加快，加上本身体温比普通人略高，孕妈妈现在皮肤看起来比以往好许多，红润而且有光泽，再加上早孕反应的逐渐减轻，整体看起来越来越容光焕发。不过有的孕妈妈肤色原本就比较黑，怀孕后皮肤色素沉着会看起来更黑，等到分娩之后会恢复的。

安胎与保健

换掉隐形眼镜

怀孕后，孕妈妈的内分泌系统发生很大变化，角膜组织会发生轻度水肿，使角膜的厚度增加。隐形眼镜会阻隔角膜接触空气，如果孕妈妈继续戴隐形眼镜，将增加角膜缺氧，使角膜发生损伤引起敏感度下降，敏感度下降将带来视力减退、无故流泪等。

此外，怀孕后孕妈妈的泪液分泌量也比平常减少，黏液成分增加，眼角膜弧度也会发生一些变化，容易造成角膜损伤，引发眼睛有异物感、有摩擦感，眼睛干涩等不适，所以一般不建议孕妈妈戴隐形眼镜。

如果孕妈妈原先戴的隐形眼镜没有觉得不舒服，那么在怀孕早期可以继续戴，但是最好减少戴的时间，一天以6~8小时为限。到了怀孕的最后3个月，最好改为框架眼镜。一旦感觉到戴隐形眼镜会使眼睛不舒服时，应立即更换为框架眼镜，以保护眼睛。

产后还能继续戴隐形眼镜吗

如果孕妈妈在孕期注意保护眼睛，一般在产后6~8周，孕妈妈的眼睛大致就可以恢复到原来的状况。在由眼科医生检查度数后，就可以继续戴隐形眼镜了。但是建议刚开始佩戴的时间不宜太长，让眼球有个慢慢适应的过程。

缓解视疲劳的按摩方法

轻扣眼皮：两只手都五指并拢，之后手心相对进行搓揉，等到两手心发烫时，微闭两眼，将发烫的手心迅速轻扣在眼皮上。持续3分钟之后拿开手，慢慢地睁开眼睛，眼睛会感觉清亮很多。

指压、按摩眼周：先将手指放在眼睛上方，从眼角向眼尾慢慢移动。用大拇指的指腹轻轻按摩太阳穴，同时做深呼吸。之后，把中指放在眼尾处，朝眼角处轻轻地提拉。最后，把手指放在眼睛下方，从眼尾处向眼角缓缓移动，用食指和中指的指腹轻压眼睑。

孕期用眼注意事项

1 连续近距离用眼时间不能太长，看书或者看电视、电脑40~50分钟后，要停下来闭目休息或看远处3~5分钟，防止眼肌过度疲劳。

2 长时间用眼后做眼保健操，并要坚持。

3 室内灯光不能太强，也不能太弱，尽量减少对眼睛的刺激。

4 近视的孕妈妈要定期到专业的眼镜店检查视力，一旦发现视力减退要及时更换眼镜，防止近视的进一步加深。

侧卧的睡姿为最佳

在第4个月时，孕妈妈会发现自己的肚子已经开始悄悄地隆起来了，这表示胎宝宝又长大了不少。要提醒孕妈妈的是，睡觉姿势跟胎宝宝的关系也很密切。

左侧卧最适宜

怀孕后，孕妈妈的子宫会发生轻微的旋转，其中右侧旋较多，旋转后的子宫很容易压迫右侧输尿管，造成输尿管扩张。如果仰卧睡眠，增大的子宫还会压迫脊柱前方的下腔静脉，使回到心脏的血液和心脏排出的血液都减少，甚至有可能造成低血压，减少母体对胎盘的血液供应量，造成胎宝宝缺氧。另外，子宫也可压迫腹主动脉，使到达子宫的血流量减少，影响对胎宝宝的供氧。

如果孕妈妈睡觉取左侧卧的姿势，既可纠正子宫旋转，减少对右侧输尿管的压迫，又可避免仰卧时子宫对大血管的压迫。

但是左侧卧睡久了也容易压迫到血管，造成身体一侧血流不畅，另外也有很多孕妈妈不习惯左侧卧，所以孕期最适宜的睡姿应该是以左侧卧为主，有意识地左侧卧，同时也可以翻身左右互换，只是尽量不要养成仰卧的习惯。

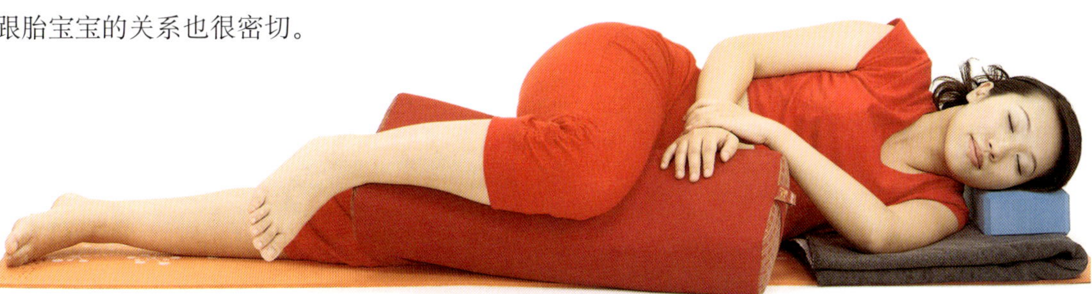

提高浴室设备的安全性

浴室是洗澡和上厕所的地方，由于空间比较狭小，另外也比较潮湿，孕期使用浴室一定要注意安全。浴室的设备要事先检查妥当，对容易造成危险的地方做一些合理的安排。

防跌倒

浴室是家中最容易滑倒的地方，孕妈妈跌倒更是危险，因此孕妈妈洗澡首要的就是要预防跌倒。浴室的安全防滑设备必须完善，孕妈妈每次洗澡之前，家人最好能将浴室清理一下，尽量做到以下几点：

1 在浴室地板上铺防滑垫，并定期清洗，以免藏纳太多污垢。

2 墙壁四周最好能安装一些比较稳固的扶手。

3 洗脸槽安装要稳固，这点很重要，以免情急之下孕妈妈抓住洗脸槽。

4 买一个双层或三层的置物架，并固定稳妥，用来集中放置所有浴室小用品，如洗发水、沐浴乳、香皂盒、梳子、吹风机等。

5 孕妈妈洗澡前，最好能先清理掉一些小杂物，如椅子、盆子、篮子等，以免走动过程中发生不便或被绊倒。

可以使用浴霸等暖气设备吗

很多家庭在浴室装有浴霸，用来洗澡时取暖。许多孕妈妈担心使用浴霸有电磁辐射，会影响胎宝宝健康。

其实，浴霸的原理是用功率较高的灯泡来发热，它的辐射频率只相当于手机的1/60，对于人体是比较安全的，孕妈妈可以放心使用。只是需要注意浴霸的安全性能，尽量选择有质量保证的品牌，安装时按照说明书，不应离人体太近，尤其是孕妈妈，太热对自己和胎宝宝反而不利。另外还必须注意通风，用浴霸后浴室内的空气湿度会很大，容易造成缺氧，所以使用时间也不能太长，洗完澡要立即擦干头发及身体，将衣服（至少是贴身衣物）穿好后再走出浴室。

小贴士

由于浴室是封闭的，所以洗澡和上厕所的时间都要有所控制，在15~20分钟最佳，太久容易头晕，但匆匆忙忙也容易发生意外。

孕中期可以适度性生活

孕中期，由于激素的作用，孕妈妈的性欲有所提高， 加上胎盘和羊水可缓冲外界的刺激，使胎宝宝得到有效的保护，因此可以适当地过性生活。如果身体情况良好， 性生活可以持续到孕晚期，临产前一个月则不建议过性生活。

孕期性生活要建立在情绪胎教的基础上

舒心的性生活能充分地将爱心和性欲融为一体，白天，准爸爸给孕妈妈亲吻与抚摸，爱的暖流就会传到对方的心田，对于夜间的闺房之爱大有益处。反过来，夜间体贴的性生活又促进准爸爸、孕妈妈白天的恩爱，使孕妈妈的心情愉快、情绪饱满。如果在孕期准爸爸、孕妈妈恩爱与共，生下来的宝宝反应会更敏捷，语言发育较早而且身体健康。

孕期性生活要注意的问题

孕中期可以过性生活，但也不是任意过性生活，而是减少性生活或有节制地过性生活，并应注意一些问题。

孕中期以后，夫妻之间每周可有1~2次性生活，但要特别注意，每次时间不宜过长，并注意不要直接强烈刺激孕妈妈的性器官，动作要轻柔一些，切不可动作过大或过猛，不要压迫孕妈妈的腹部。另外，由于性高潮会引起子宫收缩，有诱发流产的可能性，所以孕妈妈要注意自身调节，准爸爸注意不要刺激乳头。

如果孕妈妈感到腹部肿胀或疼痛，应暂时中断休息一会儿，肿胀感消失后，还可以继续。另外，当孕妈妈采取仰卧姿势时，可能会因血压下降而感觉不舒适，此时也要暂时中断休息一下，并适当地将身体左右倾斜调整，不适感就会慢慢消失。

性生活后孕妈妈要充分休息，倘若此阶段性生活过频，用力较大，或时间过长以及不注意保护腹部，就会使胎膜早破，胎宝宝因得不到营养和氧气，会很快死亡，导致流产。即使胎膜不破，未流产，也可能使子宫感染，损伤胎宝宝。

小贴士

如果孕妈妈没有性生活的情绪，可是准爸爸却情绪很高，此时一定要注意沟通，孕妈妈不可强硬地否定准爸爸的需要，这会伤害到准爸爸的自尊，可以试着婉转地表达自己的心情，孕妈妈适当地妥协反而是拒绝的妙方。

怎样预防、减少妊娠纹

受子宫增大的影响，腹部皮肤弹性纤维被挤压甚至断裂，怀孕中期，孕妈妈腹部可能出现粉红色或紫红色的不规则纵形裂纹，从脐部一直延伸到耻骨区，有些孕妈妈还会出现色素沉着，有的可延伸到胸部、大腿、背部及臀部等处。

一般来说，妊娠纹的这些印迹在分娩后会逐渐减淡甚至消失，但有时也很难消退，需要很长的一段时间。当然了，妊娠纹并非每个孕妈妈都会有，严重程度也因人而异，孕妈妈可以坚持预防。

均衡饮食

摄取均衡营养，避免摄取过多的甜食及油炸物，改善皮肤的肤质，让皮肤保持弹性，可减少妊娠纹的发生。另外，适当吃些富含维生素E 的食物如卷心菜，可延缓皮肤衰老。

适度按摩

适度的按摩可以增加皮肤弹性，减轻妊娠纹。孕妈妈可以从现在开始到产后3个月内，坚持进行腹部环形按摩，可以有效预防妊娠纹生成或淡化已形成的细纹。按摩时可以配合使用孕妇专用的按摩霜或按摩油，产后还可以配合使用精油按摩。注意，孕早期不宜按摩腹部。

控制体重

避免脂肪过度堆积是减轻妊娠纹的有效方法，一般怀孕期间最好将体重增加控制在10~12千克。孕妈妈可多进行锻炼，增加皮肤弹性的同时可以控制体重增长速度。

不妨游泳

游泳对恢复皮肤弹性很有好处，可以借助水的阻力进行皮肤按摩，促进新陈代谢，消耗多余脂肪，因此建议有条件的孕妈妈在孕期或者产后体质恢复以后，适当游游泳。

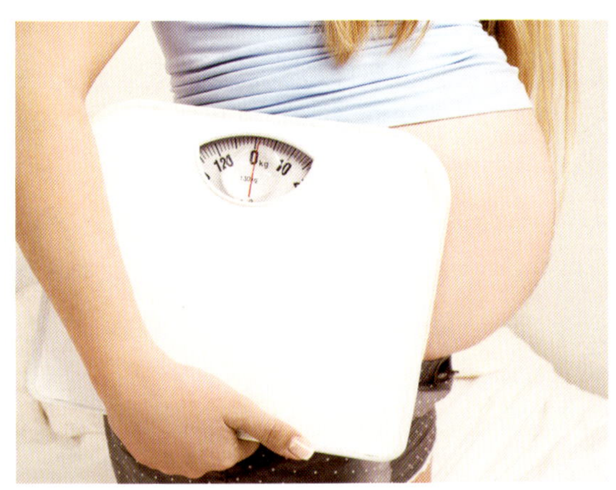

小贴士

一些保健品可能有促进真皮的纤维生长、增加皮肤弹性的功能，从而预防妊娠纹，但建议孕妈妈还是不要随便用药，可请医生帮忙，以免误食激素类药物，反而会造成类似的萎缩纹。

挑一双舒适的鞋子

孕妈妈穿合适的鞋在整个孕期特别重要，这是由孕妈妈的生理特点所决定的。大多数孕妈妈怀孕3个月后，会出现大脚趾水肿；6个月后，整个脚水肿得如同平脚；妊娠后期腿脚水肿得可能难以维持走路时的平衡。

孕期水肿主要是由于孕妈妈血液循环不畅，脚底会产生沉重的压迫感，从而加剧腰痛。因此，孕妈妈应该从怀孕3个月开始，换穿一双舒适的鞋，使脚部负担减小，缓解水肿，也方便行走。

根据季节和用途来确定鞋的式样

季节：夏天应选用有防滑底的鞋，以免雨天或遇到水渍时滑倒。要注意，很流行的坡形泡沫底凉鞋不适宜孕妈妈，虽然它弹性好，也比较适合脚的形状，但它鞋底很滑，容易摔跤。冬天穿温暖舒适的布棉鞋最好，不仅弹性好，而且适合孕妈妈多变的脚形。

方便起居：日常起居时可穿薄布拖鞋，孕妈妈汗腺分泌旺盛，容易形成汗脚，布拖鞋可吸汗。以往日常所穿的橡胶或塑料拖鞋不适宜孕妈妈，虽然方便、柔软、有弹性，但可能引发皮炎，尤其是过敏性体质的孕妈妈。

照顾站立过久或远行的需要：孕妈妈站立过久或行走较远时，建议穿柔韧易弯曲的软底布鞋、旅游鞋，这些鞋鞋底、鞋帮不硬，利于下肢血液循环，而且有一定弹性，可随脚的形状进行变化，穿着舒适，可减轻身体负担。

合适的鞋子具备的要素

1 鞋子的尺码需依脚长而定，应选择比脚大1 厘米左右的鞋子，这样可以为脚的胀大留出空间。

2 选择圆头且肥度较宽、鞋面材质较软的鞋子。鞋底要选择耐磨度好且止滑性较佳的大底。

3 鞋型选择上开式，即系鞋带式或魔术粘贴带式较佳，其次可以选择有松紧带或可调整宽度的鞋类款式。

4 注意鞋跟高度，理想的鞋跟高度为1.5厘米。平跟的鞋子则会由于孕妈妈身体重心前移、体重增加等原因，给孕妈妈带来足底筋膜炎等足部不适的困扰。鞋跟太高的话，则会使身体站不稳，而且还会增加脚部的负担。

5 孕妈妈的鞋应透气性好、宽松、轻便，合成革、皮革、尼龙等材料做的鞋是不太合适的，以帆布鞋或布鞋较为合适，如果需要上班，也可以穿一双比平时略宽松的低跟鞋。

小贴士

如果穿鞋不适或是新鞋子令孕妈妈产生异常症状，必须暂停穿那双鞋，并及时咨询医生，获得相关的诊疗意见。一般到了怀孕晚期，鞋子还要再宽大一些，孕晚期大多数孕妈妈都有水肿现象。

食欲变好，注意口腔卫生

由于激素的原因，孕期牙龈容易出血，尤其是到了怀孕6个月左右，孕妈妈体内的钙质等养分会被胎宝宝大量摄取，因此更容易患牙痛病或口腔炎。

保护牙齿健康应该在准备怀孕时开始，孕前做一次全面的口腔检查，孕期注意口腔卫生。怀孕期间，孕妈妈一定要保持良好的口腔卫生习惯，尤其是进入孕中期后，孕妈妈食欲比较好，更应常常保持口腔清洁，保护牙齿。

每天早晚坚持刷牙

晨起和临睡前必须刷牙，这是清除牙结石、保持口腔健康的必要途径。孕妈妈牙龈容易充血，口腔更加敏感，刷牙时要注意：

1. 使用软毛牙刷和温水顺牙缝进行刷牙，以减少对牙龈的刺激，避免牙龈出血。
2. 每次刷牙时间至少3 分钟，彻底清除食物残渣。
3. 记得清洁舌面，全面清洁口腔。
4. 牙龈出血严重时，可直接使用孕妇专用漱口水。

餐后要漱口

餐后5分钟，口腔内细菌开始繁殖，食物残渣会发酵、腐败，容易造成口腔感染，引发牙周炎、牙龈炎，或导致牙齿松动。

孕妈妈对酸性食物比较偏好，口腔pH下降，偏向酸性环境，这些都促进了口腔细菌繁殖的次数和速度，所以孕妈妈要坚持饭后漱口，建议孕妈妈使用孕妇专用漱口水。

避免刺激性食物

孕妈妈应尽量避免吃过冷过热、过于酸辣的食物，以免牙齿无法承受，要选择质软、不需多嚼、易于消化的食物，减轻牙龈负担，避免损伤牙龈。

此外，还要少吃甜食，注意平衡膳食，多吃含维生素C的蔬果，预防和改善牙龈出血、肿痛等。

胎教三人行

第13周胎教方案：加强胎教好时机

孕中期是胎教的最佳时期

孕妈妈怀孕到第12~16周时，可能会感觉到胎宝宝出现第一次胎动。

事实上，怀孕4个月后，胎宝宝的感觉器官都已经基本成形，胎宝宝的听力、视力开始迅速发育，对来自外界的声音、光线、触动等单一刺激反应更为敏感，并逐渐对外界施加的压力、动作、声音做出相应的反应，尤其对母体的血液流动声、心音、肠蠕动声等更为熟悉。

若是借助胎宝宝神经系统飞速发展的阶段，给予胎宝宝各感觉器官以适量的良性刺激，就能促使其发育得更好，为出生后早期教育的延续奠定良好的基础。可以说，孕中期开始，胎教的最佳时期就到来了，孕妈妈和准爸爸不要错过了。

这一阶段的重点训练对象

这一时期，主抓听觉和触觉训练，但其他胎教内容也应该继续或者相继实施，坚持下去，不要前功尽弃。

听觉训练：此阶段胎宝宝的听觉系统迅速发展，夫妇双方或孕妈妈可以很好地利用这一段时间，有意识地对胎宝宝进行相应的听觉训练。

触觉与动作协调训练：此阶段神经系统发育迅速，胎宝宝对触觉与运动很敏感。夫妇双方可对胎宝宝进行动作、触觉训练。

准爸爸胎教：积极参与抚摸

我们已经知道，触摸胎教是准爸爸、孕妈妈与胎宝宝沟通的重要途径，相对视觉而言，胎宝宝的触觉发育要早一些，实验证明，2个月的胎宝宝已经开始有感觉了，准爸爸、孕妈妈可以通过对胎宝宝进行抚摸、拍打等，激发胎宝宝的积极性。

准爸爸参与触摸胎教的好处

准爸爸经常抚摸胎宝宝，可以促进孕妈妈的血液循环，有利于胎宝宝身体的形成和智力发育。通过抚摸把触觉刺激传递给胎宝

宝的大脑，可以加强胎宝宝感受器和大脑的联系，使胎宝宝更聪明。

准爸爸的抚摸和协助，对孕妈妈心理上是一种安慰和鼓舞，对丈夫的关怀、体贴，孕妈妈会感到非常高兴，从而对孕妈妈的情绪产生良好的影响。

准爸爸的积极参与往往是使胎教能坚持不懈、持之以恒的重要因素，因此，准爸爸要与孕妈妈相互配合、心灵交融，把触摸胎教不断进行下去。

怀孕4个月准爸爸的抚摸方法

准爸爸可用双手轻抚孕妈妈腹部，一边抚摸一边呼唤宝宝的名字，还可以跟宝宝说话，把宝宝当成每时每刻和自己生活在一块儿，把自己正在做的或可以和宝宝一起做的事告诉宝宝。

准爸爸可以选择合适和固定的时间抚摸宝宝，或用手指轻按孕妈妈的腹部，把压力通过腹壁传至胎宝宝皮肤，以产生压觉和触觉。这样可满足胎宝宝的皮肤饥饿感，激发胎宝宝活动的积极性，促使其发生蠕动。

小贴士

一般在孕早期以及临近预产期不宜进行触摸胎教，有不规则子宫收缩、腹痛、先兆流产或先兆早产的孕妈妈，或者曾有过流产、早产、产前出血等不良产史的孕妈妈也不宜进行触摸胎教，以免发生意外，可以用其他胎教方法来代替。

胎教故事：朗诵《母狼高司普和狐狸》

母狼高司普和狐狸

母狼生了一只小狼，于是请来狐狸当教父。她说：“总之，狐狸是我们的近亲，见多识广而且头脑聪明；他能教好我儿子，帮他在世界上生存。”狐狸装得很诚实地说：“亲爱的高司普太太，感谢你对我的尊敬，我也要同样对待你，不辜负你的期望。”在宴席上，他非常高兴地尽情大吃，然后对狼妈妈说：“亲爱的高司普太太，我们有责任让孩子们吃得好吃得饱，这样他们才能长得结实强壮。我知道有个羊圈，我们可以轻而易举地搞到一块肥肉来。”母狼一听，觉得不错，于是跟着狐狸来到农庄。狐狸指着远处的一群羊说：“你可以轻易地悄悄溜进去，我到另一边看看能不能抓只鸡回来。”其实他没去另一边，而是在森林的入口处坐了下来，伸直了腿脚休息。

母狼爬进羊圈，里面一只狗狂叫起来。农夫听到了跑出来，逮住了母狼高司普，而且将一盆准备用来洗衣服的强碱性的水泼在了她身上。母狼总算逃出来了，那只狐狸却假装很哀伤地说：“哦，亲爱的高司普太太，我真是不幸。农夫抓住了我，把我所有的脚指头都打断了。如果你不愿意看着我躺在这里死去，那你就背我回去吧。”母狼尽管自己也只能慢慢地走，可她很关心狐狸，把他驮到了背上，把这个没病没痛的教父背回了家。这时，狐狸对母狼说：“再见，亲爱的高司普太太，愿你吃上一顿精美的烤肉。”他开心地笑着走了。

选编自《格林童话》

小贴士

胎宝宝喜欢听故事，更喜欢听生动有趣的故事，在孕妈妈的子宫里，胎宝宝并不寂寞，他靠触觉靠视觉，尤其是靠听觉与外界保持着联系，整个世界的声音都对他有着强烈的吸引力。像这样拟人化的好玩有趣的胎教故事，孕妈妈可以和准爸爸一起给胎宝宝读，一人负责其中一个或几个角色，增加故事的生动性。尝试着写一出剧本也是不错的胎教内容。

第14周胎教方案：享受胎教的快乐

准爸爸胎教：每天和胎宝宝打招呼

胎宝宝不仅喜欢孕妈妈温柔、甜美的声音，同时对准爸爸低沉、宽厚的嗓音也非常喜爱， 所以准爸爸也不要忘了多与胎宝宝说说话。

与胎宝宝打招呼、说话的好处

准爸爸对胎宝宝讲话，这首先是父爱的一种具体表示， 胎宝宝能够通过听觉和触觉， 感受到不仅有母爱，而且还有父爱的温暖，这对于胎宝宝的感情发育具有莫大的好处。

准爸爸坚持每天对子宫内的胎宝宝讲话，让胎宝宝熟悉准爸爸的声音，能够唤起胎宝宝最积极的反应，有益于胎宝宝出生后的智力及情绪稳定。

准爸爸如何打招呼更自然

许多准爸爸觉得要对着一个看不见的小人儿说话有点不好意思，其实胎宝宝完全能听到你的声音，只要克服心理障碍，多试几次就会好的。

打招呼可以用最平常的方式开始，比如叫叫胎宝宝的小名，然后自然地问些与你们有关的问题，比如：“宝宝，听妈妈说你最近很调皮哦，是不是又打算踢妈妈了呢？”

要讲的话题可以事先构思一下，先拟定一篇小小的讲话稿，稿子的内容可以是一段优美动人的小故事、一首纯真的儿歌、一首内容浅显的古诗，也可以谈自己的工作及对周围事物的认识。如果文字功底比较好，不妨用诗一般的语言，童话一般的意境，告诉胎宝宝外面的这个美丽新世界。

小贴士

准爸爸可以每天在固定时间，摸着孕妈妈的肚子和胎宝宝打招呼、说童话故事或念儿歌给胎宝宝听，或者跟胎宝宝讲讲这天发生的有趣事情等，这些都对胎宝宝脑部发育有很大的帮助。

夫妻时间：看电影《飞屋环游记》

电影基本信息

片名：《飞屋环游记》

导演：彼特·道格特

编剧：Bob Peterson

语言：英语

在影片《飞屋环游记》中，小男孩卡尔与假小子艾丽是相伴一生的爱侣，他们有一个梦想，就是有朝一日要去南美洲的“仙境瀑布”探险，但直到艾丽去世，这个梦想也未能实现。

终于有一天，老人卡尔居然用五颜六色的气球拽着他的房子飞上了天空，他决定要去实现他们未曾实现的梦想。

这部电影讲述着“梦想”，两个老人一生的美丽梦想；这个故事里还讲述着“牵绊”，是什么让人变得勇敢、坚定、善良、宽容，因为心中有爱，有一份魂牵梦绕的挂念。

情绪胎教：让幸福的感觉笼罩自己

什么是幸福？当被孕期的种种反应折磨得几近崩溃的时候，当感觉怀孕带给你诸多不便的时候，孕妈妈可能忽略了这个问题。

拿出更多精力去感受身边的幸福，一定要记住，怀孕给孕妈妈带来的幸福感是任何事情都可能无法匹及的。做了妈妈的人，通常会更容易感到幸福，所以，千万不要让不适的感觉占据你的身心，更多地拿出精力去感受身边的幸福。

幸福的感觉可能就在你身边

人在年轻的时候每个月都会有3~4天心情不好，越往后年纪越大，平均每个月只有不足2天会情绪低落。为什么老年人常常比年轻人更能保持快乐？除了受人体节律的影响外，其中的关键就是多数老人经过世间风雨后，懂得怎么去看待生活，对生活中的一切有了理智的对待，所以拥有了一份平静的心态。

孕妈妈要在心情起伏的孕期将内心的幸福感传达给胎宝宝，就要懂得排解生活中的各种忧虑和不快乐，做到更乐观、更积极，珍视拥有的东西，多和家人、朋友建立密切的联系，抽时间和他们相处，这样，幸福的感觉就会将孕妈妈和胎宝宝笼罩在一起。

小贴士

笑声具有奇妙的传递作用，会让周围的一切都好起来，也能让周围的人和自己感觉更快乐，更容易接近，孕妈妈平时不妨多微笑，这会是很棒的胎教。

第15周胎教方案：给胎宝宝放音乐

ξ准爸爸胎教：给胎宝宝放音乐

孕中期是进行音乐胎教的好时机，当然，由于胎宝宝还很小，而音乐胎教如果不注意方法也无异于噪声，所以，在进行音乐胎教时，一定要注意所用的方法，避免不得当的音乐胎教在不知不觉中给胎宝宝带来无法弥补的伤害。

征得孕妈妈同意再播放

准爸爸在播放音乐的时候要取得孕妈妈的同意，千万不要自顾自地就放了起来，应该选择孕妈妈喜欢听的音乐，否则的话就不会起到胎教的作用。

选择合适的音乐

在音乐的选择上，胎教音乐必须是经过专业选择和设计的，孕妈妈应该听一些节奏柔和舒缓的轻音乐，像一些节奏起伏比较大的交响乐，尤其是摇滚乐、迪斯科舞曲等刺激性较强的音乐，都不适合孕妈妈听。胎教音乐应该在频率、节奏、力度和混响分贝范围等方面，尽可能与孕妈妈子宫内的胎音合拍、共振。

根据胎动频率选择曲子

到了怀孕中晚期，要根据胎宝宝胎动的频率，有选择地播放曲目。如果胎动频繁，应放一些柔和轻松的曲子；如果胎动较弱，则需放一些雄壮有力而节奏感又比较强的音乐。

控制音乐胎教的时间

长时间不间断聆听胎教音乐，这种音乐胎教法是错误的。胎宝宝的大脑也需休息，若是长时间聆听，则对其听力、情绪发展等都极为不利。正确的方法是间隔播放，每次听10~15分钟即可。

采取最自然的听法

应该让胎宝宝通过最自然或近似于与生俱来的方式听到音乐，而不是刻意为之，比如强行使用传声器、刻意调到最大音量等。在听音乐时，如果孕妈妈情绪不错，准爸爸还可以将自己的理解（可以是对音乐本身或者由此而联想起来的生活）讲给胎宝宝听，效果会更好。

不妨动手制作一张音乐CD

准爸爸不妨自己动手制作一张胎教音乐CD，把以后要放的胎教音乐刻录上去。除了本书中出现的乐曲之外，还可以加入一些中国古典的民族乐曲，如《牧童短笛》、《平湖秋月》、《喜相逢》等。

小贴士

准爸爸低音唱歌、大提琴独奏曲之类，胎宝宝最容易接受。孕妈妈亲自哼唱歌曲，如哼唱几首自己喜欢的抒情歌曲，或是优美而又富有节奏的小调、摇篮曲等，都会达到较好的效果。

ξ音乐胎教：欣赏音乐《春之歌》

《春之歌》是德国作曲家门德尔松著名的钢琴曲集《无歌词集》（第62号作品）中最为著名的一首，不仅用于钢琴独奏，还被改编成管弦乐曲以及小提琴和其他乐器的独奏曲而广为流传。此曲创作于1842年6月，当时门德尔松正在英国伦敦，在初夏晚春的坎伯韦尔大草坪附近，他写下了这首风一般悠扬的名曲。

《春之歌》描写了大地春回、万物苏生的蓬勃气象。主旋律绚丽多姿、委婉迷人，串串音符犹如飘飞的花絮，展现出春光的明丽与妩媚。而伴奏部分那流畅跃动的琶琶音，就像是竖琴奏出，仿佛淙淙溪水，款款流过，更烘托出春的意境与活力。

与主旋律相伴，还有一支旋律意在刻画人们置身于春色之中激动兴奋的心情，它装束在《春之歌》的中间部分，使这幅春色画图更增添几许纷纭与迷离，产生一种心旷神怡的愉悦感和一种春深似海的神秘感。

这首乐曲的结尾再现了明媚如歌的主旋律，又回顾了激荡兴奋的惜春之情，在寂静安恬的气氛中，音乐渐渐弱下来，消逝在无尽的春光之中。含蓄而平静的终止，给人以余韵未绝、意蕴愈深的奇妙联想，使《春之歌》仿佛获得永恒的生命。

ξ运动胎教：孕妇操

孕期越往后，孕妈妈的活动可能越不方便，做孕妇操也只能做一些更为简单安全的动作。在这一段时间，可以练习床上运动，这不花费太多的时间，可以锻炼四肢和腰部，清晨和晚上都可进行，是一套比较适合活动不便时进行的体操。

床上运动的方法

1 孕妈妈自然地坐在床上，两腿前伸成V字形，双手放在膝盖上，上身右转，保持两腿伸直，足趾向上，腰部要直，目视右脚，慢慢从1数至10，然后再转至左边，同样从1数至10，恢复原来的正面姿势。

2 孕妈妈仰卧在床上，膝部放松，双足平放于床面，两手放在身旁，将右膝抱起，使之向胸部靠拢，然后换左腿。

3 孕妈妈仰卧在床上，双膝屈起，手臂放在身旁，侧身滚向左边，用左臀着床，头向右看，恢复原来的姿势。然后滚向右边，以右臀着床，头向左看。反复做几次，以活动颈部和腰部。

4 孕妈妈跪于床上，双手双膝平均承担体重，背部挺直，使头与脊柱呈直线，慢慢将右膝抬起靠近胸部，然后抬头，右腿向后伸直，然后换左腿进行。

ξ动手时间：毛线编织

在孕期做一做编织的活儿会帮助孕妈妈抛却所有的私心杂念，屏息凝神，达到心如止水的平衡状态。亦有胎教实践证明，孕期喜欢编织的孕妈妈生出来的宝宝也会显得更加“心灵手巧”。

编织是翻飞在指间的有益活动。随着毛线针的上下飞舞，我们的肩膀、胳膊、手腕、手指等部位30多个关节和50多条肌肉会被牵动，这些关节和肌肉的伸屈活动，大大锻炼了大脑皮层里的神经中枢，提高了人的思维能力。孕妈妈通过编织，锻炼了自己的大脑，通过信息传递的方式，促进了胎宝宝的大脑发育。

可以编织哪些东西

孕妈妈可以织一些可爱的挂饰，到时候挂在宝宝的床头，又温暖又可爱；还可以为宝宝编织一些小物件，比如鞋子、帽子、围巾等，心里会很甜蜜的；或者为准爸爸织一件毛背心，让他感觉到你依然关心他，增进夫妻感情。

不懂编织的孕妈妈怎么办

对于不懂得编织艺术，又喜欢编织活动的孕妈妈来说，那些复杂的针法可能一时难以学会，但是编织并不是一门高深的学问，它是从很简单的针法开始的，不用强求一开始就编织难以掌握的东西，可以从编织简单的围巾、餐垫等开始，有时间就做，久而久之就掌握了基本的方法，再来学习复杂的就更有兴趣和自信了。

第16周胎教方案：陪调皮胎宝宝玩耍

运动胎教：瑜伽呼吸法

瑜伽是一项很柔韧的运动，它的动作从简单到复杂，内容很广泛。由于对身体素质有要求，所以孕妈妈练习瑜伽需要事先咨询医生，在得到允许后，可以找一位合适的瑜伽老师来指导自己练习。

通常孕妈妈都更适合练习专为孕妇准备的瑜伽，它可以增强体力和肌肉张力，增强身体的平衡感，提高整个肌肉组织的柔韧度和灵活度，同时刺激控制激素分泌的腺体，加速血液循环，还能够很好地控制呼吸。无论练习哪一种瑜伽，都需要首先来练习呼吸法。

孕妈妈练习瑜伽的正确呼吸法

1 仰卧在垫子上，屈膝，两膝靠拢，双脚分开，略比臀宽。

2 待感觉呼吸平稳时，放松手臂、手、肩膀，双手轻放于腹部，鼻子吸气并有意识地让空气到达体内手下方的位置，手臂不动，让气流带动两手自然分开。进行10次有控制的深呼吸。

3 将双手移至乳房下方以及乳房上方锁骨以下的位置，各重复10次深呼吸，默记空气通过肺的各个部分时的感觉。

4 以平常的方式呼吸10次以放松身体，手臂置于身体两侧，手心朝上。

5 接下来进行一次缓慢的有控制的深呼吸，让空气逐渐从肺底部至中部，最后到顶部充满整个肺；呼气时，先呼出肺顶部的空气，然后是中部，最后是底部。重复10次。

6 以平常的呼吸方式放松即可。

动脑时间：下棋可助胎宝宝大脑发育

胎宝宝的大脑正在形成，而且现在脑部发育非常迅速，是对他进行适当脑部刺激的好时机，孕妈妈多动动脑，能帮助胎宝宝开发潜能。

孕妈妈下棋的好处

下棋是最好的智力体操，不但能让孕妈妈思维更加活跃，而且随着孕妈妈对棋艺的思考冥想，脑电波会触发胎宝宝的脑细胞，使胎宝宝的脑细胞也活跃起来，是聪明、智慧遗传素质的形成基础。

如何下棋效果更好

1 控制下棋时间。下棋是比较高强度的脑力游戏，如果一次下棋时间太长，也难免令人头昏脑涨，所以孕妈妈要控制下棋时间，以自己感觉舒适为宜。

2 培养游戏情操。有的孕妈妈会因为输棋了而发脾气，也有的孕妈妈会因为输棋觉得没有面子，为了避免这些负面影响，孕妈妈事先要明白“胜败乃兵家常事”，不用担心下得不好而被取笑，输赢不重要，重要的是享受比赛的乐趣。

3 下棋时最好有语言沟通。下棋时一定要说出来，比如玩象棋，边走边说“跳马走车飞炮”，旨在说给胎宝宝听。

营养胎教：记得及时喝水

孕期血容量增加了许多，身体的需水量也在增加，在平时，正常人每天需要喝8杯水，但由于孕妈妈的膀胱和胃容量并没有增大，反而可能受到挤压，所以即便不能喝大量水，也要尽量保证喝足1600毫升水，包括汤水和饮料里的水分。孕妈妈喝水一定要及时，以保证充足的水分。

清晨起床后应喝一杯新鲜的温开水

早饭前30分钟喝200毫升25~30℃的新鲜开水，可以温润胃肠，使消化液充分分泌，以便促进食欲，刺激肠胃蠕动，有利于定时排便，防止痔疮、便秘。此外，空腹饮水能使胃肠迅速吸收水分，使血液稀释，加快血液循环，补充细胞丢失的水分。

切忌口渴了再喝水

口渴说明体内水分已经失衡，脑细胞脱水已经到了一定的程度。孕期孕妈妈应每隔2小时饮水一次，每天的饮水量达到1600毫升。

保证优良的水质

1 自来水一定要烧开再喝。自来水中的氯与水中残留的有机物相互作用，会产生致癌物质，煮沸自来水可令氯分解，阻止致癌物质的产生。

2 不要喝久沸或反复煮沸的开水。水在反复沸腾后，水中的亚硝酸盐、亚硝酸根离子以及砷等有害物质的浓度相对增加。喝了久沸的开水以后，会导致血液中的低铁血红蛋白结合成不能携带氧的高铁血红蛋白，会引起血液中毒。

3 不能喝在热水瓶中贮存超过24小时的开水。因为开水在热水瓶中贮存时，水温会不断下降，这会使得水中含氯的有机物不断地被分解成一种有害的物质——亚硝酸盐，对孕妈妈身体的内环境极为不利。

4 不要喝保温杯沏的茶水。茶叶浸泡在保温杯的水中时，会令多种维生素被大量破坏，茶水苦涩，有害物质增多，饮用后易引起消化系统及神经系统的紊乱。

情绪胎教：放松精神的方法

我们已经知道，怀孕期间承受太大的压力对孕妈妈本身及胎宝宝都不好，所以很多可以调节身心、放松心情的方法孕妈妈都可以试一试，找出一些对自己很有用的小方法，这样就能随时随地派上用场。这里为孕妈妈介绍一种消除紧张压力的方法，不妨一试：

首先是视觉。以轻松的姿势坐在地毯或沙发上，不要让任何人来打扰你，然后先环视一下屋子，选出3样东西来，集中精力，一个一个加以凝视。例如，闹钟正在移动的秒针、书中人的眼睛等。凝视几秒钟并没有严格的限制，不过至少要集中视线5秒钟以上。

其次是听觉。就是在周围所能听到的声音中选择3种来集中精力。例如时钟的嘀嗒声、隔壁传来的小孩叫声，或是外头刮风下雨的呼啸声都可以。

接下来是触觉。同样选择对3种东西的感觉来集中精神。比方说，你正坐着的天鹅绒面椅子的触感以及呼吸时胸部规律的动作等，都一一集中精力去感受。持续做这些练习，直到你的心灵完全获得平静为止。

Part 5

孕5月，幸福满满的胎动

胎宝宝的发育

ξ 怀孕17周

在这一周，胎宝宝身长约13厘米，体重为140~170克，生长速度有所减慢，不过在此后3周，会再次加快。

本周胎宝宝的心脏发育几乎完成，搏动有力，每分钟约145 次。其他脏器也在不停地发育和完善。

在这段时间，胎宝宝的脂肪开始形成。脂肪可以在宝宝出生后释放热量，帮他保持体温。不过， 现在的胎宝宝还没有囤积太多的脂肪，看起来很苗条。皮肤也因为下面没有脂肪层，看起来呈透明状，可以清晰地看到底下的血管、肋骨。

胎宝宝的听觉从17 周开始发育，此时他就像一个小小“窃听者”，还可以通过羊水的传导，逐渐听到孕妈妈身体内部和外面世界的声音， 甚至偶尔还会做出反应。

胎宝宝的骨骼开始变硬，保护骨骼的卵磷脂也形成并覆盖其上，通过B超可以隐约看到胎宝宝排列整齐的脊柱。

越来越强健有力的身躯给了小家伙活动的自由，他的动作越来越多，也越来越协调，经常会抓着自己越来越粗壮的脐带玩耍，还会拳打脚踢。一开始孕妈妈不会感受到这些动作，但当他力气增大到可以弄疼你时，你会惊觉： “小东西在踢我！ ”这就是胎动，有一点疼痛，才令你感觉到如此真实。

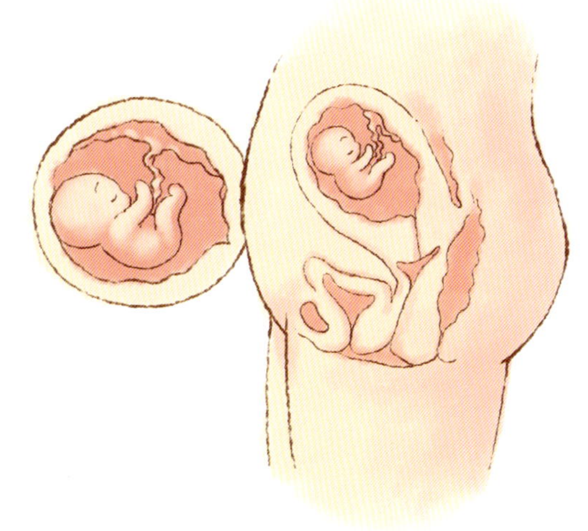

ξ怀孕18周

胎宝宝身体比例更趋协调，下肢比上肢长，下肢各部分也都成比例。随着胎宝宝越来越爱动，胎动会越来越频繁，如果这时做B超，可能会看到胎宝宝做吮吸、踢腿、抓脐带等动作。对于现在的胎宝宝来说，子宫的空间还较大，他可以像鱼儿一样在里边快活地游动。听觉能力已经发育得不错了，胎宝宝会经常微眯着眼，倾听孕妈妈身体里的肠鸣声、血流声以及心跳声，或者外部人们说话的声音，以后听觉还会更发达。此时，他的触觉和味觉已经非常发达。

此时，羊水量达到200毫升左右，胎宝宝在羊水中不受重力影响，行动如太空人一样自由。消化道开始积攒羊水，变成糨糊状的胎便，胎便的量很少，一直到出生后才会排出身体。

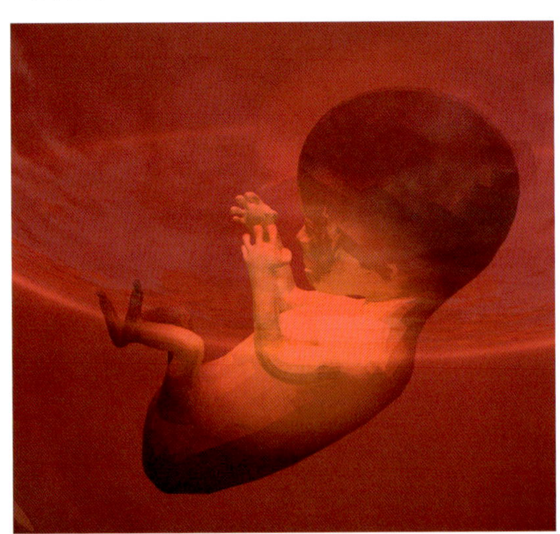

胎宝宝此时的脑发育已趋于完善，大脑神经元树突形成，大脑的两个半球不断扩张，逐渐接近仍在发育的小脑，小脑也正在形成。胎宝宝此时的大脑具备了原始的意识，但是还不具备支配动作的能力，因为中脑还没有充分地发育。

ξ怀孕19周

进入怀孕第19 周，胎宝宝的身体表面逐渐被一层白色的脂肪覆盖，这是胎脂。胎脂是由皮脂和脱落的上皮细胞结合形成的，这说明胎宝宝的皮脂腺已经开始分泌皮脂。这层胎脂对胎宝宝有保护作用。这层胎脂包裹着娇嫩的胎宝宝，会一直保护到宝宝出生，出生后1~2 天会被皮肤自行吸收，不用特别处理。

胎宝宝的十二指肠和大肠开始固定，具备了一定的消化功能，胃通过不断地吞咽羊水，逐渐增大。整个消化器官开始最初的运行。

本周胎宝宝的最大变化是感觉器官开始分区域迅速发展，到了本周周末，他的味觉、嗅觉、触觉、视觉、听觉等都在大脑中占据了专门的区域。另外，他的大脑神经元之间的连通开始增加。

调皮的胎宝宝除了睡觉就是运动，不时动动小手、踢踢小腿。如果有强烈的阳光照射到腹部，他会用手去挡，一刻也不得闲了。大多数的孕妈妈都已经感觉到胎动。

怀孕20周

胎宝宝越来越好看了，嘴变小了，只是鼻孔仍然很大，而且是朝天鼻，不过鼻尖慢慢会发育起来，并且鼻孔变得朝下，那时就会更漂亮了。

骨骼发育开始加快，他的四肢、脊柱已经进入骨化阶段，此时需要较多的钙、磷和维生素D。消化道的功能在进一步完善，其腺体开始发挥作用，胃内也出现了制造黏液的细胞，肠道内的胎便也开始积聚。

女宝宝已经在卵巢里产生了600万个卵细胞，而男宝宝的外生殖器也已有了明显特征。另外，此时的胎宝宝大脑具备了记忆功能，这是一个很让人惊喜的变化。胎宝宝已能听到外界较强的声音，能够像新生儿一样时睡时醒，他会逐渐形成自己的作息规律，这可以从胎动的频率看出来。胎宝宝醒着时，胎动多而有力；胎宝宝休息时，胎动少而弱。

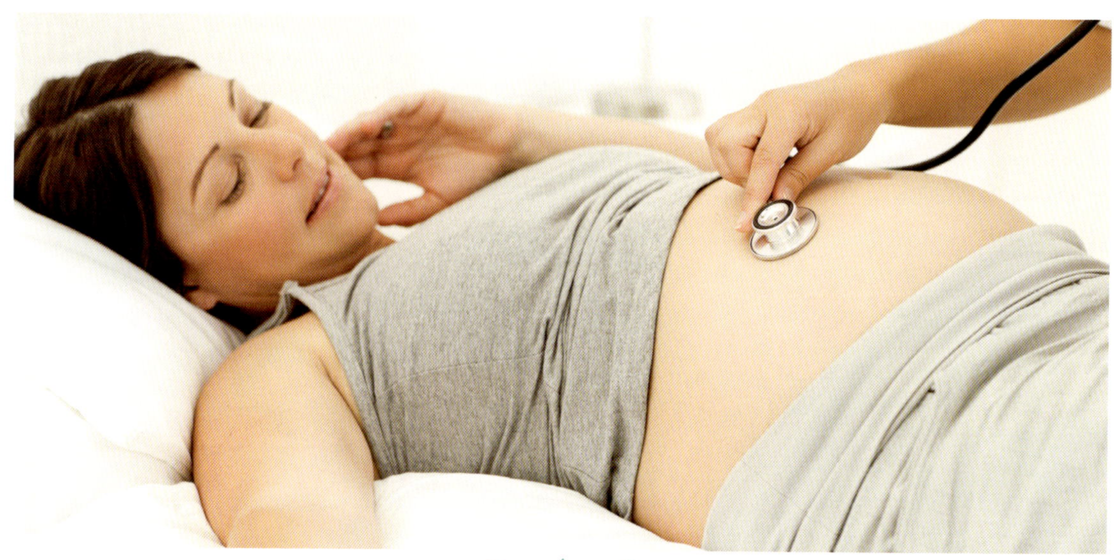

小贴士

这个时期胎宝宝的生长发育很快，可以试着开始家庭监护，以利于随时了解胎宝宝的情况，监护的内容包括监测胎动，测量宫高、体重等。正常胎动一般每小时3~5次，7~8个月时最为活跃。宫高是指从下腹耻骨联合的上沿至子宫底间的长度，这个长度从20周起一般每周增加1厘米。现在可以用听诊器在孕妈妈腹部听到胎心，每分钟120~160次。

孕妈妈的变化

静脉曲张

随着孕周的增加，胎宝宝和孕妈妈的子宫越来越大，压迫骨盆腔静脉和下腔静脉，使得下肢血液回流受阻，造成静脉压升高，曲张的静脉也会越来越明显。根据研究统计，约有1/3的孕妈妈会产生严重程度不等的下肢静脉曲张。而且在怀孕时期，曲张的静脉不只出现在双腿，在身体其他部位，例如颈部及会阴部也可能会出现。

静脉曲张的症状很明显，表现是在接近孕妈妈皮肤表面的地方凸出来，有时呈蓝色或紫色，看起来弯弯曲曲的。事实上，痔疮就是直肠部位的静脉曲张。

静脉曲张可能并不会让孕妈妈有什么不舒服的感觉，或者只是稍微有点不适而已。有时候，孕妈妈可能会感觉到腿部沉重、疼痛，静脉曲张部位周围的皮肤也可能会有发痒、抽痛或灼热感。这些症状通常在晚上会加重，特别是在站立得太久的情况下。

对大多数的孕妈妈而言，静脉曲张的情况会在生产后好转，逐渐恢复正常，所以不用太过惊慌。而且，根据研究发现，孕期静脉曲张并不会影响孕妈妈和胎宝宝的健康。在非常罕见的情况下，如果有下肢静脉压痛、发热、红肿等情况，或同时伴有发热、心跳加速、呼吸困难等情形，需要迅速就医。

小贴士

越是到了孕晚期，孕妈妈越是要注意适时运动，不能久坐或久站，睡觉时用枕头等垫高腿部，穿宽松柔软的鞋子，尽量让自己舒适些。

妊娠纹

到孕中期，受增大的子宫影响，皮肤弹性纤维与腹部肌肉开始伸长，当超过一定限度时，皮肤弹性纤维发生断裂，于是会出现妊娠纹。当然，并不是每一位孕妈妈都会有妊娠纹，而妊娠纹的严重程度也因人而异，它因个人的体质、遗传基因、孕期体重增加的程度不同等而有所不同。

感受到了胎动

很多孕妈妈在本月清晰地感觉到了胎动， 相信往后的日子里，它会带给孕妈妈许多期盼和快乐的。如果胎宝宝的动作幅度不大，通常胎动的感觉会不那么真切，他动来动去的感觉像小鱼在蠕动，又像胃里发出的咕噜咕噜声， 但当他动作很有力时，孕妈妈会真实地感觉到他拳打脚踢在子宫壁上的痛感， 并且能够确信， 这就是胎动。

因为此时的胎宝宝时睡时醒，可以感觉到的胎动也时频繁时稀少，胎宝宝醒着的时候， 胎动比以往更加活跃， 伸胳膊、踢腿，经常会把孕妈妈的肚皮撞击得凹凸鼓动。有趣的亲子互动日子已经来临， 和准爸爸一起， 多与胎宝宝玩乐、说话、唱歌、看书、讲故事、抚摸、听音乐、做体操等，一家人的胎教时光会很快乐的。

身体膨胀起来

在这个月，孕妈妈的体态相比以往会明显丰满起来， 体重可能已经增加了好几千克， 子宫仍在不断增大，现在很容易就可以摸到子宫了。乳房不断增大， 乳腺也很发达了，这是在为哺育宝宝做准备。

膨大的乳房和隆起的腹部让孕妈妈的身体重心越来越往前，腰酸背痛是适应这种变化的自然症状，慢慢的，孕妈妈会习惯这样的改变，重新找回平衡感。在姿势上，孕妈妈会越来越像一个孕妇，动作显得慢腾腾的，这样的姿势能避免摔倒，令活动更舒适。

由于腹部的突出，腹部韧带拉伸越来越多，所以有些孕妈妈会不时感到腹部有一阵阵的撕扯般的疼痛感（走路的时候更明显），而且身体的重心也在发生变化，行动可能不那么灵活了，此时应注意保护自己，尽量穿有一点点跟的平底鞋， 起坐、拿东西的时候都要放慢速度， 小心从事。

性欲增强

不少孕妈妈出现性欲增强的现象，这是由于体内雌激素大量增加，使性欲提高，并更易达到高潮。在孕中期性生活时，孕妈妈一定要注意保护乳房和乳头，尽量不要给予刺激，因为此时乳头由于激素的作用变得更为敏感，性生活时的刺激很容易引起子宫收缩。

孕妈妈现在应注意乳头和乳房的保养，如果不注意保养，乳房组织就会松弛，乳腺管的发育也会异常，有可能生产后缺乏母乳。要选用合适的胸衣，还可以做乳房保健按摩操，从乳房的四周向中心轻轻按摩，适时地开始乳房、乳头的保养按摩，可使乳头坚挺，利于将来宝宝吸吮。

安胎与保健

学会数胎动

胎动是胎宝宝正常的生理活动，怀孕18~20周的孕妈妈普遍可以感知胎动，在怀孕晚期，胎动也反映了子宫内胎宝宝生命健康的状况。感觉到胎动后，孕妈妈数胎动既是一种乐趣，也是一种很好的胎教方式，在孕7月以后，还是一种十分简便而行之有效的监护办法。

数胎动有益于母子感情交流

数胎动时，孕妈妈通过对胎宝宝的高度注意，对胎宝宝体态的丰富想象及对胎动的生动体会，能够增进母子之间的感情交流。对胎动的感受可能会令孕妈妈有很多美妙生动的想象：

“这一下是头在撞宫壁，练的是头功；这一下是击拳，拳功真棒；这一下是踢足，大有足下生风、击球射门之势；又来了，这可是全身运动，舒展开怀……”一边联想，孕妈妈可能会情不自禁一边轻声地喝彩鼓励。

孕妈妈这些意念作用，无疑会增加母子之间的依恋之情，这种发自内心的喜悦之情的流露，对于宝宝出生后的心理、智力、意志、爱好、情趣以及生长发育都将会产生良好的影响。许多胎教成功者最深刻的体会是，宝宝蕴藏着神秘莫测而又巨大的生命力。

胎动的几种类型

翻身运动：胎宝宝在腹中会左右转动自己的躯干，这就是翻身运动。这种运动平均持续3~30秒，动作强。孕妈妈会有翻滚、牵拉的感觉。

四肢运动：胎宝宝有时会有单一的四肢运动，如拳打、脚踢，动作强，时间短，为1~15秒，孕妈妈会有踢、猛动、跳动的感觉。

短促的高频率运动：这种运动为单纯肢体或胸壁的活动，其力量弱、时间短，通常在1秒以内。孕妈妈可感到胎宝宝的颤动、弱的蠕动或打嗝。打嗝是一种胸壁运动，每日1~4次，每次持续1~13秒。

胎动的“生物钟”

每个胎宝宝都有自己的“生物钟”，昼夜之间胎动次数也不尽相同，但仍然有较为普遍的规律。一天中有两个时间段胎宝宝活动最为频繁，一个是晚上7~9点，另一个是晚上11点至第二天凌晨1点。一般胎动在早晨最

少，中午以后逐渐增加，晚18 点以后最为活跃。大多数胎宝宝是在孕妈妈吃完饭后胎动比较频繁，而当孕妈妈饿了的时候，宝宝也没劲了，也就比较老实，这也是他的一种自我保护行为。

一直到怀孕32 周时，胎动的次数会达到顶峰，随着怀孕月份的增加，胎宝宝慢慢长大，子宫内可以供他活动的空间会越来越少，因此他的胎动在最后两个月会有所减少。

胎动的监测作用

胎动反映了胎宝宝在孕妈妈子宫内的安危状态，胎动与胎宝宝肌肉张力、神经系统功能以及母体供氧有关。胎宝宝受到外界刺激如声音、振动时，胎动也会增多（比如跑步时，胎动、胎心都会增加）；胎宝宝缺氧时胎动也会减少；胎动消失24~48小时后，胎宝宝可能伴随有危险，如果较长时间没有感受到胎动，就要立即到医院检查。

因此，依靠孕妈妈的自我监控，每天掌握胎动变化的情况，可以随时了解胎宝宝在子宫内是否安然无恙，及早发现问题。这在怀孕7个月以后非常重要，从那时候起，孕妈妈就需要坚持每天按正确的方法来数胎动。

怎样数胎动更有监测效果

孕妈妈依靠自己的感觉，可以数出胎动，每天早、中、晚各选1个时间段，数1个小时胎动。这个时间段可以根据自己的时间灵活掌握，例如早上起床前的1小时，中午午休的1 小时，晚饭后1 小时。然后将3个小时的胎动次数相加乘以4，即为12小时胎动次数。

结果分析：

如果12小时胎动次数大于20次，为正常。如果12小时胎动次数少于20次，属于胎动减少，就应该仔细查找原因，必要时到医院进行胎心监测。

在熟悉胎宝宝的胎动规律后，孕妈妈可以每天选择合适的时间段数胎动，并且把胎动次数记录下来，逐日逐月绘成一张胎动图，只要持之以恒，这幅图将会是一份保健图。

胎动异常情况及处理

1 胎动突然加快：可能是孕妈妈受剧烈的外伤所致。孕妈妈应少去人多的地方，以免被撞到，还要减少大运动量的活动。

2 急促的胎动后突然停止：可能是脐带绕颈或打结。这时孕妈妈要细心观察胎动，有不良感觉时，立即就诊。

3 胎动突然加剧后停止：提示胎盘早期剥离。建议有高血压的孕妈妈要定期去医院做检查，依据医生的建议安排日常的生活起居，保持良好的心态，放松心情，减轻精神紧张度。

4 胎动突然减少：可能是孕妈妈发热了。建议孕妈妈怀孕期间注意休息，特别要避免感冒。有流行性疾病发生时，要避免去人多的地方，每天保持室内的空气流通和新鲜，多喝水，多吃新鲜的蔬菜和水果。

孕期分泌初乳正常吗

怀孕进入第5个月，有的孕妈妈可能会有乳汁分泌，不过量只有一点点，像是分泌物的感觉，每次碰一下或者挤一下乳头，就会出来一些透明状的像水一样的液体，随着孕期增加，这种情况可能会更频繁。

从怀孕开始，乳腺就已经在激素的作用下增长了，到了孕中期，这种增长的速度会加快。有一些孕妈妈会在孕中期就有上述的乳汁分泌情况，这是很正常的，千万不要试图将这些乳汁挤出来而用手去挤乳房，一来可能会诱发宫缩，造成流产或早产，二来也容易引起发炎。

这种乳汁分泌情况是身体为了保证乳道畅通而特有的生理现象，又称乳头出水。乳头出水的浓度各异，可能浓度很低，可能黏稠，可能很淡，可能呈水状。出水的可能性随着孕妈妈年龄的增高和怀孕次数的变多而增高，有时少女也会分泌。当然，也有很多孕妈妈在怀孕期间乳房没有分泌初乳，这都是很正常的现象，孕妈妈完全不用担心。假如有乳汁分泌，孕妈妈一定要做好乳房的清洁与保健工作。

小贴士

有的孕妈妈在怀孕期间没有分泌初乳，很担心这会影响到产后哺乳，认为乳汁会因此减少，这是不必要的，二者之间不是因果关系。产后及早让宝宝吸吮，刺激乳汁的分泌，每次喂奶时都要排空乳房，乳房胀、宝宝饥饿时要及时哺乳，这些才是乳汁充足的关键。

及早做好乳头护理

未经过吸吮的乳头，皮肤较为脆弱，容易在分娩后让宝宝吮破，导致母乳喂养失败，因此，孕期进行乳头护理非常重要。

如何护理乳头

1 从怀孕第5个月起，经常用温水擦洗乳头，清除附在上面的乳痂，涂油脂。

2 洗澡后，先涂油脂，然后用拇指和食指轻轻抚摩乳头及其周围皮肤。

3 不要强行去除乳头上硬痂样的东西。可在入睡前覆盖一块长约10厘米、涂满油脂的四方纱布，第二天早晨起床后再擦掉硬痂。

4 经常用干燥柔软的小毛巾轻轻擦拭乳头皮肤，增加乳头表皮的韧性，避免以后哺乳破损。

怎样纠正乳头内陷

胎教须知

如果孕妈妈的乳头内陷明显，会导致产后哺乳发生困难，甚至无法哺乳，乳汁淤积，继发感染而发生乳腺炎。因此，乳头内陷的孕妈妈，应该于怀孕5~6个月时开始设法纠正。纠正乳头内陷的方法可以参考以下几点：

1. 用一手托住乳房，另一手的拇指和中、食指抓住乳头向外牵拉，每日2次，每次重复10~20次。
2. 用一个5毫升空注射器的外管扣在乳头上，用一橡皮管连接另一个5毫升注射器，利用负压抽吸方法也有助于乳头外突。
3. 将两拇指相对地放在乳头左右两侧，缓缓下压并由乳头向两侧拉开，牵拉乳晕皮肤及皮下组织，使乳头向外突出，重复多次。随后将两拇指分别在乳头上下侧，由乳头向上下纵形拉开。每日2次，每次5分钟。

小贴士

在纠正乳头凹陷时，孕妈妈和准爸爸的动作一定要轻柔，时间尽量短，如果子宫出现频繁收缩应立即停止，因为牵拉乳头可能会引起子宫收缩。需要注意的是，有习惯性流产、早产史的孕妈妈不适合在孕期做乳头纠正，只能在产后处理。

乳房的清洁与保健

怀孕的第4~5个月，乳房就可能有稀薄的液体分泌，加之乳晕的皮脂腺也开始分泌，很容易形成乳痂，堵住乳腺管口。为了使乳腺管口通畅，使乳头的皮肤禁得起宝宝的吸吮考验，从第5个月起，孕妈妈就需要对乳房进行养护了。

乳房的养护

从现在开始，孕妈妈要每天早上用温水清洗乳头和乳晕，以保持乳房的清洁，特别是在产前的3个月必须这样做，以除去乳痂。

每次清洗过乳房以后，在乳头和乳晕表面涂上一层油脂，或经常用水或干毛巾擦洗乳头，增加皮肤的韧性，避免哺乳时破损和皲裂，使乳腺感染和哺乳困难的发生减少。

另外，胸肌没有办法支撑日渐丰满的乳房，孕妈妈必须要选择合适的乳罩托住乳房，使其保持在原来的位置上，即使乳房小而且结实，也要这样做。晚上，为了使胸部肌肉不太紧张，依旧可以戴上乳罩。

如果乳头为内陷形，从孕5月开始就可以进行纠正，以利于分娩后婴儿正常吸乳。

不要用香皂清洗乳房

孕妈妈在清洁乳房的时候经常会选择香皂之类的洗浴产品帮助清洁，实际上这样不利于乳房保健。

乳房上有皮脂腺等保护层，使用香皂会造成损害，使乳房表皮肿胀。香皂还容易碱化乳房的局部皮肤，并且使皮肤干燥。

香皂还会洗去油脂，使得皮肤不再细腻有质感。所以，最好不要选择香皂之类的洗浴产品清洗乳房。

小贴士

有些妈妈认为生育后乳房下垂是母乳喂养宝宝的结果，事实上，用母乳喂宝宝反而会使胸部更健美，乳房下垂的原因多半是孕期没有做好保养，或者是没有佩戴合适的乳罩。

预防妊娠高血压疾病

妊娠高血压综合征是指妊娠后出现高血压、水肿、蛋白尿等一系列症状的疾病， 严重时会出现抽搐、昏迷甚至死亡， 医学上称为子痫。它还会影响胎盘功能， 使胎宝宝发育迟缓， 甚至窒息。

孕妈妈日常预防措施

孕妈妈要从定期检查血压、测量体重、控制体重增长速度和注意饮食等做起：

1. 进行定期检查，主要是测血压、查尿蛋白和测体重。
2. 孕妈妈要合理地控制体重增长速度与幅度，整个孕期的体重增长应控制在10~12千克。尤其是孕晚期，每周增重0.5千克为宜。
3. 食盐控制量每日应在5克以内，避免所有含盐量高的食品，如浓肉汁、调味汁、腌制品、熏干制品、罐头制品、油炸食品、肉类熟食等。
4. 补充维生素C和维生素E能够抑制血中脂质过氧化作用，降低妊娠高血压综合征的反应。因此，孕妈妈应多吃蔬菜、水果、坚果等健康食品。
5. 注意既往病史。曾患有肾炎、高血压等疾病以及上次怀孕有过妊娠高血压综合征的孕妈妈要在医生指导下进行重点监护。

静默调息法

静默调息法可以帮助控制高血压，而不改变健康人的正常血压。进行静默调息后，精神上的放松可以引起身体内的良性生理改变，心跳和呼吸频率变慢，肌肉紧张度和氧消耗下降，血脂降低，血压也随之下降。具体做法：

1. 选择一个安静的环境，坐在一个舒适的位置上，使自己产生一种即将入睡的意念，但不要躺下。
2. 闭上眼睛，使自己逐渐平静安然。
3. 放松全身的肌肉，从足部开始向上直至面部。
4. 用鼻进行有意识的呼吸，即吸气—呼气，反复进行，并默默地数数，以防止注意力分散。呼吸时要平稳、放松、自然，注意保持一定的节律。

5 持续10~15分钟后，睁开眼睛看一下时间，但是不要使用闹钟。再闭目养神，静坐5 分钟， 每日1次。

高血压孕妈妈要特别注意情绪调节。血压升高主要有两种原因：一是动脉血管痉挛，血流阻力加大而使血压升高；二是由于心肌收缩力加强而使血压升高。

惊吓或恐惧，可使孕妈妈心血输出量增加，周围血管收缩，收缩压随之升高。如果久久处于恐惧、憋气、愤怒等紧张情绪下，孕妈妈的血压会持续升高，出现食欲下降、睡眠不安，进而影响新陈代谢和内分泌功能，这会进一步加重心血管负担而诱发或加重子痫，孕妈妈还容易出现头晕、眼花、视力障碍。

小贴士

如果孕妈妈已证实患了妊娠高血压综合征，也不必过于担心，只要定期做产前检查，及早治疗，好好休息，病情多半可以得到控制并好转。

腿抽筋怎么办

孕妈妈的体重在逐渐增加，双腿负担加重，腿部的肌肉经常处于疲劳状态，所以进入怀孕中期以后，孕妈妈常有腿部抽筋、疼痛的现象，特别是第一次怀孕的女性，而且多在晚上或睡觉期间频繁发作。

另外，在孕中、晚期，孕妈妈每天钙的需要量增加到1200毫克，这比以往增加了400毫克左右，如果摄取钙不足，肌肉的兴奋性增强，容易发生肌肉痉挛，而孕妈妈腿部肌肉的负担大于其他部位，更容易发生抽筋。

怎样应对和防止腿抽筋

日常生活中，孕妈妈可以从以下几个方面做起：

1 多吃含钙质食物，如牛奶、孕妇奶粉、鱼、排骨等，五谷、果蔬、奶类、肉类食物都要吃，并合理搭配。

2 适当进行户外活动，接受日光照射。

3 不要使腿部的肌肉过度疲劳，不要穿高跟鞋。

4 睡前可对腿和脚进行按摩，或将腿抬高一些就寝。

5 注意穿轻便的低跟（2厘米左右）鞋，不要穿高跟鞋。

6 必要时可在医生的指导下加服钙剂和维生素D。

7 一旦抽筋发生，立即站在地面上蹬直患肢；或是坐着，将患肢蹬在墙上，蹬直；或请身边亲友将患肢拉直。总之，使小腿蹬直、肌肉绷紧，再局部按摩小腿肌肉，即可缓解疼痛甚至使疼痛立即消失。

胎教三人行

第17周胎教方案：可以更漂亮一点

动手时间：让种子发芽

胎宝宝也如同种子发芽一般，正在子宫里茁壮成长着，只是孕妈妈无法看见，但生命生长的道理都是相似的，所以不妨动动手，培育一棵小幼苗，让它陪你度过美好的孕期时光，同时绿植还能给孕期的生活创造一些小小的乐趣，令孕妈妈心情更好。

培植黄豆豆苗

豆苗是很常见的一种芽苗，它的培育不复杂，而且出芽时间也不长，如果孕妈妈比较心急，可以试试：

1. 挑选一把成熟饱满的黄豆，用清水浸泡2~3天，每天换水1~2次。
2. 待黄豆发芽后，把它们放到敞口玻璃瓶中，不要再加水浸泡。
3. 每天用喷壶把豆芽喷湿。
4. 几天后，绿绿的叶子就会伸出瓶口来了，这就是常说的生豆苗。

种水果种子

水果是孕妈妈每天必备的食物之一，很多时候吃剩的果核就被随手扔掉了，其实，很多的水果种子都可以发芽，孕妈妈可以把种子留下来做盆栽。桃子、苹果、橘子、橙子等种子，都能够发芽，都可成为孕妈妈手中培育的绿植。没事的时候就动手做一下吧，在学习的同时还能陶冶情操，也是不错的胎教方法。下面是龙眼或荔枝的种植方法：

1. 把果核充分洗净，用清水浸泡7天，每天换水。
2. 待果核发芽后，就可以把它们移植到花盆中了，注意发芽的一端要朝上露出土面。
3. 几天后，一盆别致的绿植就长出来了。

准爸爸胎教：参加孕期知识培训

在发达国家，社区医院、专业助产士就可以承担为孕妈妈咨询、指导的工作，孕妈妈与助产士互留通信方式，提前预约，他们可以用1小时来接待一位孕妈妈，充分交流，详细解答孕妈妈和准爸爸的问题。而我国人口众多，有调查显示，每个大夫平均每半天要接待近50位孕产妇，平均每人只有6分钟，孕妈妈能够从医生那里得到的知识很有限。

了解孕期、分娩知识是一种有益的补充，可以帮助准父母做好充分的前期心理准备，这不是孕妈妈一个人的事情，准爸爸也必须了解更多的相关知识。这是进入爸爸角色的必要准备，也是对孕妈妈和胎宝宝的关怀，还可以提升自己在孕期及产后应对各种未知问题的能力。

多了解医院的培训班信息

在孕妈妈接受产检的医院，一般都会定期举行孕期知识培训课程，以及一些产前宣传教育，这些课程基本涵盖了所有妊娠问题，包括孕妈妈营养保健、孕期心理健康、骨盆操、分娩止痛选择、胎宝宝发育、母乳喂养、新生儿护理、产后保健、防止产后抑郁等。

孕期知识培训通常安排在周末，白天晚上都会举行，而且大部分都鼓励准爸爸参加。为方便孕妈妈，每堂课1~2小时不等，准爸爸不妨每次都抽时间陪孕妈妈参加。现在很多医院都会手把手教准爸爸练习各种手法和技巧，这是非常好的机会。

小贴士

参加孕期知识培训班并不是唯一了解孕期知识的方法，多看相关的书刊、电视节目等也是很有益的。如果准爸爸能与孕妈妈一起读相关的胎教育儿书籍或杂志，还能帮助她调节情绪。

语言胎教：朗读故事《达·芬奇学画鸡蛋》

达·芬奇从小就很聪明，长得也很漂亮，非常惹人喜爱，在14岁那年，他到佛罗伦萨拜著名艺术家弗罗基俄为师。

弗罗基俄是位很严格的老师，他给达·芬奇上的第一堂课就是画鸡蛋。开始，达·芬奇画得很有兴致，可是以后第二课，第三课，第四课…… 老师还是让他画鸡蛋。这时达·芬奇想不通了，小小的鸡蛋，有什么好画的？

有一次，达·芬奇问老师：“为什么老是让我画鸡蛋呀？”老师告诉他：“鸡蛋虽然普通，但天下没有绝对一样的，即使是同一个鸡蛋，角度不同，投来的光线不同，画出来也不一样，因此，画鸡蛋是基本功。基本功要练到画笔能圆熟地听从大脑的指挥，得心应手，才算功夫到家。”

达·芬奇听了老师的话，很受启发，他每天拿着鸡蛋，一丝不苟地照着画。一年，两年，三年……达·芬奇画鸡蛋用的草纸，已经堆得很高了。他的艺术水平很快超过了老师，终于成为伟大的艺术家。

达·芬奇在学画时，曾随老师到希莫尼湖写生，为一间教堂绘画一幅名叫《基督的洗礼》的油画。到了希莫尼湖，老师突然病倒了，没有办法，只好让达·芬奇代为完成油画剩下的部分。当油画全部完成后，教堂的人看到这幅画，不禁赞叹说："好极了！这幅画画得实在太好了，尤其是这一部分。"教堂的人用手指指着画的左下角，而这一部分，正是达·芬奇代画的。

小贴士

付出总会有收获，许多时候我们付出时会觉得艰辛单调，但这何尝不是一种享受呢？达·芬奇画鸡蛋一开始觉得很枯燥，但当他明白小小的鸡蛋也值得付出的道理后，便不再计较得失了，而是觉得画鸡蛋有无穷的乐趣。孕妈妈做胎教也是如此，每一点每一滴的付出与爱心、耐心都将汇聚成一条温暖的河流，滋润胎宝宝的心灵。

情绪胎教：孕期美容课

孕妈妈在怀孕期间一般会比较注意保养自己的身体，很关心饮食起居，比如每天保持8小时以上的睡眠、坚持散步、摄取足够的营养、回避烟酒等，这些都会让孕妈妈显得容光焕发。当然了，怀孕并不意味着打扮的终结，得体、大方、整洁的孕妇形象会博得大家的喜爱，自己也会看上去更漂亮。

维持娇美的容颜

有的孕妈妈的皮肤在怀孕期间越来越干燥，这是因为皮脂腺的分泌越来越少，这时也可不必费心用化妆品去掩饰，不妨施行食物美容疗法，多吃富含维生素的食物，蔬果就是最好的美容食物；同时，还要注意保持充分的休息和睡眠。

为了使皮肤保持柔软和良好的弹性，可以经常涂上一层优质的护肤霜以润滑皮肤，对脸部的保养仍然采取自然护肤法，干性皮肤要用油脂，油性皮肤要用露类护肤品。怀孕中期后，孕妈妈脸上可能会出现黄棕色斑点，这是正常现象，分娩后会渐渐消失的，但也可以做足预防工作：

不要让脸在阳光下暴晒，外出活动时，可以在面部和手部涂一些防晒霜，或戴上一顶大檐帽子。

吃西红柿、圣女果、柑橘类等维生素C 含量丰富的食物，或者零食安排一些坚果类含维生素E丰富的食物也有很好的防晒淡斑效果。

自制防晒淡斑面膜：

1 木瓜南瓜面膜。

配料：新鲜番木瓜半个，生鸡蛋1个，南瓜罐头半斤，蜂蜜1小匙。

制法及用法：木瓜去籽，挖出瓤，在碗中捣烂。在另一碗中取蛋清搅打至起泡，与木瓜混合并加入南瓜和蜂蜜，充分搅拌后即可敷于面部。待10分钟后洗掉，出门前涂些防晒霜。

2 燕麦面膜。

配料：碾碎的燕麦1杯，奶粉2小匙，水1大匙，纱布2块。

制法及用法：燕麦放入粉碎机中打成精粉倒入碗中，并加入奶粉，慢慢注水搅拌直至呈乳状。将纱布块展开紧敷在面部，露出眼睛、鼻子和嘴巴，上面涂上足量的燕麦面膜，等待15分钟。

保持身体清洁

孕妈妈在夏天非常容易长湿疹和痱子，因此要讲究卫生，出汗后要马上擦干。应该多换内衣，内衣的材质要选吸汗性良好的。孕妈妈夏天每天都要洗澡，以保持身体的清洁，冬天也应创造勤洗澡的条件。

打理头发

怀孕不仅不会损坏头发，反而可使头发更美，原先头发暗淡无光，这时会显得柔软明亮。皮脂溢出也会减轻，甚至消失。孕妈妈可以每天用梳子梳理好发型，宜用木梳子、牛角梳子，不宜用塑料的胶梳子，梳理要适度，不能过分用力。孕妈妈可以使用物理性的卷发器来打造时尚的卷发造型，在洗头之前都能保持造型。这时保养头发的方法与平常一样，无论何时，都要使用不带刺激性的洗发剂。

合体的服饰

孕5月以后，肚子明显地突出，腰围、臀围也跟着加大。一般的衣服已不合身，这时要开始准备适合季节的孕妇装了，可以买一两套孕妇装，也可以买那些合体的非孕妇装，巧手的孕妈妈还能为自己改制一些漂亮的衣服。此时靓丽的配饰和鞋子可以为装扮加分，比如一条舒适的披肩或围巾、耳环等。

第18周胎教方案：忙个不停的日子

语言胎教：为胎宝宝描述身边的事物

随着妊娠的进展，可以每天适当增加对话的次数，孕妈妈不妨围绕身边的生活内容，把每一种新鲜事物，把美好的感受反复传授给胎宝宝。身边的事物是很好的素材，取之不尽用之不竭，而且也不怕不好开头，每个人都能自然地谈起刚刚发生的事情。

胎宝宝喜欢听的素材列举

比如洗脸美容时，常规地讲解如何刷牙护齿，如何梳妆打扮；早晨散步的益处；早餐的营养学知识；饭后道别上班；见到一路上奔驰的汽车、自行车，公路上的行人；动物、鸟的形态；表现季节的树木花草；云彩的形状；橱窗陈列的各种商品；耸立的高楼大厦；工厂里有节奏的机器声；公园里嬉戏的宝宝们，等等。只要孕妈妈打开五官之门，启动想象之闸，必将对宝宝的创造力产生决定性的影响。

放松自己，集中精神

需要提醒孕妈妈的是，胎宝宝还没有关于这个世界的认识，不知道谈话内容，只知道声音的波长和频率，而且，胎宝宝并不是完全用耳听，而是用他的大脑来感觉，接受着母体的感情。所以，在与胎宝宝对话时，孕妈妈要使自己的精神和全身的肌肉放松，精力集中，呼吸顺畅，排除杂念，心中只想着腹中的胎宝宝，把胎宝宝当成一个面对面站在面前的宝宝，娓娓道来，这样才能收到预期的效果。

给予生活更多的微笑

妊娠中期是胎宝宝相对安定的时期，当孕妈妈外出散步、买东西、郊游、参观时，要善于与周围的人微笑相处，这会令周围的人对孕妈妈更加友善，从而捕捉到生活中不少充满乐趣的新话题，以便富有情感、绘声绘色、自言自语地为胎宝宝描述。

人们生活中的友善相处、居住的环境、维持社会机构的机关和设备、自然界不同季节的变化、动物的生态情况、家庭成员之间发生的趣事、令孕妈妈感动的事情等，都可以作为描述给胎宝宝听的素材，让胎宝宝在愉悦的环境中感知孕妈妈的情绪变化。

语言小游戏：下雨啦

孕妈妈可以给胎宝宝模仿一下下雨的情景，既可以用声音描述一下自然界的雨是什么样子，还可以活动一下僵硬的手指，一举多得。方法参考：

小雨滴——用两个指尖轻敲桌面，滴答，滴答。

小雨下起来了——用所有的手指交错地轻敲桌面，沙沙，沙沙。

大雨如注——声音加大，略显急促些。

闪电来啦——用手在空中画一个大大的“Z”形，唰！

打雷——口中发出“轰轰”的声音，如果确信胎宝宝是个胆大的宝宝，还可以轻轻砸一下桌面。

小朋友快躲进屋子里——手指轻快地在桌面上跑起来，然后把手藏在背后。

在用手指给胎宝宝再现以上画面时，孕妈妈的解释也很必要——告诉他现在“雨”下到了什么程度；闪电的后面先提醒一下胎宝宝要打雷了，让他做好心理准备；躲进屋里的时候要小心“跑”，当心摔跤，等等。

如果准爸爸在身边，那就可以四只手一起做“人工降雨”了，这“雨”就能下得更大也更有趣了。

运动胎教：瑜伽莲花座

我们已经说到，瑜伽是一种很柔软的运动，非常适合孕妈妈的生理需要，兼具塑身健体、净化心灵的功效，但是开始练习前一定要先征求医生的建议。如果孕妈妈的身体情况适合练习瑜伽，而又没有练习瑜伽的基础，就一定要从比较简单的动作开始，即便练熟了，也不要挑战可能压迫到腹部或者有难度的动作。

简单的瑜伽姿势：莲花座

练习莲花座可以帮助孕妈妈远离愤怒、嫉妒，使内心平静，下面是这个体式的要领：

1 练习瑜伽前的准备活动：选择一个宽敞安静的地方，家里的大床或是客厅都是很不错的选择，穿上宽松舒适的衣服，当孕妈妈想要练习时，半小时内不要进食或洗澡，这些可以留到练完后进行。接下来，孕妈妈需要做一点热身，可以盘坐下来，挺直腰背，双肩放松，下巴微收，吸气，慢慢呼气，同时头部轻轻转向右侧，然后吸气，头部还原，反侧重复，直到完全放松。

2 动作要领：盘膝而坐，手臂伸直。脚拇趾内侧用力，脚掌朝向两边。

呼气之后屏气，提肛提会阴，腹部下沉，低头保持一会儿，吸气时慢慢放松。

反复数次，若是身体不适，应马上休息，每次练习3~5分钟即可。

小贴士

团体练习持续力强，如果条件许可，孕妈妈可以选择专门为孕妇开班授课的瑜伽教室。团体一起上课，比自己一个人在家练习效果更好，因为看到有那么多人跟自己一样，为了肚里的胎宝宝努力，会强化继续下去的决心，而且也可以得到专业人士的指导。

夫妻时间：看电影《放牛班的春天》

电影基本信息

片名：《放牛班的春天》

导演：Christophe Barratier

编剧：Christophe Barratier/Philippe Lopes Curval

语言：法语

片长：97分钟

音乐家克莱门特到了一间外号叫“塘低”的男子寄宿学校当助理教师，学校里的学生大部分都是难缠的问题儿童。性格沉静的克莱门特尝试用自己的方法改善这种状况，他重新创作音乐作品，组织合唱团，决定用音乐来打开学生们封闭的心灵。

春天早就在那儿，等候着我们到达，它不是谁能够送给谁的，如果我们迷了路，最需要的将是一位微笑的领路人。

值得一提的是，电影中的音乐真的非常好听，孩子们的声音毫无人工做作的痕迹，天然而纯净。在这个影片中，我们可以看到音乐的力量，它可以改变一个人的生活，即使是最简单的音乐。

小贴士

推荐孕妈妈去看一看这部影片，即便只是听听它的音乐，也是好的，最可贵的是，孕妈妈最终会和胎宝宝一起，等候真正的春天到来。

动脑时间：九宫迷数

怀孕后，由于体内激素发生变化，许多孕妈妈容易出现倦怠无力、发困的情形，这种情况久了，孕妈妈自身就失去了调整的积极性，人越来越懒得动脑筋，这对胎宝宝是不利的。

根据研究，胎宝宝能够感知孕妈妈的思想，整个孕期，母体与胎宝宝之间都存在信息传递，如果孕妈妈既不思考也不学习，胎宝宝也会深受感染，变得懒惰起来，这对胎宝宝大脑发育毫无益处。

保有一颗有求知欲的心

孕妈妈要始终拥有浓厚的生活情趣，保持强烈求知欲和好学心，充分调动自己的思维活动，从自己做起，勤于动脑，勇于探索。在工作上积极进取，在生活中注意观察，多动动脑，把自己看到和听到的事物通过视觉和听觉传递给胎宝宝，将自己对各种事情的思考也传达给胎宝宝，使他不断接受刺激，促进大脑神经和细胞的发育。

玩有意思的游戏：九宫迷数

九宫迷数之所以称九宫迷数，是因为这项数字游戏是由一个包含9个小九宫的大九宫图和1~9这9个数字组成的，迷数在其中扮演着主角。

下面就是一个九宫图，孕妈妈可以试一试：

1				5				6
		3			4			5
		6	3	9		1		
2	8		5				1	7
				8				
6					2			3
	9	1		6	3	2		
3			4			7		
5				7				8

玩法是：这个九宫图的多数数字迷失了（这就是迷数，图上标明的数字称为明数），按照明数的提示把迷数找出来。

寻找的依据是：

1 大九宫图上的每行都是由不重复的1~9的9个数字组成的。

2 大九宫图上的每列也都是由不重复的1~9的9个数字组成的。

3 每个小九宫也是由不重复的1~9的九个数字组成的。

4 每个数字游戏的答案都是唯一的。

答案：

1	7	4	2	5	8	9	3	6
9	2	3	6	1	4	8	7	5
8	5	6	3	9	7	1	4	2
2	8	9	5	3	6	4	1	7
4	3	5	7	8	1	6	2	9
6	1	7	9	4	2	5	8	3
7	9	1	8	6	3	2	5	4
3	6	8	4	2	5	7	9	1
5	4	2	1	7	9	3	6	8

小贴士

如果孕妈妈比较喜欢玩牌，也可以适当地玩玩，但是最好不要打麻将，麻将的噪声对胎宝宝不好，赌博就更不要了，这会让人精神高度紧张，情绪波动很大，不利于胎宝宝健康。

第19周胎教方案：享受一下自然美景

ξ 准爸爸胎教：怎样给胎宝宝讲故事

现代医学已经证明，生活在母亲子宫里的胎宝宝是个能听、能看、能感觉的小生命，不仅是孕妈妈，准爸爸也应该不失时机地与胎宝宝交流，对他施以良性刺激，以促进胎宝宝发育，讲故事是适合一家人一起参与的胎教。

如何给胎宝宝讲故事效果更好

1 讲故事的方式有两种：一是任意发挥，讲随意编就的故事；二是读故事书，最好是图文并茂的儿童读物。内容宜短，宜轻快和谐，那些色彩丰富、富于幻想的故事也比较适合，不宜讲较易引起恐惧和伤感，以及使人感到压抑的故事。

2 讲故事时，让孕妈妈取一个自己感到舒服的姿势。

3 讲故事时吐字要清楚，声音要和缓，要防止平淡乏味，应以极大的兴趣绘声绘色地讲述故事的内容。

4 故事内容要适合宝宝的智力水平，不要过于深奥。

5 不要把讲故事变成每天的功课，要在娱乐当中给他讲故事，也可以结合自己的兴趣。

6 讲故事的过程中要注意与胎宝宝互动，可以分角色饰演，多问问胎宝宝的感觉，假想一下他的反应，这样更能调动积极性。

害怕自己讲不好故事怎么办

准爸爸如果一下子无法自由发挥，怕自己讲不好，可以读一本有趣的幼儿图书，先按照图书上的文字给胎宝宝讲故事，渐渐的，准爸爸就可以脱离文字看着图片“添油加醋”地讲故事了，再后来不看书也能够给胎宝宝讲得欢起来呢。

要是实在觉得脱稿讲故事有难度，还可以请出诗歌来帮忙，句子不长，押韵好念，摇头晃脑之下就能说上好几句，尤其是那些有文艺天赋的准爸爸，自己创作一些优美的故事诗也不错呢。

小贴士

讲故事可以促进胎宝宝发育，宝宝出生后给他讲故事可以促进智力发育，如果从胎宝宝期起就让他逐渐喜欢上故事及故事情节，还有助于他培养良好的阅读习惯。

ξ 音乐胎教：欣赏乐曲《云雀》

《云雀》是奥地利著名作曲家海顿的D大调弦乐四重奏，由两把小提琴和中提琴、大提琴组合演奏，四声部均衡搭配。

《云雀》的整个乐章就像进行一次愉快的交谈，第一乐章开始处，小提琴奏出轻快的旋律，这段旋律十分像云雀欢快婉转的啼唱声，因而后人将这首乐曲称为《云雀》。

《云雀》的音乐风格中也有海顿性格的表现，海顿虽其貌不扬，却十分善良、纯朴、幽默和平易近人，音乐中热情、典雅的风格，欢乐、幸福、和平的气氛就如海顿在与听者轻轻交谈一样。

小贴士

《云雀》是一首可以让心灵回归自然的音乐，胎宝宝听这首乐曲可以领略到大自然浑然天成的魅力，令心情愉快，经常放给胎宝宝听对培养胎宝宝的音乐感觉是很有帮助的。

情绪胎教：到大自然中去放松身心

5个月的胎宝宝已具有了种种感觉，如当母体处于嘈杂的环境中时会以频频蹬腿来表示“不满”，当孕妈妈紧张时，胎宝宝的心脏会随着母体心跳的加快而加速搏动，甚至出现烦躁不安、痉挛等，可见环境对胎宝宝的健康发育有着重要影响。

不要遗失了大自然的美

孕妈妈在这个阶段也要适度走动，到环境优美、空气质量较好的大自然中去欣赏大自然的美，不要因为怀孕就怠慢了大自然，那里有无尽的美。大自然的美景多种多样，各具风格，它包括日月星云、山水花鸟、草木鱼虫、森林原野等。

这些美景都具有能陶冶人们的情感、激发人们对祖国的热爱等特性，它能给人们带来欢乐，激发人们思考，使人们的精神世界得到极大丰富。孕妈妈通过饱览美丽的景色而产生的美好情怀，可以促进胎宝宝脑细胞和神经的发育，令自己的心境也豁然开朗起来。

因此，为了宝宝，为了下一代的聪明、活泼和可爱，孕妈妈一定要多到大自然中去，在大自然中陶冶母子的性情。

多去周边的树林或草地

孕妈妈在早上起床之后，可以到有树林或草地的地方去做操或散步，呼吸草木所释放的清新空气，再者，树木多的地方以及有较大面积草坪的地方，尘土和噪声都比较少。那些在一定的温度下工作的孕妈妈，除早晨外，在工间休息时也应到有树木、草坪或喷水池的地方走走。晚上最好能开小窗睡眠。若天太冷可关窗，但应在起床后，打开所有的窗户换空气。

俗话说：“一日之计在于晨。”对于孕妈妈来说就更是如此。每一位孕妈妈都应该克服自己的懒惰情绪，天气晴好的时候不妨稍微早些起床，然后去欣赏清晨大自然的美景，也使腹中的胎宝宝受到熏陶。

胎教故事：朗诵《丑小鸭》

丑小鸭

在一个非常美丽的乡下，有森林、小溪和一座漂亮的房子，这是贝拉拉的家。贝拉拉家养了一只鸭子、一只小鸡，还有一只猫。

这只鸭子很快就变成鸭妈妈了，它的小鸭子一个接一个从蛋中裂出来了，变成可爱的、毛茸茸的小鸭子，它们还“吱，吱”地叫，鸭妈妈“嘎，嘎”地回答它们，好像在说：“好美丽的世界啊！”

可是还有一个大的鸭蛋没有裂开，于是鸭妈妈继续坐在巢里。终于这枚大蛋裂开了，出来一只又大又丑的鸭子，和其他小鸭子不一样。鸭妈妈想：这小家伙会不会是火鸡呢？

鸭妈妈想了一个办法，这一天阳光明媚，非常暖和，它带着孩子们去游泳。鸭妈妈扑通跳进水里，小鸭子们也一个接着一个跟着跳下去。水淹到了它们头上，但是它们马上又冒出来了，游得非常自在。它们的小腿很灵活地划着。它们全都在水里，连那个丑陋的灰色小家伙也跟它们在一起游。真好！它不是火鸡。小鸭子们跟着妈妈游得很开心，这一天很顺利。

可是过了几天，小鸡们都啄这只丑鸭子，而且情况一天比一天糟。大家都要赶走这只可怜的小鸭，连它自己的兄弟姐妹也对它生起气来。它们老是说：“你这个丑妖怪，希望猫儿把你抓去才好！”

有一天丑小鸭看见蓝天上飞过一群白天鹅，丑小鸭羡慕极了。它想：要是我也能拥有一双像白天鹅一样又宽又坚硬的翅膀该多好呀！那样，我就能飞到外面的世界去看看。

丑小鸭慢慢长大，终于它离开了家。到了第二年春天，丑小鸭长大了，它也不再是那只灰色的丑小鸭，它有雪白的羽毛，变成了一只白天鹅。这一天它在河里游泳，天空中一群白天鹅飞过，它们和丑小鸭打招呼，很快它们就成了好朋

友，一起飞过一条小河，不知不觉来到了贝拉拉家的附近。小鸭们认出了丑小鸡，心里感到一种说不出的难过。鸭妈妈高兴地为丑小鸭祝福，看着丑小鸭和白天鹅们越飞越高、越飞越快、越飞越远……

选编自《安徒生童话》

安徒生的小故事

安徒生小时候经常和饥饿打交道，还处处遭到人们的鄙视，没有受过教育。但他有一个和身份不相称的志向——当一个艺术家、一个芭蕾舞演员、一个歌唱家。

为了这个梦想，他14岁就离开了家乡，带着几个铜子去举目无亲的文化中心哥本哈根闯荡。在那样世态炎凉的社会里，只有贫苦和饥饿与他做伴，再加上精神上连连的打击，使他的身体和声音都遭到毁坏，他不能再成为一个舞台艺术家了。

但他以坚强的意志克服了种种困难，终于成为全世界亿万儿童所喜爱的童话作家，正因为他有着深厚的生活体验，他创作出的形象真实感人。用他的话说，“生活本身就是童话”。而丑小鸭这一形象可以说就是他本人生活经历的艺术写照。

第20周胎教方案：起个小名儿吧

准爸爸胎教：宽容孕妈妈的依赖心理

孕妈妈怀孕后，感情会变得很脆弱，在精神上和心理上都不愿离开准爸爸，对准爸爸有一种依赖感，希望准爸爸能时时陪在身边和自己一起分享快乐、分担忧患。

另外，孕妈妈生理上的巨变也会造成心理上的不平衡，准爸爸的陪伴能起到一种稳定的作用，孕妈妈往往希望准爸爸能以自己为中心，时时关心自己，处处照料自己。

有准爸爸在身边，对孕妈妈来说，的确是最好的稳定剂，丈夫的爱是孕妈妈精神上不可或缺的。孕妈妈这种依赖心理既有生理上的需要，也有感情上的需要，这都是正常的。准爸爸千万不可对孕妈妈不耐烦，平时不要吝惜几句温暖的话，多关心孕妈妈，跟孕妈妈说些贴心话，多表白自己的爱心，令孕妈妈心安，这也能使胎宝宝受到爱的鼓励，孕妈妈得到了必要的关心就不会太依赖准爸爸。

此外，准爸爸还要帮助孕妈妈认识到坚强与毅力的好处，孕妈妈的自尊自强、坚强毅力、独立充实对胎宝宝生长发育有着无形的影响，能使得宝宝养成自强自立的良好品质。

胎教唐诗：朗诵《夏日绝句》

夏日绝句

杨万里

不但春妍夏亦佳，
随缘花草是生涯。
鹿葱解插纤长柄，
金凤仍开最小花。

杨万里的这首《夏日绝句》语言明白流畅。前两句描写春天与夏天的景物各有其佳妙之处，春天固然到处百花争妍，夏天也是遍地花草芳香。后两句描写了两种花，“鹿葱”就是夏水仙，在盛夏时能开出淡紫红色或淡粉色且有香气的花朵；金凤就是凤仙花，也是在夏天开放，花形似蝴蝶，花色有红、紫、黄等多种，有的品种同一株上能开数种颜色的花朵。这两句写景形象，对仗工整，通过两种夏季比较有代表性的花草印证了前面的说法，表达了作者对大自然的喜爱之情。

杨万里一生热爱农村，体恤农民，也写了不少反映农民生活的诗篇。他也有不少抒情写景的小诗，由于观察细致深入，描写生动逼真，感情真挚浓厚，因而意趣盎然，颇能动人。

触摸胎教：触摸胎教好时机

胎宝宝5个月时，触觉功能渐渐发育起来，有的孕妈妈可在腹部明显地摸到胎宝宝的头、背及四肢，这时正是进行触摸胎教的好时机。当胎宝宝开始有胎动时，即可进行抚摸。

如何进行触摸胎教效果更好

孕妈妈仰卧床上，头不要垫得太高，全身放松，呼吸匀称，心平气和，面带微笑，双手轻放胎宝宝位上；也可将上身略垫高，采用半躺姿势，总之以孕妈妈自我感觉舒适为宜。用双手捧着胎头，从上到下，从左到右，反复轻轻抚摸。然后，再用一个手指反复轻压胎宝宝。

在抚摸胎宝宝时，要随时注意胎宝宝的反应，如果胎宝宝对抚摸和刺激不高兴，就有可能用力挣扎或蹬腿，这时应马上停止抚摸。若胎宝宝受到抚摸后，过一会儿，就做出轻轻蠕动的反应，这种情况可以继续抚摸，一直持续几分钟再停止，或改为语言、音乐刺激。抚摸的时间一般可在傍晚或凌晨胎动频繁时进行，每次5~10分钟，每天1~2次。

这种胎教运动坚持做一段时间，胎宝宝就会习惯了，形成条件反射，只要孕妈妈把手放在腹壁上，胎宝宝就会进入胎内运动，此时再伴随着轻柔的音乐，则效果更理想。

在进行触摸胎教时，抚摸及按压动作一定要轻柔，以免用力过度引起意外。有的孕妈妈在怀孕中、后期经常有一阵阵的腹壁变硬，可能是不规则的子宫收缩，此时不能进

行触摸胎教，以免引起早产。孕妈妈如果有不良分娩史，如流产、早产、产前出血等，则不宜进行触摸胎教。

小贴士

准父母在为胎宝宝做触摸胎教时，也别忘了还要轻轻地、充满爱意地和胎宝宝说话，让胎宝宝更强烈地感受到父母的爱意。准父母也可以在触摸胎宝宝的时候谈心，交流感情，憧憬一下胎宝宝出生后美好的生活，营造出温馨、亲密的气氛，这样有利于加深一家三口间的感情。

给胎宝宝起个乳名

有人做了这样一个实验：在孕妇妊娠期间，给胎宝宝起一个小名，并让准父母常常向腹中的胎宝宝呼唤他的小名，宝宝出生以后，当他听到呼唤他的小名时，会突然停止吃奶或在哭闹中安静下来，有时甚至会露出似乎高兴的神情。这说明，对这个在腹中经常听到的发音宝宝是很敏感的。

这个月，胎宝宝的感觉器官有了很大的进展，准爸爸、孕妈妈每次都叫“宝宝”也显得不够特别和亲切，不妨从现在起，给胎宝宝起个乳名。

经常用亲切的乳名呼唤胎宝宝

在怀孕5~6个月时，胎宝宝有了听觉，给胎宝宝起个乳名，并经常呼唤，如“洋洋，给妈妈蹬一下腿”等，胎宝宝会记忆深刻。用亲昵的呼唤每天伴随胎宝宝，和他交流，这样可以更好地同胎宝宝进行感情的传递。

等到出生后，当再次呼唤宝宝乳名时，听到曾经熟悉的名字，宝宝会有一种特殊的安全感，烦躁、哭闹也明显减少。提早给胎宝宝起个乳名还可以在胎宝宝期对其进行语言刺激，加快胎宝宝的智力发育，为出生后的教育打下良好基础。

孕6月，好奇的倾听者

胎宝宝的发育

怀孕21周

现在，胎宝宝身体的基本构造进入最后完成阶段，从外观上看，鼻子、眼睛、眉毛、耳朵、嘴巴都各归各位，形状已经完整，整个身体看上去也非常协调。

胎宝宝在时刻注意着外界的声音，外界比较突然的大的声音如关门时发出的巨响、瓷碗打碎的声音、夫妻之间的争吵和刺耳的电话铃声等，可能会惊醒睡眠中的胎宝宝，并使他做出较大的反应，要注意不要让这类声音打扰他。

有意思的是，胎宝宝的味觉器官正逐步完善，味蕾已经形成了，所以他现在也有味觉了。孕妈妈应该注意不要偏食，多品尝各种食物的味道，这对宝宝出生后形成不偏食的饮食习惯有一定的帮助。

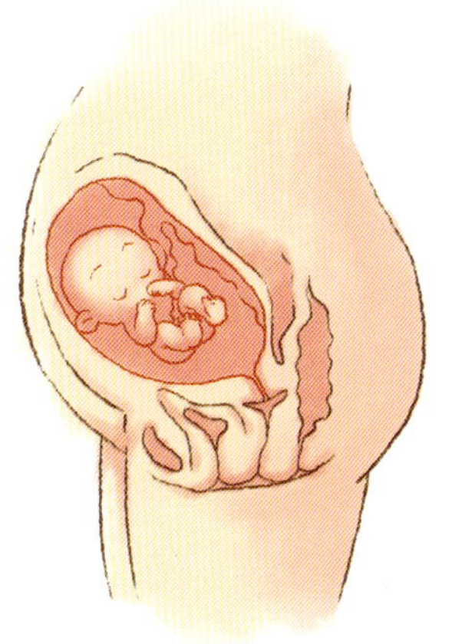

吸吮拇指是胎宝宝喜欢做的游戏，运气好的话，照B 超的时候也许可以看到胎宝宝吸吮拇指的可爱模样。

怀孕22周

目前，胎宝宝的身体虽然已经比例协调，但是因为脂肪较少，只占到全身重量的1%，皮下脂肪也很薄，全身皮肤红而多皱，所以整个身体显得皱皱巴巴，像一个小老头。只有等胎宝宝体重上升到一定程度，皮下脂肪才会将皮肤绷紧，让胎宝宝呈现出圆润光滑的可爱模样。对于现在的胎宝宝来说，最重要的任务就是从孕妈妈那里摄取丰富的营养，增加体重，并使身体各器官发育得更完善。

虽然宝宝真正出牙要等到出生后6~7个月时，但长牙的准备已经做好，恒牙牙胚也逐渐发育，牙尖出现在了牙龈内。胎宝宝的生殖系统逐渐发育。内脏器官一直都在井然有序的工作中不断完善着。为了适应子宫外的生活，胎宝宝现在开始用胸部做呼吸运动了，一切都很完美。

如果胎宝宝正在睡梦中，大的声音会把他吵醒；当他醒着时，就像是个小运动健将；如果听到喜欢的音乐，他会变得更加活跃，他喜欢听来自外界的音乐、谈话，特别是孕妈妈温柔的声音。

ξ怀孕23周

由于皮下脂肪尚未完全产生，所以胎宝宝看上去比较瘦弱，但体重已经在快速增加了，所以看上去比以前圆润些，皮肤呈现半透明，透过皮肤可以清晰地看到毛细血管，血管的红色使整个身体都呈现出红色。另外，他肺部的血管也正在形成，呼吸系统正在快速建立，呼吸能力在不断的吞咽锻炼中进一步增强。

胎宝宝的视觉能力也在进步，视网膜逐渐形成，具有了微弱的视力，可以模糊地看见东西。孕妈妈可以多吃一些含维生素A 丰富的食物，帮助胎宝宝视力发育。

现在胎宝宝的心跳每分钟有120~160次，非常有力，如果孕妈妈的腹壁较薄，直接将耳朵紧紧贴着腹部，就可以比较清晰地听到胎心搏动。

ξ怀孕24周

相比于上个孕周，胎宝宝在本周体重增加较多，占据了孕妈妈子宫内越来越多的空间。尽管如此，相对于整个身体来说，这一点体重仍然是很轻的，所以他看上去仍然显瘦，皮肤表面的小皱纹还是很多。

胎宝宝肺部血管更加丰富，胎宝宝的肺里面，负责分泌表面活性剂（一种有助于肺部肺泡更易膨胀的物质）的肺部细胞也正在发育，呼吸功能越来越完善。如果胎宝宝在此时出生，在医生精心照料下也不是完全没有可能存活，但存活的可能性较小。这时候，胎宝宝会咳嗽了，他咳嗽时，你能感觉到肚子里像有个小人在打鼓一样。

胎宝宝的大脑发育进入了成熟期，大脑内部数百万神经正在发育，数目已经接近成人，并且连接成形。神经鞘也已逐渐形成，神经有了保护，因而大脑功能也有了进一步发育，逐渐对各种感官传递过来的信号都有了意识，能够区别苦味、甜味，对听觉、视觉系统接收到的信号都有感受。这时可以多给他一些锻炼，各种胎教都可以进行，促进大脑发育。

此时胎宝宝的动作形式并没有多少变化，手仍然喜欢抓脐带、触摸四周，当手漂浮到嘴边的时候，就会含住吮吸一会儿。胎宝宝无论外貌还是举止都已经非常像新生儿了。

孕妈妈的变化

气喘吁吁

子宫一天天增大，这导致孕妈妈心率加快，有时候会感觉心慌气短。这时，孕妈妈可能觉得呼吸比以前要急促多了，特别是上楼梯的时候，走不了几级台阶就会气喘吁吁的，这是因为日益增大的子宫压迫了肺部，这种情况以后还会更加明显，等胎宝宝入盆后会好起来的。此时，有的孕妈妈行动仍然像往常一样敏捷，这属于个人体质差异，如果感觉良好，可以不必刻意保养。

可能长痤疮

随着孕期的推进，孕妈妈的汗液和油脂分泌变得越来越旺盛，脸上、身上容易出油，有的孕妈妈脸上还会长出少量痤疮。长了痤疮不要擅自使用消痤疮作用的洗面奶、药膏等，以免其中的成分影响胎宝宝，只需注意多用温开水洗脸即可，这些痤疮一般在分娩后就会自行消失，不必太过忧虑。

孕相十足

孕期已经过去了一半，如果孕前体重在正常范围内，孕妈妈现在已经增重了4~6千克，肚子增大到已经分不出哪里是腰、哪里是肚子了，腹部明显地突出，从外观上看，已经有十足的孕妇相了。这个阶段，孕妈妈的体重增加会很迅速，每周会增加350克左右，往后孕妈妈的身子会越来越沉重，身体的负担让不少孕妈妈觉得自己变得笨拙了。

小贴士

当身体臃肿时，要观察钠的吸收情况，过量摄入钠会使孕妈妈出现水肿症状。另外，有些孕妈妈会感到腹部、腿部、胸部、背部变得瘙痒难耐，如果出现这种情况，一定要到医院就诊或咨询医生外用一些止痒的药物，不要用力抓挠，以免抓破感染。

感觉胃变小了

子宫底这个月会升到肚脐以上，虽然孕妈妈自己不会有什么感觉，但随着子宫的增大，胃肠被迫向上推移，致使胃肠蠕动速度降低，从而使胃的排空变慢，所以孕妈妈会常常有上腹饱足感和胃灼热感，建议孕妈妈每餐不要吃得过饱，少食多餐会舒服一些，饭后散步将有助于消化。多吃一些润肠通便的食品，如各种粗粮、蔬菜、黑芝麻、香蕉等，也应该注意适当运动，促进肠蠕动，利于消化。

下肢水肿

据统计，约有75%的孕妈妈在怀孕期间或多或少会有身体水肿情形发生。这是由于在整个怀孕过程中，孕妈妈的体液会增加6~8升，其中4~6升为细胞外液，它们潴留在组织中造成水肿。

如果血液循环不畅，下肢水肿会很明显，很多孕妈妈在脚掌、脚踝、小腿等部位出现水肿，直到产后才会消失。如果碰上天热，水肿会更严重。所以孕妈妈平时不要站立或蹲坐太久，坐立时，可以把脚抬高，饮食上不宜过咸。

小贴士

孕期水肿一般不会对胎宝宝产生不良的影响，在产后会慢慢自愈，不必过于担心，但如果肿胀特别厉害，特别是面部浮肿严重，可能是子痫前期的先兆症状，一定要咨询医生。

安胎与保健

改变日常姿势来适应身体变化

由于身体变得笨重，重心位置发生变化，此外骨盆的韧带出现生理性松弛，腰椎容易向前倾斜，背部的肌肉负担加大，孕妈妈容易疲劳，所以日常一些不正确的姿势很容易引起疲劳、酸痛甚至水肿，而且正确的姿势还与自己和胎宝宝的安全息息相关。

因此，孕妈妈在妊娠中站立、行走、坐椅、睡卧、取东西等都要比正常人更要注意讲究正确的姿势。

坐椅子

尽量选择有靠背的椅子，后背稳靠在椅背上，椅背给腰背部以支撑，减轻脊柱的压力，可加一个靠垫。孕妈妈坐着时，双腿平放，交叉双腿会妨碍血液循环。孕妈妈切不可坐在椅子边上，尽量往里边坐，也不可“咕咚”一下坐下去，这样容易摔倒。

起床先翻身

起床时先将身体翻向一侧，然后用肘支撑上半身的重量，再靠双手支撑坐起，伸直背部，最后将双脚放在地上站起来。

躺下时

在怀孕16周前孕妈妈最好采取仰卧位，可以在腿下边垫上一个枕头，使身体放松。怀孕16周后，最好采取侧卧位，这样有助于消除肌肉紧张，解除疲劳，有利于睡眠，也可避免增大的肚子压迫腹部大血管，影响血液往心脏回流。

站姿

两腿平行，两脚稍分开，重心放在足心附近，这样不易疲劳。若长时间站立，隔几分钟就要把两腿的前后位置调换一下，把体重放在伸出的前腿上，这样可以降低疲劳度。

行姿

抬头，伸直脖子，挺直后背，绷紧臀部，好像把肚子抬起来似的保持全身平衡地行走。要一步一步踩实了再走，以防摔倒。

下蹲拿放东西的姿势

屈膝，完全下蹲，单腿跪下，把要拿的东西紧紧地靠住身体，伸直双膝拿起。拾取东西时先屈膝，蹲好后再拾，不能直接弯腰拾取。将东西放在地上时，不能采取不弯膝盖、只倾斜上身的姿势，注意不要压迫肚子。

上下楼梯的姿势

不要弯腰或过于挺胸腆肚，只要伸直背就行。要看清楼梯，一步一步地慢慢上下。踩稳后再移动身体，如有扶手，一定要扶着走。

ξ 怎样做可以缓解下肢水肿

我们已经说到，孕中晚期许多孕妈妈会被水肿所困扰，这样的情况越接近生产日越严重，如果碰上天热，水肿会更加明显。那么，该如何缓解这令人心烦的水肿呢？

调整好睡姿

孕妈妈平时睡觉应尽量保持侧卧睡眠的姿势，并保证充分的休息，这样可以最大限度地减少早晨的水肿。孕妈妈在睡前可以把双腿抬高15~20分钟，可以加速血液回流、减轻静脉内压，从而缓解腿脚水肿。

避免久坐久站

孕妈妈要避免久坐久站，经常改换坐立姿势。走动时间也不应太久。坐着时可以放个小凳子搁脚，促进腿部的血液循环通畅。站立一段时间之后就应适当坐下休息。另外孕妈妈还要给自己挑选一双轻便、合脚的鞋。

配合饮食调理

从饮食入手是缓解水肿的主要方法，要求孕妈妈不要吃过咸、不易消化、容易产生胀气的食物，并适当多吃一些具有利水作用的食物，如冬瓜、薏米、红豆、西瓜、茄子、芹菜等。

ξ 不妨每天午睡一会儿

孕妈妈的休息时间应比孕前多一些，充足的睡眠对孕妈妈尤为重要。因为女性怀孕后身体方面的变化，使其容易疲劳，获得足够的睡眠才有利于孕妈妈精神和体力的恢复，为胎宝宝创造一个良好的环境。

正常人一般每日需要8小时睡眠，而孕妈妈睡眠时间最低不得少于8小时，最好每天多睡1个小时，这更有利于孕妈妈的身体健康。这1个小时的睡眠时间可以加到午睡上，也可以每天晚上比平时早睡1小时。无论是否早睡1小时，孕妈妈都可以选择在午间小睡一会儿。

孕妈妈午睡有益健康

怀孕时期，孕妈妈如果能睡得很熟，脑部的脑下垂体会分泌出生长激素。这不是为了帮助母体成长，而是为了胎宝宝成长而分泌的，是胎宝宝成长不可或缺的物质，这种激素也具有帮助孕妈妈迅速消除身心疲劳的效果。

因此，如果孕妈妈在白天容易瞌睡，是正常现象，此时，孕妈妈睡个午觉，可以很有效地消除疲劳和瞌睡感。孕妈妈每天中午如果保证有1个小时的午睡时间会很好，但午睡时间不应过长，从几点睡到几点，最好有个安排，不能超过2个小时。当然了，如果只睡十来分钟就很舒服了，那也是可以的。如果是在工作中的孕妈妈，那么即使不能保证午睡也要注意多休息。

怎样午睡效果更好

孕妈妈午睡时，会突然感到胸闷、喘不过气来，并且伴有恶心、呕吐、头晕等症状，而当体位改为侧卧时，这些症状就会消失。

到了怀孕第6个月，子宫会增大到对周围脏器，包括消化器官、泌尿器官等都有所压迫或者推移的程度，影响胎盘和全身的供血等，对胎宝宝和孕妈妈自己都不好，孕妈妈采取左侧卧的睡姿是最好的。

孕妈妈还要改变以往不良的睡眠姿势，如趴着睡觉或搂抱一些东西睡觉等，这样可造成腹部受压，导致胎宝宝畸形，更严重的会导致流产。

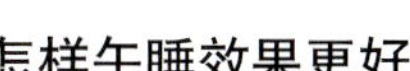

预防妊娠糖尿病

孕妈妈患糖尿病被称为妊娠糖尿病，我国每年约有120万孕妈妈受妊娠糖尿病困扰，“糖妈妈”这一特殊群体还在逐年增加。

妊娠糖尿病多出现在孕20~24周之后，发生率为3%~6%，最明显的症状是“三多一少”——吃多、喝多、尿多，但体重减轻，还伴有呕吐，另外一个常见的症状是疲乏无力。

怀孕后，激素分泌增多，产生抵抗胰岛素的作用，随着孕周的增加，不断增多的雌、孕激素促使机体分泌更多的胰岛素保持正常的糖代谢，一些对胰岛素代偿能力差的孕妈妈可能会出现糖代谢异常或者胰岛素敏感性不够，一些孕妈妈有糖尿病家族史，还有一些孕妈妈营养过度、运动缺乏， 这都是成为“糖妈妈”的诱因。

如果患有糖尿病，在孕前就需要引起注意，配合医生进行调理。怀孕之后，每个孕妈妈都应该预防妊娠糖尿病，因为糖尿病可能让怀孕与分娩出现风险的概率变高。

糖尿病可能带来的风险

对孕妈妈来说：

1 容易并发妊娠期高血压疾病，概率比一般人高出数十倍之多。

2 容易患感染性疾病，如尿路感染等。

3 容易导致羊水过多、胎膜早破、早产等。

4 如果没有及时诊断和治疗，严重的话可发生酮症酸中毒，产后可能长期患有糖尿病。

对胎宝宝来说：

1 可直接导致流产、宫内发育迟缓，畸形儿、巨大胎宝宝及低体重儿的概率增加。

2 可能出现新生儿高胆红素血症、低血糖、呼吸窘迫综合征等多种新生儿并发症。

3 胎宝宝出生后患糖尿病、高血压、冠心病的风险会加大。

按时进行糖尿病筛查

建议孕妈妈在怀孕第24~28周时进行糖尿病筛查，超过35岁、肥胖、有糖尿病家族史、有不良孕产史的孕妈妈属于高危人群，需要更早进行糖尿病筛查。

孕妈妈需要去医院进行糖尿病筛查，可以事先了解一下测试过程，令自己安心检查。具体方法一般是这样的：

口服50克的葡萄糖筛检及100克口服葡萄糖耐受试验，测出空腹、餐后1小时、2小时及3小时之血糖浓度，若发现其中至少有两项数值高于标准值时，则可能为妊娠糖尿病。血糖浓度标准值如下：

时间	浓度（mg/dl，毫克/分升）
空腹	105
餐后1小时	190
餐后2小时	165
餐后3小时	145

预防糖尿病越早越好

孕妈妈只要保证孕期合理饮食，每天适量运动，同时避免高糖食品，多吃蔬菜、富含纤维素的食品，注意维生素、铁、钙的补充，就可有效预防妊娠糖尿病。吃水果最好是在两餐之间，每天200~400克，并且在选择水果时应尽量选择含糖量低的水果，或以蔬菜代替，对一些高糖分水果，如荔枝、哈密瓜、西瓜一定要有节制地吃。

已经是“糖妈妈”怎么办

如果确诊为糖尿病，孕妈妈先不要慌张，积极应对。以下建议可能对孕妈妈有帮助：

1 保持饮食均衡、营养全面，控制热量和糖分摄入，少食多餐，增加膳食纤维。

2 进行适当户外运动，运动疗法十分有益于糖尿病的控制。

3 如果需要药物控制，一定要严格配合医生的治疗和做好自我检测。

4 保持心情舒畅，认真对待病情，但不做无谓的担心。

“糖妈妈”的饮食要点

饮食控制是所有糖尿病患者都必须尽量严格遵守的，也是稳定血糖的重要方法，所以孕妈妈需要多留点心：

1 控制碳水化合物摄入量，大米、面粉、小米等主食一般每日控制在250~400克。

2 注意蛋白质、脂肪摄入量，蛋白质每日每千克体重进食约1克，脂肪以植物油为主，每日每千克体重进食约1克。

3 多吃新鲜蔬菜，如番茄、黄瓜、小白菜、菠菜、芹菜、冬瓜、韭菜、卷心菜等。

4 有限制地吃水果，水果应选择含糖量低的，如梨、橘子、猕猴桃等。

5 饮食以清淡为宜，肥腻、辛辣、刺激类食物要尽量避免，拒绝食用糖精等人工甜味剂。

6 少食多餐，每日进食5~6次，且定时定量。

预防缺铁性贫血

从第4个孕月起，胎宝宝发育迅速，无论孕妈妈体内铁储备是否充足，胎宝宝都会毫不客气地摄取。孕妈妈对铁的需求比怀孕前增加近4倍，而且，饮食中铁的含量低，如果长时间铁的摄入不足，体内的游离铁和铁储备都会有所减少。

这种情况下，孕妈妈就很容易出现缺铁性贫血，孕妈妈如果出现疲倦、乏力、头晕、耳鸣、食欲缺乏、消化不良、烦躁不安、注意力不能集中、口唇及口腔黏膜苍白等情况，就应考虑是否患贫血了。

如果在怀孕前就患有贫血或有影响铁吸收及有慢性失血的疾病，则会让母体与胎宝宝更容易发生缺铁性贫血，而且病情往往较重。本来不贫血的孕妈妈也可能在怀孕以后出现贫血，假如铁质得不到充分补足，宝宝出生后也常常会发生营养性贫血。

所以，孕妈妈需要在孕中期就开始补铁，并长期坚持，直到宝宝出生。同时患有贫血症状的孕妈妈也需及时改善。

如何补铁更科学

中国营养学会建议，孕妈妈在孕中期每日铁的供给量为25毫克，孕晚期每日铁需要量为30毫克。孕妈妈应当多吃含铁丰富的食物，补充动物血、肉类、肝脏等富有血红素铁的动物性食品，以及菠菜、油菜这样含铁丰富的蔬菜，同时，补充含维生素C丰富的蔬菜水果以利于增加铁的吸收，比如菜花、苋菜、油菜、猕猴桃、柑橘、酸枣、柚子等。

其他含铁丰富的动物性食物还有猪肾、猪血、猪肝以及其他动物的肾、血、肝等，含铁多的食物有黄豆、豆制品、银耳、黑木耳、淡菜、海带、海蜇、芹菜、荠菜等。

做菜时尽量使用铁锅、铁铲，这些炊具在烹制食物时会产生一些小碎铁屑溶解于食物中，形成可溶性铁盐，容易让肠道吸收铁。孕妈妈只通过膳食来满足各种铁质需求比较困难，必要时可在医生的指导下补充铁剂，并且要坚持服用。服铁剂时，不要喝茶和牛奶，以免影响铁的吸收。

这样做可以增加顺产概率

无论对于孕妈妈还是胎宝宝来说，顺产都有很多好处，比如，产后恢复快等；从产道出来时，胎宝宝的肺功能可以得到锻炼；大脑经过产道的挤压能发育得更完善；胎宝宝经过产道时压迫挤出羊水，可避免新生儿出现湿肺或呼吸障碍等并发症。想要顺产变得轻松，孕妈妈从现在开始就要做准备了。

合理饮食，控制体重

如果孕妈妈孕期营养补充过多，脂肪摄入超量，身体锻炼少，就比较容易造成胎宝宝过大，会给顺产带来一定的难度，因此，孕妈妈在孕期要合理饮食，控制好体重，为顺产做好准备。

多吃含锌的食物

锌对分娩的影响主要是可增强子宫有关酶的活性，促进子宫肌收缩，把胎宝宝推出子宫腔。孕妈妈每天从食物中摄取的锌越多，自然分娩的机会就越大。

含锌多的食物：

肉类	猪肝、猪肾、瘦肉
海产品	鱼、紫菜、牡蛎、蛤蜊
豆类	黄豆、绿豆、蚕豆
坚果	花生、核桃、栗子

定时做产前检查

孕妈妈的产道与能否顺利生产有很大关系。产道分为软产道和骨产道。骨产道就是经常说的骨盆，在孕前要做好检查，测量骨盆的大小，对能否进行自然分娩做出评估。

坚持锻炼

适度地运动，不仅有益身体健康，而且能为生产时所需要的体力蓄积能量，孕妈妈要坚持进行一些可行的体力锻炼，为顺产加油。

消除恐惧心理

调查表明，孕妈妈不能承受分娩痛的原因，更多的是来自心理而不是生理，所以孕妈妈要做好充分的心理准备，保持心情稳定，坚定信心，充分学习和了解分娩的知识，并了解生产的过程，消除恐惧心理。

外出旅游要注意的问题

在孕中期身心相对稳定的时候，怀孕早期的不适已渐消失，而孕晚期的身体沉重等还未开始，另外，这段时间也不易流产，孕妈妈是可以出门旅行的，但一定要做好周密的安排和相关的准备。

出发前先检查一下身体

在出发前应再去产前检查的医院就诊一次，向医生介绍整个行程计划，然后征求医生的意见，看是否能够出行。如果医生认为健康状况许可旅行，应请医生帮助准备必须携带的药品，有些时候还需要医生开具相关的证明文件。

需要携带的必备物品

宽松的衣裤，舒适的鞋袜，帽子，托腹带，护垫，产前检查手册，保健卡，平时产前检查医院、医师的联络方式，需要每日服用的维生素，对怀孕安全的抗腹泻药，口服的肠胃药、小袋的奶粉，孕妈妈怀孕周数的证明，防晒霜，润肤乳液，纸内裤，水，健康小零食，干净的毛巾和个人洗漱用品，护照或身份证，钱，纸巾等。

饮食准备

孕妈妈常常会感到饥饿，总是想吃东西。因此临行前一定要在包里放些干果和小点心等健康小零食。最好事先请医生开一些维生素和补充矿物质的药物，以防在长途旅行中不能正常补充新鲜水果、蔬菜和足够的蛋白质。也可以带一小袋奶粉，预备在没有鲜奶的时候喝。

交通工具

尽量乘坐平稳宽大、附洗手间设施的交通工具，如火车、大型轮船等。旅途中，孕妈妈应注意定时做腿部运动，促进血液循环。

短途旅行可以乘坐汽车，但一定要系好安全带。如果是长途旅行，最好不要乘坐汽车，改乘火车，这样能够避免颠簸引起流产。

怀孕32周以内的孕妈妈是可以乘飞机的，乘机时最好选择紧靠通道的座位，这样便于经常起立活动下肢，防止水肿，也便于去洗手间。

由于高空飞行的特殊性，航空公司对于孕妇乘机有一定的限制条件。孕32周以上的孕妇乘机，应提供医生的诊断证明，包括旅客姓名、年龄，怀孕时间，旅行的航程和日期，是否适宜乘机，是否需要提供其他特殊照料等。诊断证明书应在旅客乘机前72小时内填写，并经县级（含）以上医院盖章和该院医生签字方能生效。

住宿条件

尽量选择在星级宾馆住宿，避免住宿在没有卫生保障、附近没有医疗机构的地方，要留意附近有没有医院。

预防疾病的侵袭

孕妈妈的感冒发热、腹泻脱水是引起流产的主要原因。因此，孕妈妈外出长途旅行一定要根据气候变化情况，及时增减衣服，防止着凉感冒。旅途中应讲究饮食卫生，饭前便后洗手，不吃生冷不洁的食物，不喝生水，尤其不要控制不住自己的欲望而乱吃车站、码头上那些小商贩的食物。

小贴士

孕妈妈发生腹痛、阴道出血等情况时，一定要及时终止旅游，及时就医。如果出现流产、早产、妊娠并发症等问题，应先在当地稳定病情，视病情来决定留在当地或转回本地治疗。如果孕妈妈在国外旅游发生意外，家属可以请卫生机构或外交机关协助处理。

孕期不可小觑的疼痛

孕中晚期时，随着胎宝宝不断长大，孕妈妈的腹部以及全身负担也逐渐增加，再加之接近临产，出现腹痛的次数会明显增加，原因也更加复杂。

腹痛伴随胸闷

胎宝宝逐渐长大，孕妈妈腹腔内压力也随之升高。如果孕妈妈的食管裂孔（食管通过此裂孔下行与胃相连）增宽，可能会出现食管裂孔疝，因而引起腹痛。此时腹痛多伴有胸闷、气短、胸痛、胃里泛酸、打嗝等症状。

建议孕妈妈少食多餐，少吃太甜、太辣、太黏的食物；饭后不宜平卧在床上，也不要躺得太低，尽量少弯腰以减轻胃部泛酸；保持大便通畅。如果发现有胃部反流症状，可在躺卧的时候将上半身抬高。

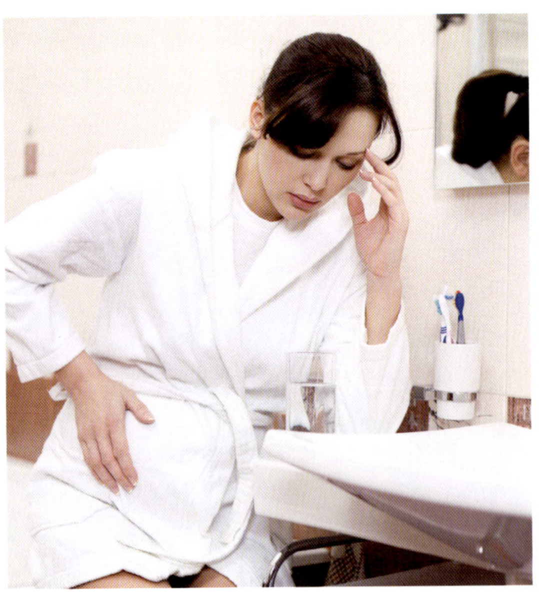

肋骨痛

随着胎宝宝长大，孕妈妈的子宫也在逐渐增大。增大的子宫不断刺激肋骨下缘，可引起孕妈妈肋骨钝痛。一般来讲这属于生理性的，不需要特殊治疗，左侧卧位有利于疼痛缓解。

下腹痛

在孕晚期，孕妈妈夜间休息时，有时会因假宫缩而出现下腹阵痛，通常持续仅数秒钟，间歇时间长达数小时，不伴下坠感，白天症状即可缓解。无须特殊治疗。

假如胎盘早剥也会下腹痛，这多发生在孕晚期，孕妈妈可能有妊娠高血压综合征、慢性高血压、腹部外伤。下腹部撕裂样疼痛是典型症状，多伴有阴道流血。腹痛的程度受早剥面积的大小、血量多少以及子宫内部压力的高低和子宫肌层是否破损等综合因素的影响，严重者腹痛难忍、腹部变硬、胎动消失甚至休克等。所以在孕晚期，患有高血压的孕妈妈或腹部受到外伤时，应及时到医院就诊，以防出现意外。

如果孕妈妈忽然感到下腹持续剧痛，有可能是早产或子宫先兆破裂，应及时到医院就诊，切不可拖延时间。

胎教三人行

折纸：会跳的纸青蛙

还记得小时候折的纸青蛙吗？折好的纸青蛙，轻轻按住屁股，然后放开，就会跳出去。你可以按照下面的方法和准爸爸多折几只，然后进行一场比赛，看哪只青蛙跳得更远。

步骤：

❶不带颜色的一面朝上，向左对齐折。
❷向下对边折。
❸第1、2层向上对边折。
❹展开后，将上半部对角折，压出折痕。
❺按照折痕双三角形折，下半部向上对折。
❻左右对折，压出折痕。
❼除上部上层三角形外，下层均向中心线折。
❽将三角形两侧向上折，形成前肢；下半部向上对折。
❾将两角向下折，压出折痕。
❿将下半部打开后按照折痕向两侧压折。
⓫将两侧角向下折。
⓬将两角向外折成后肢。
⓭将下部向上折。
⓮取中心线，再向下折。
⓯背面朝上，画上眼睛，一只小跳蛙就折成啦。

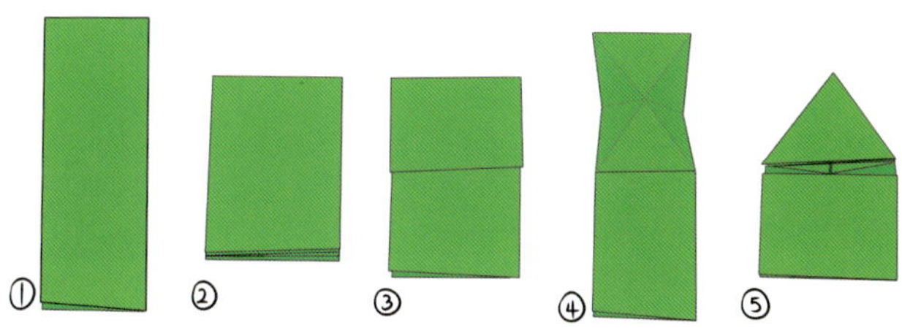

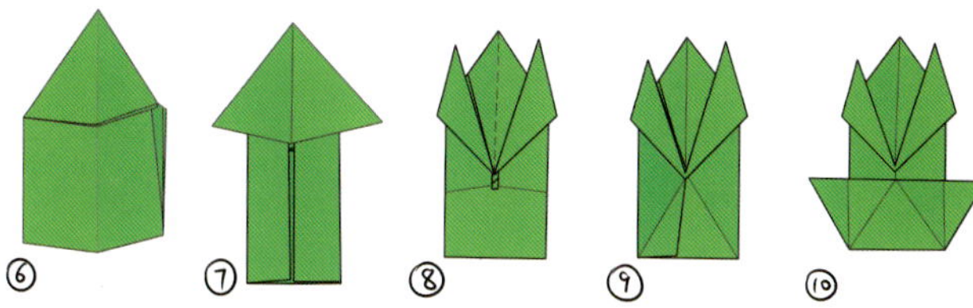

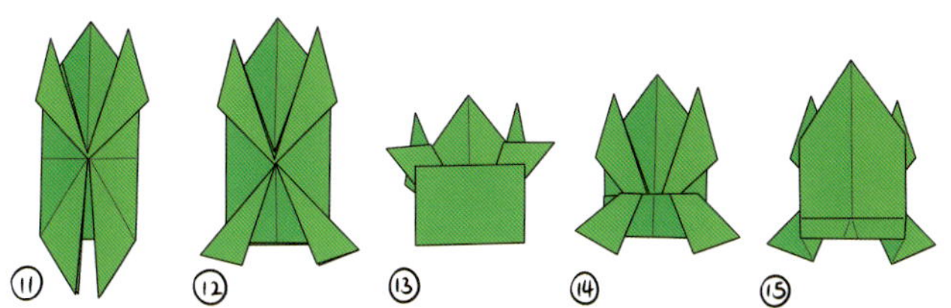

折纸：圣诞老人

因相信而存在，今天，给胎宝宝折一个圣诞老人吧，然后告诉他：宝宝，世界上真的有圣诞老人哦。

❶准备一面是红色，一面是白色的正方形纸，按照图示将底边向上折出一条白边。

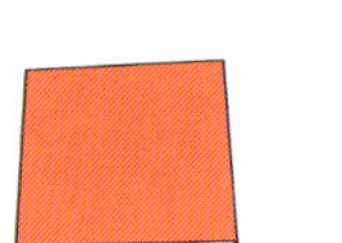

❷再将另一边折出白边。

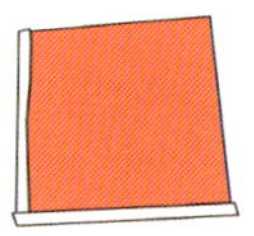

❸将两白边相对的角稍稍向上折。

❹翻过来，右边按图斜向上折叠。

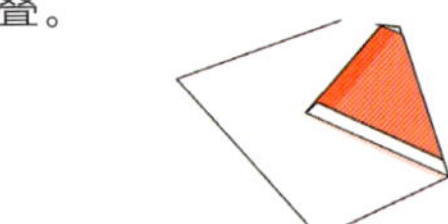

❺左边斜向上折。

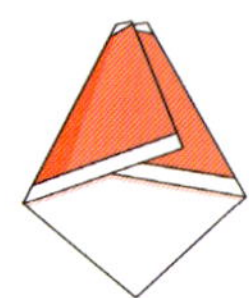

❻将帽尖向右折叠，圣诞帽初步成形。

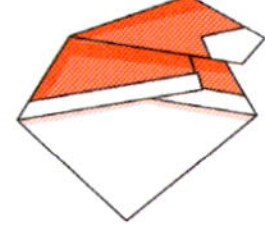

❼翻过来，将下角按图折叠，形成圣诞老人的胡子。

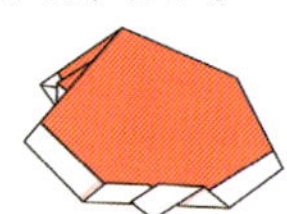

❽头部折成，画上圣诞老人的眉眼和嘴。

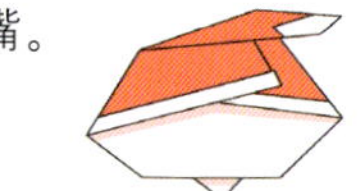

❾另取一张红纸制作身体。红色一面朝上，左右对折出小白边。

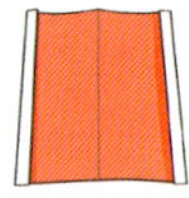

❿翻过来，对折。

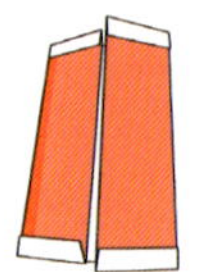

⓫将上部如图打开。

⓬沿着中间向上折起，压平整。

⓭圣诞老人的身体就叠好了。

⓮粘贴起来，一个可爱的圣诞老人就出现了！

Part 7

孕7月，越来越“淘气”

胎宝宝的发育

怀孕25周

在本周，胎宝宝大脑细胞迅速增殖分化，体积增大，这标志着他的大脑发育进入了又一个高峰期。在接下来的4周时间里，他的脑沟脑回逐渐增多，脑皮质面积也逐渐增大，几乎接近成人脑。相应的，胎宝宝意识越来越清晰，对外界刺激也越来越敏感，孕妈妈的任何动静都有可能引起他的反应，此时做胎教能得到比较明显的回应。另外，胎宝宝的运动能力更强了，因而孕妈妈能感觉到的胎动次数明显增加。由于胎宝宝身体发育速度仍然很快，皮下脂肪虽然还是不够多，但整个身体却显得饱满起来，子宫里的空间较前段时间已经有些小了，但整体上来讲还不影响他的活动，他仍可以伸胳膊、踢腿、翻身或者滚动。

现在胎宝宝头发的质地和颜色有所表现，不再像以前一样完全没有特色。

怀孕26周

胎宝宝的身体发育更充分了，体重增加也较多，身体比例十分匀称了。为了支撑身体，他的骨骼更结实了，脊椎也越发坚固，

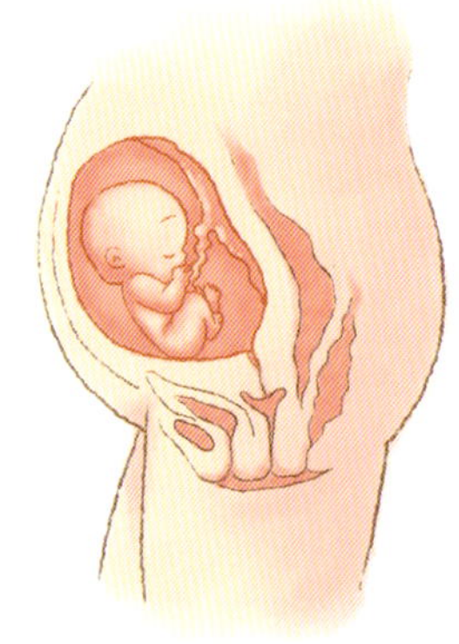

小贴士

从现在开始到孕28周，产检时需要做一次妊娠糖尿病筛查，如果血糖偏高，孕妈妈就要采取相应措施控制血糖。

不过现在还不足以支撑起胎宝宝的身体。子宫的空间相对还够大，胎宝宝仍可以在里边尽情打滚，所以，如果目前B超发现胎宝宝是臀位并不需担心，他很可能一会儿就调整成头位了。

胎宝宝听觉神经系统几乎发育完全，他除了可以听到孕妈妈心跳的声音和肠胃蠕动时发出的咕噜咕噜的声音外，还能听到一些大的噪声，比如吸尘器发出的声音、开得很大的音响声、邻家装修时的电钻声，这些声音都会使胎宝宝躁动不安，听到突然的声音时，会做出弹跳或蠕动的动作。

此时胎宝宝的皮肤已经不是那么透明了，但是皮下脂肪仍然很少，皮肤上的皱纹还存在。另外，胎宝宝的脐带变得厚而富有弹性，外面包了一层结实的胶状物质，这样可以减少其缠绕打结，保持血流顺畅，维护胎宝宝安全。胎宝宝的十个手指头现在发育得非常完美，有时候会抓住自己的脚丫玩呢。如果胎宝宝正在睡梦中，大的声音会把他吵醒；当他醒着时，就像是个小运动健将；如果听到喜欢的音乐，他会变得更加活跃，他喜欢听来自外界的音乐、谈话，特别是孕妈妈温柔的声音。

怀孕27周

本周，胎宝宝发育得较大了，身体几乎可以碰到子宫壁，所以活动不那么自由了。

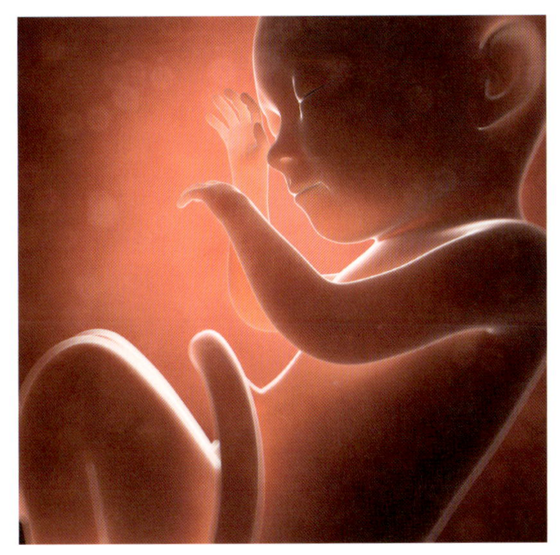

小贴士

孕妈妈要经常关注胎宝宝的发育情况。如果胎宝宝生长速度过于缓慢，应在医生指导下进行治疗；如果胎宝宝生长速度过于快速，应适当调整饮食，防止巨大儿出生。

胎宝宝的耳朵神经网已经完成，听觉得到了进一步的发展，而此时孕妈妈的腹壁变得较薄，趴在孕妈妈的肚皮上甚至可以听到胎宝宝的心跳声。外界很多声音都可以传到子宫里，当声音传到子宫里，胎宝宝会分辨并记忆这些声音，他记忆最深刻的就是孕妈妈说话的声音。

另外，嗅觉也已经形成，胎宝宝逐渐会记住妈妈的味道，听觉和嗅觉记忆是胎宝宝出生后寻找妈妈的最基本依据。

胎宝宝的脑组织快速增长，大脑已经发育到开始练习发出命令来控制全身机能的运作和身体的活动程度，同时，神经系统和感官系统的发育也较显著。不过总体来说，各部分功能还不完善，发育的空间还很大，胎宝宝还在继续努力地成长着。

小贴士

由于腹部日渐变大，孕妈妈可能常会感到腰酸背痛，这是正常现象，只要注意一下日常行为的姿势，不适的感觉就可以得到一定缓解。

怀孕28周

在本周，胎宝宝的体重可以达到1200克，身高增长不明显，他几乎已经快占满整个子宫空间，显得有点放不开手脚了。胎动的个性化越来越明显，文静的宝宝胎动规律，胎动次数较少，活泼的宝宝胎动频繁。

这一周，胎宝宝的眼睛能够开闭自如，同时有了比较原始的睡眠周期，醒着和睡着的时间间隔变得比较有规律，睡觉时甚至会做梦，醒着的时候，他会不停地玩耍——踢踢腿、伸伸腰、拉一拉脐带……也经常会把大拇指或其他手指放到嘴里去吸吮。

此时胎宝宝大脑活动也非常活跃，大脑皮层表面开始出现一些特有的沟回，他甚至有了浅浅的记忆。胎宝宝的内脏系统构造几乎与成人无异，功能也在快速发育，包括呼吸功能，虽然还不是很完善，但是胎宝宝如果在此时出生，他可以依靠呼吸机辅助呼吸，逐渐学会自主呼吸，存活的概率非常高。

小贴士

孕妈妈一旦出现早产迹象，如出现至少10分钟1次的子宫收缩，每次持续30秒，历时1小时以上，就应及时去医院就诊。

孕妈妈的变化

各种不适纷至沓来

进入孕7月，孕妈妈可能还会发现自己很难有精力去维持以前从容不迫的心态，因为身体出现了很多需要你去面对的小状况，比如之前提到的妊娠纹、妊娠斑、身体水肿、小腿抽筋等都会随之而来或加重。

此外，身体每天都承受着越来越大的重量，难免会出现皮肤瘙痒、腰腿痛的情况，如果双腿的压力大，还有可能出现静脉曲张。有的孕妈妈还会感到眼睛不适，怕光、发干、发涩。更烦恼的是，还很容易感到疲惫。

不过，这些问题是每一个怀孕的女性都可能遇上的，也都只是暂时的，它也是一种很合适的锻炼。在面对这些问题时，孕妈妈能够变得更强，相信做母亲的幸福感和责任感会帮助孕妈妈克服困难的，所以，没有关系，平和地迎接未来的日子吧。

可能看不到自己的脚了

到这个月，孕妈妈的体重会增加8千克左右，子宫底已经升到肚脐以上，因此腹部还在增大，变得越来越臃肿，低着头可能都看不到自己的脚了，以前比较轻松就能做的事情，现在做起来会觉得有点吃力。为了保证行动安全，建议孕妈妈走路要缓慢、稳当，避免跌倒，不要做剧烈运动，不要搬动重物。

小贴士

需要引起注意的是脱发问题，如果只是少量脱发，可以不必在意，如果大量脱发，可能是因为贫血或营养不足引起的，要给予足够的重视，及时检查治疗。

孕期10个月子宫大小和宫底的大致变化：

孕1月末：子宫比孕前略增大一些，像个鸭蛋。

孕2月末：子宫增大至拳头般大小。

孕3月末：子宫底在耻骨联合上缘2~3横指。

孕4月末：子宫底达肚脐和耻骨联合上缘之间。

孕5月末： 子宫底在脐下2横指。

孕6月末：子宫底与肚脐持平。

孕7月末：子宫底在脐上3横指。

孕8月末：子宫底在脐和剑突之间。

孕9月末：子宫底在本月达到最高点，在剑突下2横指。

孕10月：本月胎头下降入骨盆，宫底下降回复到孕8月末的水平。

ξ心悸感觉更明显

由于身体负荷还在加重，重心继续前移，子宫更加接近肋缘，顶压膈肌，如果孕妈妈以前还感觉不明显，这时就会明显觉得呼吸有些困难，孕妈妈呼吸急促、心悸的感觉也更明显一些。

不过很多孕妈妈体验可能会比较轻松，因为身体每一天都在适应这样的变化，这比突如其来的改变要更容易面对，孕妈妈不妨趁着生产前的两三个月多学习分娩知识，缓解未知带来的恐惧感。

ξ很容易感到胎动

随着胎宝宝的飞速生长，胎宝宝的身体开始占满了子宫，这个时候孕妈妈很容易就能感觉到胎动。如果孕妈妈仔细摸的话，还能摸出胎宝宝的小脚、小手、小屁股呢，这是为数不多可以很容易摸到胎宝宝的头与肢体的时候，好好享受吧。由于胎动开始变得更有力，可能经常会让孕妈妈感觉到不舒服，把这些看作是正常现象，这样能减轻你的担忧感。

ξ容易遭受痔疮

通常在孕7月，逐渐膨大的子宫会压迫胃肠，造成便秘，还会慢慢影响孕妈妈盆腔内静脉血液的回流，使得孕妈妈肛门周围的静脉丛发生瘀血、凸出，从而形成痔疮。孕妈妈不用过于惊慌，孕期造成的便秘与痔疮一般分娩后即可消除，为了避免痔疮随着孕期加重，首先要缓解便秘，不要久坐，多喝水，吃些香蕉、酸奶、蜂蜜等促进消化与排便的食物等都有帮助。

安胎与保健

怎么缓解胀气

腹胀所伴随的食欲不振、便秘，以及因其对孕妈妈造成心理压力而导致的不易入眠、作息失调等，都是不可小觑的孕期烦恼。针对这种情况，孕妈妈最好去医院检查一下造成腹胀的原因，排除一些危险情况。

孕期腹胀的主要原因

孕期腹胀是孕妈妈常见的困扰之一。随着胎宝宝的不断成长，逐渐增大的子宫自然会压迫到孕妈妈的胃肠道，除了会将胃稍微往上推外，肠道也会被推挤至上方或两侧，胃肠在受到压迫下，便会影响其中内容物及气体的正常排解，从而引起腹胀。

此外，孕妈妈怀孕以后，活动量要比孕前减少许多，所以导致胃肠的蠕动减弱，再加上过多高蛋白、高脂肪的摄入，使蔬菜和水果的补充相对不足，造成了粪便更容易在肠道内滞留，引起便秘而使腹胀感更加严重。

缓解孕期腹胀的有效方法

如果只是孕期的生理变化及个人生活习惯所造成的腹胀，孕妈妈可以从注意饮食、加强运动等方面着手，来改善孕期的腹胀问题。

1 少量多餐。孕妈妈可采用少量多餐的进食原则，每次吃饭的时候记得不要吃得太饱，便可有效减轻腹部饱胀的感觉。

2 细嚼慢咽。孕妈妈在吃东西的时候应保持细嚼慢咽，进食时不要说话，避免用吸管吸吮饮料，不要常常含着酸梅，或咀嚼口香糖等，都可避免让不必要的气体进入腹部。

3 补充纤维素。孕妈妈可多吃含丰富纤维素的蔬菜和水果，如茭白笋、韭菜、菠菜、芹菜、丝瓜、莲藕、苹果、香蕉、奇异果等，因为纤维素能帮助肠道蠕动，促进排便。

4 多喝温开水。孕妈妈每天至少要喝1500毫升的水，充足的水分能促进排便。如果大便累积在大肠内，胀气情况便会更加严重。

5 保持愉快轻松的心情。紧张和压力大的情绪，也会造成孕妈妈体内气血循环不佳，因此学会放松心情在怀孕期间也很重要。

6保持适当运动。孕妈妈在怀孕期间做适当运动能促进肠蠕动，舒缓胀气情况，建议孕妈妈于饭后30分钟至1小时，到外面散步20~30分钟，可帮助排便和排气。

7进行简单的缓解腹胀按摩。温热手掌后，采取顺时针方向从右上腹部开始，接着以左上、左下、右下的顺序循环按摩10~20圈，每天可进行2~3次，但不要在用餐后就立刻按摩，并要稍微避开腹部中央的子宫位置。

小贴士

孕妈妈无论喝什么饮料，均不宜冰镇太久，最好吃常温或加热后的食物，太冷的食物可使胃肠血管痉挛，以致发生腹胀、消化不良等。

孕期头晕目眩正常吗

在孕期，由于孕妈妈体内孕酮水平的变化，使得血管扩张，从而导致血压下降，使孕妈妈常有眩晕的感觉。有时孕妈妈站立的时间较久时，也会感到眩晕、眼冒金星、天旋地转，甚至发生晕厥。所以孕期要有良好的生活习惯，减少眩晕的发生。

1吃饭要规律、少食多餐，让血糖水平保持平稳。

2避免用一个姿势长时间坐着或站着，或猛然变换姿势。如果孕妈妈的工作性质是长时间站着，要把重心放在两脚中间，并尽可能多坐下休息，还可以多走动以刺激血液循环。不要在坐着的时候跷二郎腿。

3在条件允许时，平时注意将双腿抬起，放在桌上或其他可以促进血液回流的地方。

4尽量不要使自己过热。多穿几件宽松、舒适的衣服，以便可以在需要时一件件脱下来。

5在孕晚期，一定要避免仰卧，孕妈妈要多侧卧（最好是左侧卧），可能的话用枕头垫着腿，并且不管躺了多长时间，坐起来时都别着急。

小贴士

当孕妈妈觉得要晕倒时，就赶快坐下或躺下，把头埋到两膝之间（如果能做到的话）。此外，在额头上放块湿毛巾也可以起到很好的缓解作用。

提防恶性打鼾

打鼾，俗称打呼噜，有良性和恶性两大类。孕妈妈如果有恶性打鼾现象，一定要去医院看医生，因为恶性打鼾会影响胎宝宝正常发育。

怎样区分良性呼噜与恶性呼噜

入睡后鼾声较轻且均匀，或偶尔出现的打鼾，这类打鼾对身体并没什么害处，称为良性打鼾。入睡时不仅鼾声很大，而且不

均匀，总是打着打着就停止了呼吸，或被憋醒，一夜反复多次发作，早晨起来感觉头昏脑涨，就像整夜没睡一样，这类打鼾往往后果较为严重，会对胎宝宝的正常发育产生影响，故称为恶性打鼾。

恶性打鼾的预防

首先，要控制身体发胖，因为肥胖是引起打鼾的重要原因之一。体重的增加会让孕妈妈感到呼吸不顺畅，导致机体组织出现缺氧。避免恶性打鼾应控制体重。在饮食上，必须注意膳食结构合理均衡，常吃富含维生素A、维生素C及叶酸的蔬菜水果，尽量少吃或不吃高脂高糖类食物。孕妈妈应常称量体重，每周增加0.5 千克左右是正常的，到足月分娩前，总体重增加8~12千克为宜。

其次，如果已经发胖，孕妈妈就要在医生指导下进行适度的运动，既可减肥，又有利于母胎健康。

此外，睡觉时，尽量不要采取仰卧体位，以免肥厚的喉部肌肉和舌根后坠堵住气道，孕期采取左侧卧比较适宜。

勤练凯格尔运动

凯格尔运动是一套可以用来增强骨盆底肌肉力量的练习，可以减轻尿失禁，还能预防痔疮，加快会阴侧切或会阴撕裂愈合，还能增强阴道的弹性。

凯格尔运动并不是一套针对孕妈妈的运动，它适合任何女性，孕妈妈可以从任何时候开始练习，并一直坚持下去，它将让你一生受益。

孕妈妈只需要按部就班地按照以下方法来做即可收到成效：

1 首先排空膀胱，运动中要照常呼吸，除了骨盆底肌肉外，保持身体其他部位放松，可以用手触摸腹部，如果腹部有紧缩的现象，则表示不够放松。调整好以后，下一步开始练习。

2 平躺，双膝弯曲。练习时，把手放在肚子上，这样可以帮助确认自己的腹部保持放松状态。

3 收缩臀部的肌肉向上提肛。

4 紧闭尿道、阴道及肛门（它们同时受到骨盆底肌肉支撑），就像平时尿急时需闭尿的动作。

5 保持骨盆底肌肉收缩5秒钟，然后慢慢放松，5~10秒后，重复收缩。

6 孕妈妈可以每天做3次，每次练习3~4组，每组10次。刚开始时，一天中可分多次练习，随着骨盆底肌肉力量的不断增强，可以逐渐增加每天练习的次数，并延长每次收紧骨盆底肌肉的时间。

有助顺产的拉梅兹呼吸法

拉梅兹呼吸法的主要目的是转移疼痛，放松肌肉，使孕妈妈充满信心，在分娩过程发生产痛时保持镇定，以加快产程并让宝宝顺利出生，因而也被称为心理预防式的分娩准备法。

我们建议孕妈妈从怀孕第7个月起，开始进行拉梅兹呼吸法的训练，以便熟练运用。

进行拉梅兹呼吸法前，孕妈妈需要先了解分娩过程，以及在不同分娩阶段自己身体的变化和胎宝宝状态，这样才能使拉梅兹分娩呼吸法发挥最大作用。

拉梅兹呼吸法的准备

孕妈妈可以在客厅地板上铺一条毯子或在床上练习，室内可以播放一些优美的胎教音乐，孕妈妈可以选择盘腿而坐，在音乐声中，孕妈妈要首先让自己的身体完全放松，眼睛注视着同一点。

第一阶段：胸部呼吸法

应用阶段：分娩开始的阶段，此时宫颈开3厘米左右，孕妈妈可以感觉到子宫每5~20分钟收缩一次，每次收缩长30~60秒。

呼吸要点：

由鼻子深深吸一口气，随着子宫收缩就开始吸气、吐气，反复进行，直到阵痛停止才恢复正常呼吸。孕妈妈可以通过这种呼吸方式准确地给家人或医生反映有关宫缩的情况。

第二阶段：嘻嘻轻浅呼吸法

应用阶段：胎宝宝一面转动，一面慢慢由产道下来的时候（子宫颈开7厘米以前）。此阶段，宫颈开至3~7厘米，子宫的收缩变得更加频繁，每2~4分钟就会收缩一次，每次持续45~60秒。

呼吸要点：

1 让自己的身体完全放松，眼睛注视着同一点。

2 用嘴吸入一小口空气，保持轻浅呼吸，让吸入及吐出的气量相等，呼吸完全用嘴呼吸，保持呼吸高位在喉咙，就像发出“嘻嘻”的声音。

当子宫收缩强烈时，需要加快呼吸，反之就减慢。练习时由连续20秒慢慢加长，直至一次呼吸练习能达到60秒。

第三阶段：喘息呼吸法

应用阶段：子宫开至7~10厘米时，子宫每60~90秒就会收缩一次，这已经到了产程最激烈、最难控制的阶段了，胎宝宝马上就要临盆，子宫的每次收缩维持30~90秒。

呼吸要点：

先将空气排出后，深吸一口气，接着快速做4~6次的短呼气，感觉就像在吹气球，比嘻嘻轻浅式呼吸还要更浅，也可以根据子宫收缩的程度调节速度。

练习时由一次呼吸练习持续45秒慢慢加长至一次呼吸练习能达90秒。

第四阶段：哈气呼吸法

应用阶段：第二产程的最后阶段。此时为避免发生阴道撕裂，不要用力，等待宝宝自己挤出来，这一阶段孕妈妈可以用哈气法呼吸。

呼吸要点：

阵痛开始，先深吸一口气，接着短而有力地哈气，如浅吐1、2、3、4，接着大大地吐出所有的气，就像很费劲地在吹一样东西。

练习时每次呼吸需达90秒。

第五阶段：用力推

应用阶段：此时宫颈全开了，胎宝宝即将露出头部，这时要长长吸一口气，然后憋气，马上用力，将宝宝娩出。

呼吸要点：

下巴前缩，略抬头，用力使肺部的空气压向下腹部，完全放松骨盆肌肉。需要换气时，保持原有姿势，马上把气呼出，同时马上吸满一口气，继续憋气和用力，直到宝宝娩出。

当胎头已娩出产道时，可使用短促的呼吸来减缓疼痛。每次练习时，至少要持续60秒用力。

ξ 不要被不好的梦境困扰

对未来宝宝怀有美好憧憬的孕妈妈梦到宝宝是很正常的事，不过，有的孕妈妈因为做梦过多影响了睡眠质量，导致白天精神不佳，甚至有时还会做些惊恐、吓人的噩梦，这种情况对母体和胎宝宝都是十分不利的。

孕妈妈为何会做梦

孕妈妈会做一些与宝宝有关的梦，一般将这种梦称为胎梦。俗话说，日有所思，夜有所梦，梦是协调人体心理平衡的一种方式，是人在某一阶段的意识状态下所产生的一种自发性的心理活动。梦对人的活动、情绪和认识都有较明显的作用。

所以，孕妈妈不要把胎梦看得过于神秘，更不要迷信胎梦。胎梦可以看作是孕妈妈睡眠状态下某种心理活动的延续，表示孕妈妈想达成某种愿望，比如想要男孩或者女孩，希望孩子健康、聪明等。

做噩梦是怎么回事

孕妈妈夜间出现多梦、噩梦、易醒等情况，或是睡眠时间过多或过少，次日醒来就会出现疲倦、犯困、头晕等症状。因为进入孕中期以后孕妈妈的子宫已经胀大，各器官、系统的负担大起来，所以孕妈妈心理上的压力也是比较重的。

由于体形变化和运动不便，许多孕妈妈心理上会产生一种兴奋与紧张的矛盾心理，从而导致情绪不稳定、精神压抑等心理问题，甚至会因心理作用而自感全身无力，晚上睡不好爱胡乱做梦。

极少数孕妈妈因患有某些心脑血管疾病，当夜间睡眠时，处于不当的体位，也会引起心脑组织出现缺血缺氧，常发生因噩梦而惊醒。这类孕妈妈应早到医院检查、治疗，以保证安全度过孕期，顺利完成分娩过程。

休息、放松，避免噩梦

孕妈妈很容易疲劳，休息和睡眠可以使能量得以补充，恢复体力。高质量的睡眠有助于孕妈妈缓解精神压力，增强神经系统和免疫系统的功能，也能降低患产后抑郁症的概率。因此，孕妈妈必须每晚保持8小时的睡眠时间。

有的孕妈妈容易梦到恐怖的事情，这大多是因为心理压力较大，是一种对焦虑心情的释放，所以千万别担心这样的梦是不祥之兆。

如果孕妈妈睡眠时间多梦，甚至做噩梦，造成白天精神不佳，或者因为梦境而产生心理负担，建议孕妈妈一定要注意放松身心，正确对待孕期不必要的顾虑，有什么思想疑虑和心理负担，应及时向准爸爸或者向家人说出来，也可以和医生谈一谈，消除不必要的精神负担，正确看待胎梦。

孕妈妈睡木板床更好

席梦思床目前已经是家庭常用的卧具，一般人睡席梦思床，有柔软、舒适之感，但孕妈妈是不宜睡席梦思床的，因为容易使得脊柱的位置失常，还不利于孕妈妈在床上翻身。

1 容易使得脊柱的位置失常。孕妈妈的脊柱较正常腰部前曲更大，睡过于柔软的席梦思床及其他高级沙发床时，会对腰椎产生严重影响。仰卧时，脊柱呈弧形，使已经前曲的腰椎小关节摩擦增加；侧卧时，脊柱也向侧面弯曲。长此以往孕妈妈易感到疲劳，会使脊柱的位置失常，压迫神经，增加腰肌的负担，既不能消除疲劳，又不利于生理功能的发挥，还可能引起腰痛。

2 不利于翻身。正常人睡眠时睡姿经常变动，一夜辗转反侧可达20~26次，翻身有助于大脑皮质抑制的扩散，提高睡眠质量。然而，孕妈妈睡席梦思床太软，身陷其中，不容易翻身。

因此，孕妈妈不宜睡席梦思床，最好睡棕垫床或者木板床，在床上铺较厚的棉垫为宜，避免因床板过硬，缺乏对身体的缓冲力，从而辗转过频，多梦易醒。

怎样改善孕期失眠

怀孕后，孕妈妈的雌激素和孕激素（女性体内的两种重要激素）水平都会大大上升，内分泌因此而失去平衡，身体若一时承受不了这些变化，就会发生一系列的问题，如失眠、烦心、头痛等，这些都是正常现象。

孕妈妈怎样才能轻松入睡

孕期一定要找到合适的方法保证充足而良好的睡眠，充足的睡眠是身体健康的前提，也是好情绪的保障。

1 创造良好的睡眠氛围。家里的卧室要比较安静，并将卧室布置得温馨舒适。如果卧室的灯光太亮，就可以适当地调暗一些；如果噪声太大，则可以挂上厚厚的窗帘或贴上隔音壁纸来隔绝噪声。

2 睡前保证消化通畅。睡前2小时内不要再吃一些难以消化的食物，否则肠胃消化食物产生的气体会滞留在体内，影响睡眠，而且睡前饱食容易使脂肪囤积，造成肥胖。

3 喝杯牛奶助眠。睡前半小时不妨喝一杯温牛奶，牛奶具有很好的安眠作用，并能调节人体生理功能，使人感到全身舒适，而且还能解除疲劳。

4 睡前不宜兴奋或过劳。睡前精神要平稳、镇静，可以适当听听音乐、散散步，但不要做剧烈运动，也不要看惊悚、悲伤或搞笑类的影视剧或图书，这会刺激脑细胞，使孕妈妈变得兴奋，导致不易入睡。

5 放松身体，消除疲劳。每天晚上洗个温水澡或用热水泡泡脚，还可以让准爸爸帮助按摩，让身体得到放松，自然就能轻松入眠。

失眠烦心时怎么做

虽然由激素变化引起的孕期失眠、身体不适、心烦、头痛等不能从根本上得到解决，但仍然可以通过一些小方法来缓解：

1 头晕头痛时可以躺下来休息，按摩头部或在头上敷热毛巾，能够有效地缓解不适。

2 烦躁时可以分散注意力，比如和准爸爸或朋友聊天、外出散心、购物等，不要将烦心的感觉憋在心中或毫无节制地乱发脾气，让它发展成为孕期抑郁症。

3 如果失眠、烦心的情况很严重，已经影响到了正常的生活，这时就应该就医，用科学的方法来治疗了。

小心运动后的不良反应

怀孕后，孕妈妈的身体一直在变化，重心改变了，体重增加了，也更容易觉得累了，所以在锻炼时要格外小心，随时关注自己身体的反应，千万不要勉强自己。

运动后的不良反应症状

1 恶心。运动后感到恶心，说明胃里积蓄了过多的乳酸，这是肌肉新陈代谢的副产品。

2 头晕。若感到持续的头晕，甚至同时出现视线模糊、头痛或心跳过快的现象，可能是重度贫血或其他严重疾病的征兆，会影响孕妈妈和胎宝宝的健康。

3 体温突然变化。如果手变得又湿又凉，或者感到一阵阵忽冷忽热，说明身体在调节体温时出现了问题。

4 心跳过快。若锻炼时不能顺畅自如地谈话或出汗太多，说明运动量很可能过大。

5 阴道出血。在孕早期，阴道出血可能是流产的预兆。而在孕中、晚期，阴道出血则可能预示着早产、前置胎盘或胎盘早剥等胎盘并发症。出现这些情况都需要马上到医院检查治疗。

6 视线模糊。锻炼过程中发现视线变得模糊，可能是脱水导致的血压骤降，心脏负担过重。这会导致流向胎盘的血液量减少，使胎宝宝得不到足够的血液营养。此外，也可能是先兆子痫（子痫前期）的征兆。如果出现视线模糊的情况，要马上去医院检查，若情况紧急应看急诊。

7 胸腹部反复出现尖锐疼痛。可能仅仅是韧带拉伸引起的，但也可能是发生了宫缩。若这种疼痛出现的间隔差不多长，且反复出现时，更有可能是宫缩。

胎教三人行

第25周胎教方案：听，那充满力量的心跳

ξ 听一听胎宝宝有力的心跳

在胎宝宝全身脏器的发育中，心脏是最早有功能的器官，早在第4、5周的时候，他的心脏就开始跳动了。现在，胎宝宝的心脏跳动已经很有力了，甚至准爸爸将耳朵贴在孕妈妈的肚子上，就能听到胎宝宝的心跳。

听胎宝宝的心跳声首先要做好准备，听前孕妈妈需要排尿后仰卧床上，伸直两腿，准爸爸可直接用耳朵贴在孕妈妈腹壁上听，孕妈妈则可以借助听诊器。

其次是找准胎心的位置。要听胎宝宝的心跳声，首先要找到胎心的位置，胎心位置因胎位而异。如是头位，胎宝宝头朝下，在孕妈妈脐孔的右下方或左下方听。若为臀位，胎宝宝臀在下，那就在孕妈妈脐孔的右上方或左上方听。要是横位，在孕妈妈的脐部听。家属当然不会摸胎位，不过没关系，只要孕妈妈记得医生检查时所说的胎位，是在哪个部位听取胎心的，依照做即可。

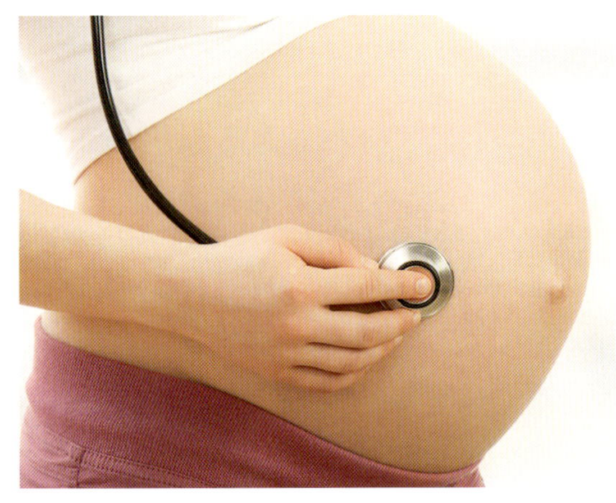

区分胎心音与孕妈妈体内的杂音

要注意分辨胎心音与孕妈妈腹内的杂音，胎心音是双音，犹如钟表的“嘀嗒”声，清脆整齐，速率较快。听的时候需要与孕妈妈腹内的几种杂音准确地区分开。

1. 宫杂音，即血液流动发出的声音，这是和脉搏频率相同的吹风样杂音，一般在腹部左侧较明显。
2. 腹主动脉音，即腹主动脉的跳动声，其速率与脉搏一致。
3. 胎动音，即胎宝宝肢体碰撞子宫壁时发出的声音，它是一种没有节律的杂音。

胎宝宝心脏跳动的情况

胎心起初跳动较慢，到第8周后，每分钟能达到180次左右，第14周以后下降为每分钟140次左右，20周以后保持在每分钟120~160次。

胎心跳动的速度稳定下来后，可以直接反映胎宝宝的情况，过快、过慢或不规则都说明胎宝宝情况异常。如果胎心率低于120次/分钟或大于160 次/分钟，或节律不规则，很可能是胎宝宝宫内窘迫的信号，就要密切观察胎动和胎心的变化，如果仍不正常，就必须从速去医院就诊。

小贴士

在开始感觉到胎动的前几周里，怀孕的早期症状通常已经消失了，那个时候孕妈妈往往需要知道一切正常才会安心，不要忽视做产检，多了解胎宝宝的情况，这会令你对怀孕充满自信。

提高胎宝宝的听、视、嗅觉神经

在这个时期，胎宝宝的感官系统已经发育成形了，许多甚至已经发育得非常充分了，比如听觉。孕妈妈可以从身边各种素材中去培养胎宝宝的听觉、视觉、嗅觉神经，促进他健康成长。

提高听觉的胎教方法

孕妈妈要和胎宝宝谈话、打招呼，并且告诉他今天是几月几日；一起听小鸟的叫声、美妙的歌声、孩子们的欢笑声，周围人说话的声音。孕妈妈应时常聆听有利于心情平静的一切美妙声音。

提高视觉的胎教方法

孕妈妈应尽量简洁地描述所看到的事物。尽管腹中的胎宝宝不能看到外面的景色，但能感受到相关的信息。蓝天、红的枫叶、季节的变化等都可灵活应用于视觉胎教。如“宝宝啊，天空真蓝啊，天上飘的云有的像兔子，有的像棉花，真漂亮”“看，这只白色的小猫，毛茸茸的，多可爱啊！”等。

提高嗅觉的胎教方法

尽管胎宝宝在腹中不能闻到外界的气味，但能闻到共同呼吸的孕妈妈的味道。此外，孕妈妈闻到好的气味时心情舒畅，大脑中会流动着健康的激素，这些激素会通过胎盘传达到胎宝宝的大脑，使胎宝宝情绪良好。同样，如果孕妈妈闻到不好的气味时会感到不快，这种不快同样会影响到胎宝宝。

小贴士

新鲜的氧气是胎宝宝正常生长和发育的必要条件，尤其是胎宝宝脑部发育更是需要氧气，新鲜的空气也可以营造良好的嗅觉环境，所以孕妈妈需要注意多到空气好的地方散散步，居室要注意通风。

不要忘了情商的培养

胎教与未来的幼儿教育一样，并非是灌输知识，而是要为宝宝培养一种健康的心态，让宝宝适应环境，在未来人生的起伏变幻中淡然而安定。

父母的爱心与耐心是最好的养料

从一个小小的生命“落户”在孕妈妈身体中的那一瞬间，胎宝宝就在努力地“学习”适应环境，为出世而做准备。这时候，父母满怀爱心地去对待胎宝宝，耐心地与胎宝宝相处，和他说话、陪他玩耍等，胎宝宝出生后自然而然地就会成长为健康聪明的宝宝。

语言胎教可以加深亲子之情

语言胎教可以加深孩子出生后与父母的感情，有利于培养孩子健全的人格，提高孩子的情商。孕妈妈工作再忙碌也要时常与胎宝宝对话，告诉他你现在生活的情况，身边发生的趣事，家庭里的事情等，让胎宝宝分享你的生活。这样的沟通与交流有利于宝宝情商的培养，有助于宝宝在未来的社会中更好地为人处世。

准爸爸需要积极参与语言胎教，胎宝宝喜欢听父亲低沉、温柔的声音。父母同时对胎宝宝进行语言胎教，既可以增进母子、父子间的感情，也能让孩子同时感受到父亲的阳刚之气和母亲的阴柔之美，对于培养孩子良好的性格是非常有利的。

准爸爸和孕妈妈间尤其要相互体谅、相互谦让，你们的一言一行，胎宝宝都能感觉得到，所以一定要尽量给胎宝宝创造一个和谐的氛围。

保持愉悦的心态

父母对自己的孩子有各种各样的期望，有的希望自己的孩子漂亮，就天天看明星照；有的希望孩子聪明，就每天听故事、听古典音乐。其实，大多数年轻的现代家长两人平时的工作都很忙，如果能抽出时间来进行专门的胎教当然更好，如果时间或精力不足，只要在平时的生活中保持平和愉悦的心态就很好。

小贴士

千万不要小看肚子里的胎宝宝，他完全能理解妈妈的感情，难过、悲伤、紧张的情绪都会通过体内的激素变化传达给胎宝宝，使胎宝宝产生与妈妈一样的情绪特征。

准爸爸胎教：妻子的情感转移

不少准爸爸发现，在胎动出现以后，甚至是发现怀孕之后，孕妈妈就出现移情现象了，这里的移情是指孕妈妈在孕期以及产后的一段时间内，将大部分情感由丈夫身上转移到孩子身上。

大多数孕妈妈仍然依赖丈夫，甚至比以前更加依赖，她们希望从丈夫那里得到所需要的情感关怀，却将丈夫所需要的自己的情感关怀全都倾注腹中的新生命上。这样的移情现象在产后会继续维持并有强化趋势，使丈夫产生被疏远、被忽视的感觉，久而久之会影响夫妻关系，准爸爸由此出现失落情绪。

准爸爸该怎么看待妻子的移情

准爸爸要明白这个道理，感情不同于物质的东西，物质的东西往往是有限的，给了他就不能给你，而感情具有无限的丰富性，套用一句名言，感情就像海绵里的水，只要你愿意付出，它总是有的。

因此，孕妈妈给准爸爸的爱和给宝宝的爱都可以无限多，毕竟这是两种不同的感情，即爱情和亲情，它们之间并没有什么冲突可言。

这里教准爸爸一个实用的方法，老婆对宝宝好，你就更要对宝宝好，毕竟，人们总是认为父爱是比不上母爱的。有一句话叫志同道合，很大程度上，这个志同就是指夫妻两个对宝宝的爱，换句话说，就是宝宝是维系父母感情的纽带，它会让爸爸妈妈的感情越来越深。

第26周胎教方案：说说英语，换个口味

语言胎教：不妨与胎宝宝说点英语

由于胎宝宝对声音已经具有了一定程度的记忆能力，因此，在怀孕的时候也可以试着与胎宝宝说说英语，可能有些许收获，也是胎教很好的调剂方式。

在腹中时接触英语可能催生胎宝宝的兴趣

先来看看这样一个案例：

有一个4岁的宝宝，平时不爱说话，怎样开导也不起作用，他的爸爸妈妈都以为他患了孤独症，只好送到医院求助心理医生。一开始医生和宝宝交谈，宝宝一点反应也没有，经过一段时间的治疗和观察，医生偶然发现了一个奇怪的现象：每当有人同这位宝宝讲英语时，他的兴趣就出现了，表示出既爱听又喜欢开口和别人交谈，每当这时病就好了。

医生发现了这一现象后找来了他的父母，了解他们在家里是否经常讲英语，可他们的回答是在家里几乎不讲英语，医生又问他们曾经什么时候讲过英语。这时宝宝的母亲突然回忆起自己在怀孕期间曾在一家外国公司工作，因为那里只允许用英语讲话，所以她在怀孕时一直是讲英语。医生这时才恍然大悟地说："胎宝宝意识的萌芽时期是怀孕后7~8个月，这时胎宝宝的脑神经已十分发达！"

针对性治疗了两个月以后，宝宝不仅治好了病，还很快掌握了两种语言。这段真实的故事告诉我们，由于胎宝宝意识的存在，孕妈妈的言语直到出生后都对宝宝有影响。

可以这样和胎宝宝说英语

一开始，孕妈妈可以讲一些简单点的话，比如"This is Mommy"，"It' s a nice day"，"Let' s go to the park"，"That is a cat"等，将自己看到、听到的东西简单地告诉胎宝宝。当然啦，虽然不说汉语了，但是起的名字还是别忘了叫，或者还可以再给胎宝宝起个好听的英文名，比如：Tom、David、Lisa等。

接下来，你就可以说得长一些了，可以描述一件事情，比如："David，I am your mum and I love you so much！""Johnny，you are my lovely baby and I will try to give anything that you like！"

再以后，还可以选择一些优美的英语小文或诗歌读给宝宝听，比如：

Twinkle，twinkle，little star，	小星星，亮晶晶，
how I wonder what you are！	到底是什么小精灵！
Up above the world so high，	高高住在云天外，
like a diamond in the sky.	好似钻石嵌明镜。

Swan swim over the sea,	天鹅游得真快，
swim，swan，swim!	转眼游过大海，
Swan swam back again,	天鹅游得真快，
well swum swan!	转眼游了回来！
Go to bed，Tom,	汤姆汤姆去睡觉，
go to bed，Tom,	汤姆汤姆去睡觉，
tired or not，Tom,	不管现在累不累，
go to bed，Tom.	汤姆汤姆去睡觉。
Christmas comes but once a year,	一年一次圣诞，
and when it comes，it brings good cheer.	圣诞人人喜欢。
Bbb，baaa，black sheep,	咩咩咩，黑绵羊，
have you any wool?	多少羊毛身上长？
Yes，sir，yes，sir,	先生先生你来看，
Three bags full；	三个口袋鼓囊囊；
One for the master,	一袋主人面前放，
And one for the dame,	一袋是为主妇装，
And one for the little boy,	一袋送给小男孩，
Who lives down the lane.	住在前面小街巷。

巧妙借助音像制品

有的孕妈妈觉得自己的英文能力有限，发音不够标准，或者觉得在非英语为母语的环境中实行英语胎教有一定困难，那么也可以选择一些句型简单、内容健康、重复性高的英文音像制品，借助它有趣的内容、清晰的发音、活泼的气氛，同样可以起到很好的效果。

注意保持胎教成果

和胎宝宝说一段时间的英语后，可以看看成效如何，如果以后对着胎宝宝说英语时，他有用脚踢你肚子的反应，表示胎宝宝有学习，这时你不妨试着用英语告诉他别再踢，看看他会不会平静下来。

如果英语胎教有成果的话，这种成果的保持仍然需要坚持练习，多加巩固，不然日久胎宝宝就会生疏了。

夫妻时间：看电影《芳心何处》

电影基本信息

片名：《芳心何处》

英文名：Where the Heart Is

导演：马特· 威廉姆斯（Matt Williams）

编剧：巴巴罗· 曼德尔（Babaloo Mandel）/Billie Letts/Lowell Ganz

影片类型：爱情/剧情

片长：120分钟

语言：英语

《芳心何处》讲述了一个未婚先孕的少女通过积极努力，从走投无路到获得事业与爱情的故事。这个少女遭到男友抛弃，走投无路之下偷偷住在沃尔玛超市六个星期，临产时幸得年轻的图书管理员相助，顺利产下一名女婴。之后在众多好心人的帮助下，她从一个少不更事的小姑娘，成长为一个年轻有为的摄影师，并得到真挚无私的爱情，最后步入婚姻殿堂。

孕妈妈对于影片所表达的真善美的体会一定会更加真切，因为同为妈妈。更为可贵的是，影片没有把一个落魄的孕妈妈表现得如何悲惨，更没有抨击社会、不满社会，而是通过积极和努力来获得尊重，勇敢地去面对。

孕妈妈可以体会到的，胎宝宝也可以体会到，孕妈妈从心底里觉得生活是美好的，人在向着和谐美满的生活前进，相信爱，相信人性是美好的，胎宝宝也能受到积极影响，更加乐观、向上。

小贴士

电影是一种信息量十分巨大的艺术，无论主题多么集中的电影，观者都能从中发现旁的信息：有人从影片中发现摄影构图的美，有人从中发现人性的美，有人从中发现文化背景的差异，还有人从中看到美丽的风景……无论哪种，观者都能从中获益。

帮胎宝宝提高记忆能力

记忆是思维活动的一种形式，目前医学界多数人认为，胎宝宝具有记忆能力，而且这种能力还将随着胎龄的增加而逐渐增强。

有一个有趣的例子：钢琴家鲁宾斯堤、小提琴家梅纽因及乐团指挥罗特等人对一些从未接触过的曲子“似曾相识”，即使不看乐谱，乐曲的旋律也会不由自主地在脑海中源源不断涌现。究其原因，原来是他们的妈妈在怀孕时曾经反复弹奏过这些乐曲。这说明了胎宝宝具有一定的记忆能力。

胎宝宝时期的记忆影响会延续到出生之后

在出生前数月内，胎宝宝的行为渐趋复杂、成熟，这是因为，迅速增大的记忆储存促进了自我形成，并开始引导胎宝宝行为的发展。

有人做过这样的实验：在医院产科的宝宝室播放妈妈子宫血流及心脏搏动声音的录音，发现正在哭泣的新生宝宝很快就安静下来，情绪稳定，饮食、睡眠情况好，而且体

重增加迅速。这是因为胎宝宝在妈妈的子宫中早已熟悉妈妈的心音，一听到这种音响就感到安全亲切。

胎宝宝对外界有意识的激动行为、感知体验，将会长期保留在记忆中，直到出生后。而且这些记忆内容都会对宝宝的智力、能力、个性等有极大的影响。

如何帮助胎宝宝提升记忆能力

胎宝宝既然有记忆能力，那么孕妈妈就应设法开发胎宝宝的记忆力，把良好的、积极的、有用的、真善美的信息反复传递给胎宝宝，让他输入脑子里，受用一生。

胎宝宝不怕重复，越是熟悉的东西越是容易被他记住，所以孕妈妈不妨多复习胎教内容，和胎宝宝聊聊从前的话题，比如家庭的成员、居住的环境等。

孕妈妈应该时刻保持愉快、平和、稳定的心态，反复接触美好的事物，多做一些有意义的好事，才能为胎宝宝大脑的全面发展提供有利的基础，从而促进胎宝宝记忆的发展。

小贴士

不妨在胎宝宝期就经常给胎宝宝听悦耳玩具发出的声音，这对未来哄宝宝是很有意义的。当宝宝将来哭闹难哄时，拿出这个玩具让他听听熟悉的声音，宝宝就会安静下来了。

准爸爸胎教：为孕妈妈做按摩

伴随怀孕而来的生理上的各种不适症状，如腰酸背痛、水肿、疲劳等，经常困扰着孕妈妈，准爸爸可在晚间为孕妈妈轻轻按摩。

通过按压的动作，不但可以促进血液循环、减少不适感觉、舒缓压力、增强抵抗力，还有助松弛神经，让孕妈妈酣睡入梦。

此外，准爸爸体贴温柔的按摩，可以让孕妈妈感受到对她的关爱，从而使依赖的心理得到满足，还可以改善由于不适而引起的焦虑情绪。

准爸爸可以做哪些按摩

腿部按摩：促进血液循环。把双手放在大腿的内外侧，一边按压一边从臀部向脚踝处进行按摩，将手掌紧贴在小腿上，从跟腱起沿着小腿后侧按摩，直到膝盖以上10厘米处，反复多次。可消除水肿，预防小腿抽筋。

胸部按摩：从腋下以乳晕为中心聚拢胸部，然后向中央聚拢胸部，反复6 次以上。可促进乳腺分泌，预防产后乳疮。

腰背按摩：用手掌掌根或拳面放在孕妈妈后背脊柱两侧肌肉，做轻快的、柔和的回旋运动，注意手要按住肌肉施加一定压力，不要在皮肤上摩擦。在一固定点按揉数十秒后将手向下移一手掌宽，再重复此操作，直至按揉到臀部以上。如此可以缓解孕妈妈的腰背疼痛。

头部按摩：用双手轻轻按摩头和脑后3~5次，用手掌轻按太阳穴3~5次，可缓解头痛，松弛神经。

小贴士

人体对疼痛的承受力各有不同，而男性的手劲较大，所以准爸爸帮孕妈妈按摩时，手法应温柔平和，力量要轻重适宜，以孕妈妈感觉舒服最重要，用力过猛、刺激太强易生反效果。

第27周胎教方案：生活里的胎教素材

ξ胎教游戏：认图形

教图形时，先用彩笔在卡片上描绘出圆形、方形、三角形，将其视觉化后传递给胎宝宝，并找出身边的实物来进行讲解。不论教什么，都应该将学习内容与生活紧密地联系在一起。

如何一步一步让胎宝宝认识图形

例如，在学习什么是正方形时，孕妈妈如果对胎宝宝说："这个图形是由四条直线围起来的，并且四个角都呈直角。"讲法是对的，但是这种从平面几何的角度进行的解释是很难引起胎宝宝兴趣的，所以就要找出身边呈正方形的实物来进行讲解，比如：

"和卡片上的图形一样的东西在哪儿呀？"先提出问题，然后和胎宝宝一起寻找："宝宝你看！坐垫、书本、桌子、铅笔盒……"这时可以一个个拿在手里，一边讲"这是正方形"，一边用手描这个图形的轮廓，通过这种"三度学习法"进行胎教效果会更生动。

认识图形最好是循序渐进，正方形、长方形、正三角形、圆形、半圆形、扇形、梯形、菱形等平面学完之后，再告诉胎宝宝什么是立方体、长方体、锥体、球体等。

语言胎教：英语美文《Love Oneself》

Love Oneself

To love oneself is the beginning of a lifelong romance.

Love yourself. Love the things that make you you.Your values and talents and memories.

If you love yourself, you can jump into your life from a spring-board of self confidence.

If you love yourself, you can say what you want to say, go where you want to go.

The world can be a tough place, and some of the billions of people out there willtry to knock you down.Don' t join them.Dot hings that make you proud, then take pride in what you do.And in who you are. Who are you any way? What makes you you? How are you like you rsiblings and neighbors and friends?

If you were your own secret admirer, what would you mostadmire?

"My great mistake, the fault for which I can' t forgive myself, " Oscar Wilde wrote, "is that one day I ceased my obstinate pursuit of my own in dividuality."

Keep pursuing your individuality.Keep being yourself.Be coming yourself.It can be comforting to dress and act like everyone else.But it is grander to be different, to be unique, to be you.

I' m the only mein the whole wideworld.

There is always one trueinner voice. Trustit.Sometimes it' s hard to know who you are and what you want and whom you like and why you like that person.The answers change because you' re changing.

Growing.But deep inside, you are you.You were you as a baby, you were you a sakid, andyou are you right now. "Let me listen to me and not to them, " wrote Gertrude Stein.It makes sense to consider the advice and opinions of other people.But don' t let their noise drown out your innervoice.

译文：

爱自己

爱自己是一场毕生浪漫的开始。

爱自己。热爱一切使你之所以成为你自己的事物。你的价值，你的才能，你的回忆。

你的服饰，你的鼻子，你的悲伤。如果你爱自己，你就能在自信的跳板上跃入生活。

如果你爱自己，你能畅所欲言，所向披靡。

世界是冷酷的，成万上亿的人试图在竞争中超越你。别和他们一样。做能让你自豪的事情，然后为你所做的事情自豪，为你自身感到骄傲。那么你究竟是谁呢？ 是什么使你成为你自己呢？ 你和你的兄弟姐妹、左邻右舍又有着怎样的相似点呢？

如果你赞赏自己的秘密，哪个部分又是你最为欣赏的？

“我最大的错误，我无法原谅自己的错误，”奥斯卡·王尔德写道，“就是某天我停止追逐自己的个性。”追求你的个性。

做你自己。成为你自己。同旁人一样的穿衣、举止是件容易的事情。但更伟大的事情在于做到与众不同，独特如你自己。

广阔世界，唯我是我。

总有一个真实的内在的声音，听从它。有时很难想明白你到底是谁，你想要什么，你喜欢谁，你为什么喜欢这些人。你在变，在成长，答案也在变。

成长。但在内心深处，你就是你。从婴儿到孩童，到现在，你就是你。“让我听从自己的，而不是他们的意见。”葛楚德·斯坦因如是写道。你可以参考别人的建议和观点。但是不要让他们的意见盖过你内心的想法。

小贴士

如果孕妈妈已经开始试着与胎宝宝说英文，时间久了便可以逐渐说得多一些，一段时间之后，可以给胎宝宝阅读一篇优美的文章，平时遇到喜欢或欣赏的英语美文都可以随口念给胎宝宝听，语言胎教贵在多说、多听、多练。

音乐胎教：欣赏乐曲《乘着歌声的翅膀》

《乘着歌声的翅膀》是由德国作曲家门德尔松创作的，该曲创作于1834年，当时门德尔松在杜塞尔多夫担任指挥，完成了他作品第36号的六首歌曲，其中第二首《乘着歌声的翅膀》便是他独唱歌曲中流传最广的一首。

这首歌的歌词是来自德国诗人海涅的一首抒情诗《乘着歌声的翅膀》。全曲以清畅的旋律和由分解和弦构成的柔美的伴奏，描绘了一幅温馨而富有浪漫主义色彩的图景——乘着歌声的翅膀，跟亲爱的人一起前往恒河岸旁，在开满红花、玉莲、玫瑰、紫罗兰的宁静月夜，听着远处圣河发出的潺潺涛声，在椰林中饱享爱的欢悦、憧憬幸福的梦……曲中不时出现的下行大跳音程，生动地渲染了这美丽动人的情景。

门德尔松是德国浪漫乐派最具代表性的人物之一，他在一个有着辉煌的家族史、优越的家庭条件和良好的人文环境的家庭中生活，他的一生在平静、幸福中度过，除了感受到家庭给他的温暖和众人对他的尊重之外，从未品尝过生活的艰辛与苦涩。他被誉为浪漫主义杰出的“抒情风景画大师”，作品以精美、优雅、华丽著称，多数乐曲都是欢乐、明快的，《婚礼进行曲》也是出自他手。

诗歌《乘着歌声的翅膀》

德·海涅

乘着那歌声的翅膀
心爱着的人
我带你飞翔
走到恒河的岸旁
那里有最美的好地方
一座红花盛开的花园
笼罩着寂静的月光
莲花在那儿等待
她们亲密的姑娘
紫罗兰轻笑耳语
抬头向星星仰望
玫瑰花把芬芳的童话
偷偷地在耳边谈讲
跳过来静静地倾听的
是善良聪颖的羚羊
在远的地方喧嚣着
圣洁河水的波浪
我们要在这里躺下
在那棕榈树的下边
沐浴着爱情和恬静
沉醉于幸福的梦幻

小贴士

孕妈妈在听这首歌之前，不妨先细细品读一下海涅的这首诗歌，体验一下诗人所描绘的那种温馨、甜蜜的气氛和那种在素雅、宁静的意境里透出的憧憬，然后在想象诗歌中场景的基础上再来聆听这首音乐，会有助于展开更美丽的想象。

美育胎教：欣赏梵高名画《第一步》

《第一步》是梵高临摹自米勒（19世纪法国杰出现实主义画家）的同名作品，画面有很明显的梵高个人风格，用色鲜明，色彩斑斓，多用蓝、黄和绿色，明亮度比较高，贴近自然，人物线条以厚实的黑色加框，让画面有实实在在的朴素感觉。

这幅画的画面近景是一块耕地，远景是农民的房屋，房屋被几棵树挡住。画的右方，一位农妇扶着小女儿在学步，农妇低头专注地看着小女儿。左方是小女儿的父亲，他蹲在地上张开双手，鼓励小女儿向前走，小女儿伸手朝向父亲，似乎很想扑到父亲身边。

第28周胎教方案：脑筋转转转

ξ 语言胎教：朗诵散文诗《仙人世界》

仙人世界

泰戈尔

如果人们知道了我的国王的宫殿在哪里，它就会消失在空气中的。

墙壁是白色的银，屋顶是耀眼的黄金。

皇后住在有七个庭院的宫苑里；她戴的一串珠宝，值得整整七个王国的全部财富。

不过，让我悄悄地告诉你，妈妈，我的国王的宫殿究竟在哪里。

它就在我们阳台的角上，在那栽着杜尔茜花的花盆放着的地方。

公主躺在远远的隔着七个不可逾越的重洋的那一岸沉睡着。

小贴士

这首诗以一个孩子的角度来看自己眼中的世界，借传说中的皇后、公主等形象，写出在孩子的心目中，自己的母亲就像这些仙人一样美丽动人，全诗充满了童心童趣以及对母亲深挚的爱。从孩子描述的美丽景致中，孕妈妈很容易联想起纯真可爱、想象力丰富的孩子形象，这是令孕妈妈快乐的事情，也是令胎宝宝快乐的事情，孕妈妈不妨为胎宝宝多读一读这样美丽的诗歌。

除了我自己，世界上便没有人能够找到她。

她臂上有镯子，她耳上挂着珍珠，她的头发拖到地板。

当我用我的魔杖点触她的时候，她就会醒过来，而当她微笑时，珠玉将会从她唇边落下来。

不过，让我在你的耳朵边悄悄地告诉你，妈妈，她就住在我们阳台的角上，在那栽着杜尔茜花的花盆放着的地方。

当你要到河里洗澡的时候，你走上屋顶的那座阳台来吧。

我就坐在墙的阴影所聚汇的一个角落里。我只让小猫儿跟我在一起，因为它知道那故事里的理发匠住的地方。

不过，让我在你的耳朵边悄悄地告诉你，那故事里的理发匠到底住在哪里。

他住的地方，就在阳台的角上，在那栽着杜尔茜花的花盆放着的地方。

ξ 优境胎教：布置婴儿房

宝宝就要到来了，准爸爸和孕妈妈首先要做的就是为宝宝营造一个能够自由活动的生活空间，打造一个良好的家居环境，也就是要布置一个舒服的婴儿房。

婴儿房的环境

温度和湿度。宝宝房间的温度以18~22℃为宜，相对湿度应保持在50%左右。冬季可以借助于空调、取暖器等设备来维持房间内的温度。保持室内的湿度是父母常常疏忽的，冬季北方空气干燥，可以在室内挂湿毛巾、使用加湿器等保湿。

通风。婴儿居室不论春夏秋冬，只要天气晴朗，就应每天定时开窗通风30分钟，保持空气清新。通风时把宝宝抱到另外的房间，以免宝宝吹风受凉。

婴儿房布置的细节

天花板。婴儿会花大量的时间望着天花板，因此要将天花板涂上鲜艳的颜色。但是，不要等到最后才涂漆。至少要在入住的前几个月给房间涂漆，这样才能保证有充足的时间让难闻的油漆味散尽。

墙面。婴儿房施工中的材料要采用环保型材料，特别是防水涂料、胶黏剂、油漆溶剂（稀料）、泥子粉等。鲜艳的颜色最适宜婴儿房。黄色、蓝色、草绿，这些天然的颜色对宝宝能起到安抚作用。原始色彩的融入能让整个房间看起来更加生动活泼。

地板。室内避免选用石材地面，以防宝宝摔到地上出现意外。儿童房内不要铺装塑胶地板，市面上的有些泡沫塑料制品（类似于拖鞋材料），如地板拼图，会释放出大量的挥发性有机物质，可能会对宝宝的健康造成影响。最好选用易清洁的强化地板或免除跌打受伤的软木地板。

饰物。新生儿的视力范围只有20~25厘米，因此最好能在婴儿床和更换尿布区域的上方挂上一些悬挂饰物。饰物的颜色和运动可以提高宝宝对周围环境的注意力。还可以在婴儿床的护栏上装上一面不易摔破的镜子， 方便宝宝看到他自己的样子。对于新生儿来说，自己的面孔无疑是令他着迷的。

电器。宝宝的好奇心都很旺盛，待宝宝活动能力增强后，只要墙壁上有洞，或是有突起物，他都会想伸手抠一抠、动一动。因此，婴儿房里若有插座或电器开关，最好是能让它远离宝宝的视线范围（用家具挡住），超出他所能够到的高度；若有使用延长线，最好固定在墙边，而不要散落在地面上。也可以买来电源保护器。

情绪胎教：趣味歌谣

什么叫

小狗，小狗，汪汪汪。
小鸭，小鸭，嘎嘎嘎。
小羊，小羊，咩咩咩。
小猫，小猫，喵喵喵。
宝宝，宝宝，妈妈妈。

蚂蚁抬米

小蚂蚁，真有趣，见面碰碰小胡须。
你碰我，我碰你，报告一个好消息。
排队走，一二一，大家去抬一粒米。

一粒豆

一只蚂蚁在洞口，找到一粒豆。
用尽力气搬不动，急得连摇头。
左思右想好一会儿，想出好计谋。
回洞叫来小朋友，合力搬着走。

鹅

一只鹅，走来走去多寂寞。
两只鹅，拍拍翅膀唱唱歌。
三只鹅，排着队伍下了河。
一群鹅，嘎嘎嘎嘎真快活。

青蛙和西瓜

绿青蛙，叫呱呱，蹦到瓜地看西瓜。
西瓜夸蛙唱得好，蛙夸西瓜长得大。

数字歌

一条虫，两条虫，小虫喜欢钻洞洞。
三只猪，四只猪，小猪睡觉打呼噜。
五匹马，六匹马，马儿一跑呱嗒嗒。
七只鸡，八只鸡，公鸡打鸣喔喔啼。
九只鸟，十只鸟，清早起来叽喳叫！

动脑时间：填字游戏

填字游戏是字母语言的娱乐方式，不仅是家人一起消遣的好方式，也是帮助胎宝宝增加词汇量的好工具，孕妈妈玩填字游戏还能使大脑更年轻，让胎宝宝增长心智。下面是一个填字游戏的示例，孕妈妈快来试一试，让大脑转动起来吧。

一 1		五		■	■	九 2			
	■		■	■	八 3		■	■	■
■	三 4		六			■	十一	■	十三
■		■		■	5				
二 6		■		■		■		■	
	■	■	■	七	■	十	■	■	
7	四				■	8		十二	■
■		■	■	9			■		■
■		■	10		■		■	11	
12			■	■	13			■	■

PART7 孕7月，越来越“淘气”

提示

横向：

1. 由湖南卫视与天娱传媒合作打造的一场电视选秀活动

2. 比喻胡乱模仿，效果极坏

3. 一种滋补之物，古代用来象征祥瑞

4. 世界最高大的山系，位于青藏高原和南亚次大陆之间

5. 大众汽车的一款经典车型

6. 一位男歌手，代表作有《2002年的第一场雪》、《冲动的惩罚》等

7. 李白《庐山谣寄卢侍御虚舟》中“我本楚狂人”的下句

8. 排球比赛中“快攻”战术的一种

9. 比喻真相败露

10. 一位女歌手，作品有《再见我爱你》等

11. 美国一位总统，也是著名的汽车品牌

12. 足弓反常而使整个足底都着地的病症

13. 一个词牌名

纵向：

一、世界著名科幻人物

二、《天龙八部》中段誉的母亲

三、日本一位著名的音乐大师

四、成语，边歌边舞，庆祝太平，有粉饰太平的意思

五、黄梅戏著名曲目，据其改编的电视剧由黄奕主演

六、古代罗马人所用的文字，它曾是科学和文学的国际语言

七、曾进入伊拉克战地的凤凰卫视女记者

八、坐落于无锡小灵山麓的一尊佛像，是迄今为止我国最高的巨型佛像

九、一个著名的电器品牌

十、周润发、王祖贤、利智等主演的一部经典爱情片

十一、装有武器和拥有防护装甲的一种军用车辆

十二、《水浒传》中施恩开的酒店

十三、一味中药，虫草菌与蝙蝠蛾幼虫在特殊生态条件下形成的菌虫结合体

答案

横向：

1.超级女声 2.东施效颦 3.灵芝 4.喜马拉雅山 5.大众甲壳虫 6.刀郎 7.凤歌笑孔丘 8.短平快 9.露马脚 10.丁薇 11.林肯 12.扁平足 13.蝶恋花

纵向：

一、超人 二、刀白凤 三、喜多郎 四、歌舞升平 五、女驸马 六、拉丁文 七、闾丘露薇 八、灵山大佛 九、东芝 十、长短脚之恋 十一、装甲车 十二、快活林 十三、冬虫夏草

Part 8

孕8月，告别“小老头”

胎宝宝的发育

怀孕29周

本周，胎宝宝的体重有1300多克，头到臀的高度为26~27厘米，头到脚的长度有38~43厘米。胎宝宝的发育过程忙碌而有序，器官在不断完善功能，躯干、四肢还在不断发育长大。

因为皮下脂肪逐步形成，现在的胎宝宝比原来显得胖一些了，看上去十分可爱，整个身体光润、饱满了许多，皮肤也不再是皱皱巴巴的了。

有的孕妈妈因自己的胎宝宝现在还是头朝上而担心临产时胎位不正，其实，这时的胎宝宝可以自己在妈妈的肚子里变换体位，有时头朝上，有时头朝下，还没有固定下来，此后2周左右胎位就会固定下来，孕妈妈不必太担心。

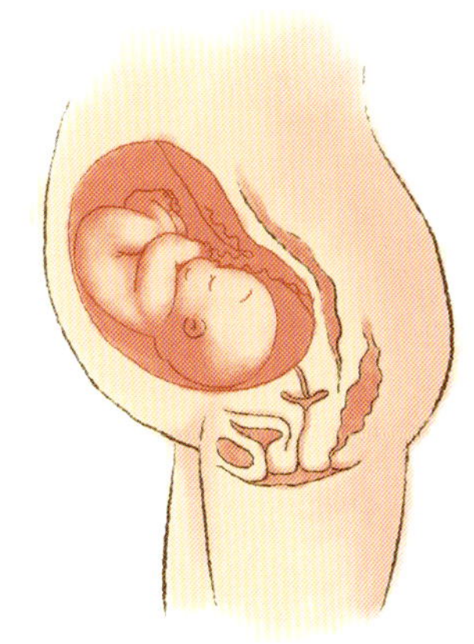

小贴士

从本周开始，产科医生将安排孕妈妈每2周做一次产检。为了孕妈妈和胎宝宝的健康、安全，这是必要的。另外，孕妈妈最好在这个月内选定一家生产的医院，并对医院进行适当的考察。

怀孕30周

本周，胎宝宝的头到臀距离大约为27厘米，头到脚的长度为42厘米，体重在1400克左右。由于现在的胎宝宝体型较大了，子宫里的活动空间相对变小，所以胎宝宝在子宫中的位置相对固定了，不会再像以前随意转动、翻身了。

胎宝宝的大脑发育仍然迅速，神经系统已经四通八达，大脑向颅骨外推，并且折叠形成了更多的沟回，头部更大了。骨骼和关节也很发达了，免疫系统有了相应的发育。

主要的内脏器官基本已经发育完全，像胃、肠、肾等功能可以媲美出生以后的水平。不过肺部的发育还有所欠缺，正在合成肺泡表面活性物质，这些物质可以帮助肺泡膨胀张开，是宝宝将来自主呼吸不可缺少的。

生殖器也正在发育，男胎的睾丸还没有进入阴囊，尚在腹腔中，但开始了沿着腹股沟向阴囊下降的过程中。女胎的阴蒂突出，覆盖阴蒂的小阴唇还没有最后形成。

现在胎宝宝能够对大多数声音做出反应，最熟悉的是孕妈妈的声音，当听到自己妈妈的声音时，明显会变得安静和注意力集中。眼睛时开时闭，还可以随着光线的明暗做出变化，明亮时闭上眼睛，昏暗时睁开眼睛，睁开的时候，大概可以看清子宫中的情景。

怀孕31周

在本周，胎宝宝的体重达到1500克左右，身长基本上维持在上周的水平，从头到脚的长度大约为42厘米。从这周开始，胎宝宝身长的增长会减慢，但体重会迅速增加，皮下脂肪更加厚实，出生时，宝宝必须有足够的脂肪储备，才能让自己适应外界的环境。当然了，脂肪增加还会让他更漂亮，从外观上看，胎宝宝身体表面的皱纹更少了，四肢也变得更长、更强壮，整体看上去越发光润可爱。

胎宝宝的大脑反应更快，大脑的控制能力也有所提高，能够熟练地把头从一侧转到另一侧，眼睛也是想睁开就睁开，想闭上就闭上，而且能够分辨明暗，也逐渐适应了光亮环境。当有光照进子宫，胎宝宝不会再像以前一样避开，而是把脸转向光源，追随光源。

胎宝宝的肺部已经基本发育完成，呼吸能力也基本具备，如果宝宝现在出生，大多不必借助仪器就可以建立自主呼吸，并能适应子宫外的生活了。

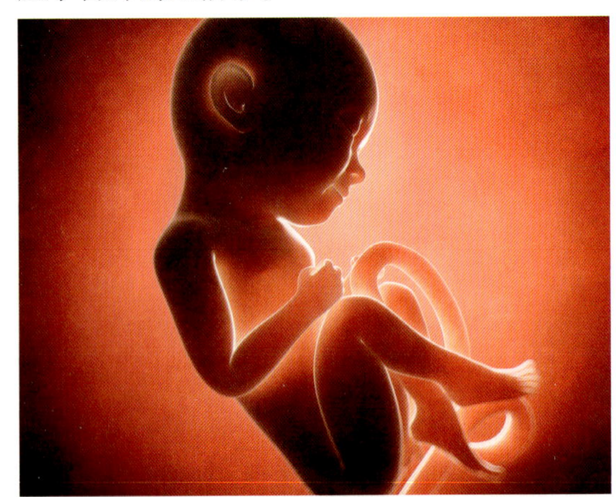

怀孕32周

进入孕32周，子宫里的空间已经很小了，即便如此，胎宝宝还是会继续长大，尤其是身体和四肢，最终会长得与头部的比例更和谐。从现在到出生前，胎宝宝体重至少还要长1500克，此后一阶段，可以看作胎宝宝在为出生做最后的冲刺。

现在，胎宝宝的体位已经基本固定在头朝下了，已经做好了出生的准备。皮下脂肪继续储备，这是为了出生后的保暖而准备的。呼吸和消化功能渐趋完善，而且还会分泌消化液了。另外，胎毛开始脱落，不再毛茸茸的了，慢慢的，只有背部和双肩还留有少许。

本周，胎宝宝的神经系统变化最大，脑细胞神经通路完全接通，并开始活动。神经纤维周围形成了脂质鞘，脂质鞘对神经纤维有保护作用，这使得神经冲动能够更快地传递。因此，胎宝宝逐渐有能力进行复杂的学习和运动，并且意识会越来越清楚，能够感觉外界刺激，能区分黑夜和白天。

小贴士

如果经过产检发现胎宝宝此时不是头朝下，而需要纠正的话，产前体检时医生会给予孕妈妈适当的指导，孕妈妈只要按照医生的要求去做就可以。

孕妈妈的变化

呼吸不畅

现在，几乎每一个孕妈妈都对越来越困难的呼吸问题有所感觉，有的孕妈妈会告诉医生她感觉气不够用——气短，时时觉得喘不上气来，这是因为孕妈妈子宫底已经上升到了横膈膜处，压迫了肺部，进入肺泡的氧气减少了，氧供应不足。况且肚子里还有个胎宝宝也需要孕妈妈来供氧呢，可谓是“一人吸、两人呼”，所以感觉呼吸不畅快是再正常不过的了。

但所幸，这种情况不会困扰孕妈妈太久了，因为胎宝宝这一两周就会入盆，到时候他的头部下降到盆骨，胎宝宝和子宫对肺部的压迫自然就能得到缓解了。

缓解孕晚期呼吸不畅，孕妈妈可参考以下方法：

1 放慢动作。若在做事或运动时，发现上气不接下气，立刻放慢动作。此时听从身体给你的信号，掌握好动作的节奏，直至舒畅为止。

2 改变姿势。一旦觉得喘不过气来，马上改变姿势，会使气顺畅些。

3 调整睡姿。睡觉时可采取半躺姿势，即枕头垫高点（两个枕头），左侧卧，蜷起右腿，把两个枕头垫在右腿下，再在后背垫一个枕头。睡舒服了，喘气会顺一些。

4 让肺部轻松。不要总在躺椅上瘫软着，那样肺部不轻松。可在座椅上坐直，挺胸，肩膀向后，让肺部放松。

5 经常散步。孕晚期经常散步可以增加呼吸系统和循环系统的工作效率。

胎动顶起的包更明显

此时，子宫内狭小的空间让胎宝宝活动没有那么自如了，所以胎宝宝的动作可能会减少。有趣的是，如果胎动了，大多数孕妈妈都可以明显地从肚皮上看到胎动，胎宝宝会时不时把肚皮顶得这里一个包，那里一个包，孕妈妈会为此而忘记身体的很多不适。

不过，即使没有明显动作和感觉也不要担心，一般只要能感到胎宝宝在动即可。此时注意不要让身体不便困扰你太久，其实，孕期已经没有多久了，还能够享受胎宝宝待在肚子里与你玩耍的日子不算多了，多点信心，好好享受最后的孕期时光吧。

安胎与保健

孕晚期应避免性生活

进入孕晚期之后，由于孕妈妈不想动，性欲减退，而且胎宝宝处于发育的最后阶段，子宫明显增大，夫妻间应尽可能停止性生活，以免发生意外。

孕晚期是胎宝宝发育的最后阶段，对任何外来刺激都非常敏感，此时胎膜里的羊水量也日渐增多，张力随之加大，在性生活中稍有不慎，即可导致胎膜早破，致使羊水大量地流出，使胎宝宝的生活环境发生变化而活动受到限制，子宫壁紧裹于胎体，直接引起胎宝宝宫内缺氧，引起早产，不利于胎宝宝的安全。

即使在胎膜破裂后勉强保胎，也有可能引起宫腔内感染，使胎宝宝在未出生之前就饱受各种细菌的袭击，引起新生儿感染，轻者可以给宝宝后天的发育及智力带来不良影响，重者危及生命。

尤其是在临产前4周或前3周时必须禁止性生活，因为这个时期胎宝宝已经成熟。为了迎接胎宝宝的出世，孕妈妈的子宫已经下降，子宫口逐渐张开，如果这时进行性生活，羊水感染的可能性更大。

怎样减轻假性宫缩带来的不适

到了孕晚期，孕妈妈偶尔会觉得肚子一阵阵发硬发紧，这是假性宫缩，不需要太紧张。假性宫缩，又称迁延宫缩，宫缩间隔的时间不等，可能十多分钟一次，也可能1小时以上一次，没规律，每次持续的时间也不相同，几分钟到十多分钟都有可能。

怎样缓解假性宫缩的不适感

出现假性宫缩时，孕妈妈可以适当地改变一下姿势。如果孕妈妈一直站立，可以稍微躺会儿；若之前一直坐着或卧着，可以起来走走。（如果是真正分娩时的宫缩，无论孕妈妈做什么，宫缩都不会停止，而且会逐渐加强。）

此外，可以喝1~2杯水，因为脱水可能会引起宫缩，也可以喝一杯温牛奶。

建议处于孕晚期的孕妈妈，要注意避免走太远的路，站立的时间不要过长。有时间的话，认真地记录下每一次有规律的胎动。

此外，适当地参加些分娩课程，多了解些相关的内容，会让孕妈妈踏实些，心情也会舒展些。

如果这些措施依旧不能改善宫缩的痛苦，孕妈妈可以咨询妇产科医生。如果宫缩频繁，或者有疼痛感时，应立刻休息，必要时应及时去医院就诊。

学会区分产前真假阵痛

假性宫缩经历的时间会比较久一点，真正的阵痛要在分娩开始之前才会开始发生。真性阵痛是指有规律性的阵痛，其发生时，整个肚子都有硬起来的感觉，且疼痛通常是由下腹部开始，并慢慢波及整个后背部，疼痛程度是循序渐进、越来越强烈，其规律性可能由20分钟痛一次，渐渐变为15分钟，甚至到8 分钟或6 分钟痛一次，而疼痛的时间会越来越长，且不论用任何方式都无法缓解。

另外，有一种简单的测试方法可以帮助孕妈妈区别真假阵痛：孕妈妈躺在水温不要过高的浴盆里，假性阵痛会在水中停止，而真正的分娩阵痛则会变得更强烈。

学会判断异常宫缩

一般情况下，到预产期只有伴有疼痛的宫缩，才是分娩的先兆。孕妈妈一定要学会判断常见的3种异常宫缩：

1 频繁宫缩。一般计算宫缩时，如果每小时宫缩次数在10次左右就属于比较频繁的，应及时去医院，在医生指导下服用一些抑制宫缩的药物，以预防早产的发生。

2 假性宫缩。到了怀孕最后期，宫缩变得频繁，甚至10~20分钟就收缩一次，部分还呈现规律性，有时伴有阵痛，令孕妈妈感到很不舒服。这时候的宫缩，很难与进入待产的真正阵痛区分，必须到医院检查与进一步观察。

3 早产宫缩。当孕妈妈发生早产时，子宫收缩压力增加，孕妈妈不但下腹部酸痛，还会痛到腹股沟，甚至有持续性下背酸痛，严重的还会伴随阴道分泌物增加及阴道出血。而当有不正常的分泌物或出血情况时，就要尽速就诊，预防早产。

孕晚期要格外注意外阴清洁

进入孕晚期之后，很多孕妈妈都会发现阴道的分泌物明显地增多，这个是正常的现象。因为孕期激素水平增加会使分泌物增加，这也是自我保护的情况。

阴道分泌物增多会使菌群结构改变，产生细菌增生的场所，容易产生炎症，而且女性的外阴有许多皱褶，汗腺、皮脂腺、阴道的分泌物常常积存于这些皱褶之中，阴道口又位于尿道口和肛门之间，很容易受到污染。

所以，孕妈妈在平时一定要注意清洁，一般用清水清洗阴道就可以了，不要用任何冲洗液。孕妈妈在清洗的时候，应先洗外阴，再清洗肛门。清洗的毛巾、盆必须专用。但要注意不必每天清洗，因为汗液或各种分泌物可以维持适当的酸性环境，有利于外阴健康。内裤宜选择天然纤维的，并每天换洗。

怎样矫正胎位不正

胎位是指胎宝宝在子宫内的位置与骨盆的关系，医学上通常在怀孕7个月（怀孕28周）之前不对胎位不正做诊断，仅加强观察即可。到了7个月（怀孕28周）后，如果胎位仍然不正，就应该及时诊断、及时处理，以免孕妈妈在提前破水、早产等紧急情况下出现难产。

胎位不正从胎宝宝一开始形成时就已经存在了，但是，由于最初胎宝宝体型比较小，并且不断在子宫内运动，所以孕晚期之前一般不便于也不必对胎位进行纠正。从这个月开始，如果发现胎宝宝胎位不正，则可以采取相应的纠正措施。

怎样矫正胎位不正

正常的胎位应该是胎宝宝的头部俯曲，枕骨在前，分娩时头部最先伸入骨盆，医学上称之为头先露，这种胎位分娩一般比较顺利。除此以外的其他胎位，就是属于胎位不正了，包括臀位、横位及复合先露等。臀位是最常见的一种异常胎位，对母子安全危害巨大，必须及时纠正。纠正的方法主要有：

1 膝胸卧位。准备前，孕妈妈需要排空大小便，换上宽松、舒适的衣服。将小腿与头和上肢紧贴床面，在床上呈跪拜姿势，但要胸部贴紧床面，臀部抬高，使大腿与床面垂直，保持15分钟，然后再侧卧30分钟。每天早晚各做1次，连续做7天。患有心脏病、高血压的孕妈妈忌用此方法。

2 桥式卧位。准备前，孕妈妈仍需要排空大小便，换上宽松、舒适的衣服。先用棉被或棉垫将臀部垫高30~35厘米，孕妈妈仰卧，将腰置于垫上。每天只做1次，每次10~15分钟，持续1周。

此外，孕妈妈进行适当的运动，如散步、揉腹、转腰等轻柔的活动，也有利于矫正胎位。

脐带绕颈无须过分担心

脐带是孕妈妈和胎宝宝之间相互联系的唯一通道，脐带的一端连于胎宝宝的腹壁脐轮处，另一端附着于胎盘。胎宝宝借助脐带悬浮于羊水中，通过脐带血循环与母体进行交换，从母体获得氧气和所需营养物质，同时排出胎宝宝体内的废物。因此，脐带发育对胎宝宝的健康发育起着至关重要的作用。

胎宝宝在孕妈妈的腹中可不那么老实，在空间并不大的子宫内，胎宝宝会翻滚打转，经常活动。有的胎宝宝动作比较轻柔，有的胎宝宝特别喜爱运动，动作幅度较大时有可能会发生脐带缠绕，缠绕较紧会影响脐带血流通过，进而影响到胎宝宝体内氧气和二氧化碳的代谢，使胎心率减慢，导致胎宝宝缺氧。

脐带绕颈时不要过分担心

多数孕妈妈都对脐带缠绕有恐惧感，担心胎宝宝有危险，其实出现这种情况过分担心反而不好。即使孕妈妈在被告知有脐带缠绕的迹象时也不要慌，一定要保持冷静，以免因惊恐使母体产生不良激素，影响母子健康。

其实，胎宝宝是非常聪明的，当他感到不适时，会采取主动方式摆脱窘境。脐带缠绕较紧时，他就会向别的方向运动，寻找舒适的位置，左动动、右动动，当他转回来时，脐带缠绕就自然解除了。

如果脐带绕颈不紧并有足够长度，胎心监护也很正常，是可以进行顺产的。

当然，如果脐带绕颈圈数较多，胎宝宝自己运动出来的机会就会少一些，此时要按照医生的要求来做，医生会采取措施减轻缠绕程度，必要时会决定是否提前生产。只有在脐带绕颈过紧、脐带相对过短、胎头不下降或胎心明显异常时，才需要考虑手术生产。

如何及时发现脐带缠绕

1 孕期检查。发现胎位经常变化，即头位或臀位经常转换时，应该警惕脐带缠绕。

2 若脐带缠绕过紧，会导致胎宝宝缺氧，而胎宝宝缺氧最早期的表现是胎动异常，即胎动明显减少或异常增加。

胎教三人行

第29周胎教方案：安排一下未来的吃喝

ξ 营养胎教：孕晚期的聪明饮食法则

怀孕的最后3个月，是胎宝宝生长最快的阶段，这时，除满足胎宝宝生长发育所需要的营养素外，孕妈妈和胎宝宝的体内都还需要储存一些营养素，但此时由于胎宝宝生长得快，很容易出现营养过剩而导致分娩困难，所以一方面要保证营养，另一方面还要学会控制营养。

进食量如何增加

由于孕妈妈的胃口比以往都要好，进食量也要随之增加，每天的主食需要增加到800克，荤菜每餐也可增加到150克。

孕晚期营养的目的之一是使胎宝宝保持一个适当的出生体重，从而有益于宝宝的健康生长，出生体重过低或过高均会影响宝宝的生存质量及免疫功能。因此，孕妈妈一定不要盲目大量进补，尤其要控制淀粉、糖、食盐的摄入量，以免引起孕妈妈过度肥胖，引发妊娠糖尿病、妊娠高血压等疾病。

孕妈妈在怀孕期的体重增加12千克左右为正常，不要超过15千克，否则体重超标极易引起妊娠糖尿病。

适当增加营养汤的比例

孕晚期对钙的需要量明显增加，因为胎宝宝牙齿、骨骼钙化需要大量的钙，孕妈妈要多喝骨头汤、虾皮汤，多吃芝麻、海带、动物肝脏、蛋等食物。

坚持吃鱼

孕晚期是胎宝宝大脑细胞增殖的高峰，需要提供充足的必需脂肪酸以满足大脑发育所需，多吃海鱼有利于DHA 的供给。

别断了粗粮

孕晚期需要摄入充足的维生素，尤其是维生素B_1，要多吃富含维生素B_1的粗粮。如果缺乏，孕妈妈会容易产生呕吐、倦怠等类早孕反应，并在分娩时子宫收缩乏力，导致产程延缓。

继续补铁

孕晚期还要多吃些含铁、维生素B_{12}和叶酸丰富的食物，如动物血、肝，木耳，青菜等，既可防治孕妈妈本身贫血，又可预防宝宝出生后缺铁性贫血的发生。

ξ 夫妻时间：看电影《龙猫》

电影基本信息

片名：《龙猫》

导演：宫崎骏

编剧：宫崎骏

语言：日语

片长：86分钟

《龙猫》是一部平静而温馨的电影，这个可爱的生物有着可爱憨厚的外表，它和天真无邪的孩子是好朋友，也和精灵们是好朋友，他们给我们带来了一个简单、奇妙、安详、宁静、从容、细腻的故事。故事里有悠扬的音乐、干净的画面、稚趣的人物，一切都像回到了童真纯净的年代。

来听听影片中的孩子对乡村的感受："在我们乡下，有一种神奇的小精灵，它们就像我们的邻居一样，居住在我们的身边嬉戏、玩耍。但是普通人是看不到它们的，据说只有小孩子纯真无邪的心灵可以捕捉它们的形迹。如果静下心来倾听，风声里可以隐约听到它们奔跑的声音。"

小贴士

人们在城市里待的时间太长了，许多孩子们都还未见过麦穗的舞蹈，也没有听见过风的歌声，没有体验过坐在木篱上静心倾听的感觉，这是深深的遗憾。这是一部适合全家老小一起看的影片，人人心中都有个龙猫，人人心中也都装着自己的童年。

第30周胎教方案：吃点令人愉快的食物

ξ 营养胎教：这些食物能让你心情更好

不好的情绪和心理无论对孕妈妈还是胎宝宝都会产生不良的影响，所以孕妈妈要学会自我调节与放松。有的食物能令人愉快、恬静、安宁，以下食物可以帮助孕妈妈赶走坏情绪：

香蕉

香蕉可向大脑提供重要的物质酪氨酸，使人精力充沛、注意力集中，并能提高人的创造能力。此外，香蕉中还含有可使神经坚强的色氨酸，还能形成一种叫作满足激素的血清素，它能使人感受到幸福、开朗，预防抑郁症的发生。

葡萄柚

口感好、水分足的葡萄柚带有淡淡的苦味和独特的香味，无论是吃起来还是闻起来都非常新奇，可以振奋精神。葡萄柚里高量的维生素C还可以增强身体的抵抗力，也是为我们的身体制造多巴胺、肾上腺素这些愉悦因子的重要成分。

全麦面包

全麦面包因为含有大量复合性的碳水化合物，有愉悦心情的作用，它们所含有的微量矿物质如硒能提高情绪，能够抗忧郁，也合乎健康原则。

菠菜

菠菜除含有大量铁质外，还含有绿色蔬菜中含量最多的叶酸，能抑制精神疾病，包括抑郁症和焦虑、健忘等。

南瓜

南瓜富含维生素B_6和铁，这两种营养素都能帮助身体所储存的血糖转变成葡萄糖，而葡萄糖正是脑部唯一的燃料，脑部运转顺利，心情自然也就好了。

土豆

土豆是让人的情绪积极向上的食物，因为它能减轻心脏的压力，使心脏减少对身体输送刺激成分。土豆的好处还在于能够迅速转化成能量，平时多吃点土豆是快乐的秘诀，但不要吃薯片。

牛奶

温热的牛奶有镇静、缓和情绪的作用，可以减少紧张、暴躁和焦虑的情绪。

鸡肉

鸡肉富含维持神经系统健康、消除烦躁不安的维生素B_{12}，当体内缺乏维生素B_{12}时，就会出现恶性贫血、食欲不振及记忆力减退等问题。晚上睡不好，白天感觉疲惫时不妨吃点鸡肉。

豆制品

豆类中富含人脑所需的优质蛋白和8种必需氨基酸，这些物质都有助于增强脑血管的机能，身体运行畅通了，孕妈妈心情自然就舒畅了。

深海鱼

研究显示，住在海边的人都比较快乐，这不只是因为大海让人神清气爽，最主要的是他们把鱼当作主食。哈佛大学有研究报告指出，鱼油中的ω-3脂肪酸有常用的抗忧郁药如碳酸锂的类似作用。

小贴士

孕妈妈需要增加户外活动，获得充足的阳光照射，这样能使身体更加健康，令情绪更好。

准爸爸胎教：谅解孕妈妈的多变情绪

孕妈妈在整个孕期及产后都可能遭遇情绪起伏不定，但有不少孕妈妈在孕晚期表现得更为明显。有人将孕妈妈孕晚期的情绪比作小孩子的脸，一会儿哭一会儿笑，一会儿委屈一会儿淡定，这很形象，这大多不是由孕妈妈本人的意志所能控制的。

孕晚期情绪多变的原因

“我的身体不舒适，又怕早产，对性生活没兴趣，希望丈夫能够理解我，并愉快地与我配合。”

“我心绪不佳时，希望丈夫能在我身边，耐心劝慰我，并多一些时间陪陪我。”

“我分娩后会变得不如以前漂亮了，希望丈夫还能一如既往地爱我。”

“我对分娩开始产生害怕，希望丈夫能理解我的心情，每次陪我一起去医院进行产前检查。”

……

一般孕晚期情绪不稳定有两个原因：

一是生理上面对的压力增加。随着胎宝宝体重和个头的不断增加，身体特别是腹部所承受的压力越来越大，不能久站也不能久坐，上厕所的次数特别是夜晚时明显增多。躺下起来的频繁动作处处要小心，睡眠很难真正好起来。

二是心理上的压力。即将到来的分娩对每个初产妇都不容易，没有经历过的事情都是神秘和充满无限遐想的，虽然马上就能见到可爱的宝宝，但随之而来的疼痛还是让人有些担忧。

准爸爸如何巧妙化解孕妈妈的多变情绪

越是临近分娩，孕妈妈的情绪就越是变幻莫测，担心的问题一个接一个，心理比较脆弱，可能不顺心时还会发小脾气，这些都是正常不过的，准爸爸需要去包容妻子，让她保持一个好的情绪，这对她和胎宝宝的健康都有利，对顺利分娩也有好处。

准爸爸的贴心小技巧

1 一起学习孕娩知识，很多孕妈妈情绪不好是因为担心胎宝宝健康，害怕分娩，多学习孕育知识，可以对各种情况都有所了解，不至于盲目地担忧。

2 和妻子一起为宝宝起名字，探讨未来宝宝的可爱模样，调动孕妈妈的母爱情绪。

3 当孕妈妈心情不好时，及时开导和安慰她，经常陪她散散步、听听音乐。

第31周胎教方案：提前做简单分娩操

ξ运动胎教：简单分娩操

要不了多久，孕妈妈就要进入分娩期了，应该开始做分娩的准备工作，如果征得医生的允许，那么可以练习一下分娩操。分娩操是为了减轻孕期酸痛、辅助分娩而设计的，简单而且容易坚持。为了让自己更有力量迎接宝宝到来，分娩操一定要提前练习。

分娩操的准备

场地准备：根据家里的情况，选择在床上活动，或者是在垫着垫子的地板上进行，只要是足够伸展身体的安全地方均可。

音乐准备：可以准备一些喜欢的音乐在做操时放，边听音乐边做操可以令身心更为放松。

热身活动：做操前散散步或是在家里走动几圈以热身，做完后也可慢慢走动，放松身体。要记得做动作时不要太剧烈，以不感到吃力为宜，以免伤到自己。

分娩操的做法

1 侧卧开跨。侧卧，双腿重叠，呼气则大腿向外打开，吸气则合拢，重复8~10次。

2 侧卧伸展。侧卧，用手缓缓将大腿向腹部外侧拉近，保持半分钟。换另一侧重复。

3 分腿跪坐。双膝分开，脚尖靠拢，跪坐在一个靠垫上，上身垂直，保持10~30秒（量力而为）。

4 分腿儿童式。跪趴，身体向前匍匐在靠垫上，脊柱和肩膀、手臂都放松，保持半分钟。

5 骨盆摇摆。四肢着地，脊柱放平，轻轻地左右摇摆骨盆，幅度不宜过大，10次为一组，每天做1~2组，注意不要塌腰，如膝盖不适可在膝下垫块毛巾。

6 大腿外展。右腿向前伸直坐在地上，左腿架在右腿上，放松左腿，保持半分钟。换另一侧重复。若是感觉不适，可在两腿间放一个靠垫。

ξ情绪胎教：分娩疼痛知几何

很多孕妈妈对生孩子的疼痛怀有深深的恐惧心理，有些孕妈妈甚至因此而选择剖宫产。与自然分娩相比，剖宫产的产妇出血多、身体恢复慢，也不利于宝宝头部锻炼。

分娩疼痛的好处很多

1 经过产道时，胎宝宝头部受到挤压，头部充血，可提高脑部呼吸中枢的兴奋性，有利于新生儿出生后迅速建立正常呼吸。

2 子宫的收缩及产道的挤压作用，使胎宝宝呼吸道内的羊水和黏液排挤出来，新生儿窒息及新生儿肺炎发生率大大降低。

3 分娩过程中子宫的收缩，能让胎宝宝肺部得到锻炼，让表面活性剂增加，肺泡易于扩张，出生后发生呼吸系统疾病少。

4 免疫球蛋白G（IgG）在自然分娩过程中可由母体传给胎宝宝，自然分娩的新生儿具有更强的抵抗力。

5 分娩阵痛使子宫下段变薄，上段变厚，宫口扩张，产后子宫收缩力更强，有利于恶露的排出，也有利于子宫复原。

6 胎宝宝在产道内受到触、味、痛觉及本位感的锻炼，促进大脑及前庭功能发育，对今后运动及性格均有好处。

恐惧可能会放大分娩疼痛

分娩疼痛首先是子宫阵发性收缩，拉长或撕裂子宫肌纤维，子宫血管受压等刺激上传至大脑痛觉中枢，从而使孕妈妈感到剧烈疼痛。其次是胎宝宝通过产道时压迫产道，尤其是子宫下段、宫颈和阴道、会阴部造成损伤和牵拉导致的疼痛。

对分娩疼痛的过度恐惧其实是一种误会，由于个体的差异，每个人对疼痛的承受力和感受是不同的，所以有的孕妈妈生完觉得十分疼，这种疼痛感被孕妈妈的恐惧心理强化了，想起来就认为疼痛难忍。

孕妈妈紧张、焦虑、恐惧的心理会引起体内一系列神经内分泌反应，而使疼痛加剧。有部分孕妈妈觉得生产达到“痛不欲生”的地步，这与心理因素是有很大关系的。

在日常生活中，平时活动量大的孕妈妈分娩时通常比较顺利，痛感也相应减轻。脑力劳动者或平时活动少的孕妈妈，常常因极度紧张和恐惧而加剧疼痛。

只要对分娩疼痛多做了解，孕妈妈就会知道，疼痛其实是一种很主观的感受，分娩的疼痛有很大一部分是来自于恐惧心理，心理负担越重，就越害怕疼痛，就会把疼痛放得越大。

分娩疼痛是间歇的

在全身心地应对分娩带来的疼痛时，孕妈妈一定要明白，这种疼痛并非是固定不变的。分娩疼痛就像波浪一样，有起有伏有间歇，每一次当宫缩带来的疼痛逐渐积聚达到顶点后，就会慢慢下降，直到疼痛完全消失。

宫缩带来的最厉害的疼痛，从开始到结束，持续的时间只有60~90秒，所以最重要的是，在两次宫缩之间，孕妈妈要抓紧时间休息，平复自己，然后再汇聚能量，迎接下一次宫缩疼痛。

在分娩之前，孕妈妈可以把那些最能提劲、最能鼓舞士气的物品准备好，比如巧克力、音乐等。等待了这么久，哪怕只是精神上渴望与宝宝相见的热切心情，也会在分娩时助孕妈妈一臂之力的。

意念胎教：在想象中与胎宝宝对话

如果用B超看的话，就能看到胎宝宝已经在孕妈妈的腹中长得很好了，说不定此时正在调皮地微笑呢。这是一个有感觉有听觉的小人儿，孕妈妈的一言一行都可能令他感到十分高兴。

和胎宝宝来一次想象中的对话

孕妈妈深呼吸一下，闭上眼睛，继续在心中塑造他的形象，然后彻底将腹中的宝宝当作一个可以谈心的对象，想象他正在认真倾听你说话，或者想象他正在乖巧地回应你，比如：

“亲爱的宝宝，我是最最爱你的妈妈。宝宝，现在，你睡在妈妈的肚子里，还时不时地伸伸你的小胳膊、踢踢你的小腿，这些妈妈都能感觉得到。再过一个多月，我们就能见面了，多么期待着这一天的到来啊。”

“宝宝，不知道你长得像爸爸多一些，还是像妈妈多一些。不过，妈妈猜啊，你应该像爸爸那样有一个大大的充满智慧的脑袋，像妈妈一样有健康爽朗的性格，你应该有一双又大又亮的眼睛和一个肉嘟嘟的小屁股。你一定特别爱笑，是个健康又活泼的小天使。”

“宝宝，妈妈有时候有点烦，而且觉得累。不过，只要一想到你，想到你能带给妈妈和爸爸的快乐和幸福，妈妈现在所有的辛苦就不算什么了。宝宝，妈妈会给你最多最好的爱，让你无忧无虑地长大，给你买你喜欢的玩具和书，会和你一起做游戏，给你讲故事。当然，如果你调皮了，不听话了，妈妈也会生气，也会难过，不过，妈妈相信我的宝宝会是个很乖的宝宝，不会经常惹妈妈生气的。”

第32周胎教方案：安享最后的孕期好时光

运动胎教：腹式呼吸法

在未来的这段日子里，腹中的空间对胎宝宝来说已太狭窄，此时孕妈妈最好采用腹式呼吸法给胎宝宝运送更多的新鲜空气。腹式呼吸还可以帮助孕妈妈稳定情绪，对于集中注意力也非常有效。多数孕妈妈在孕晚期都有胸闷、喘气困难的感觉，多练习腹式呼吸法，还可以起到缓解不适的作用。

自由的姿势

进行腹式呼吸法的练习时，场地可以自由选择，可以坐在床上，也可以是在沙发上，甚至平静地站着。关键是腰背舒展，全身放松，微闭双眼，手可以放在身体两侧，也可以放在腹部，总之孕妈妈觉得舒服就好。衣服尽可能穿得宽松。

先吸气，后呼气

准备好以后，用鼻子慢慢地吸气，在心里默默地慢数5下（大约5秒钟）：“1、2、3、4、5”自觉平时肺活量好的孕妈妈可以数6下。

吸气时，要让自己感到气体被储存在腹中，想象胎宝宝目前正居住在一个宽广的空间，然后用鼻子吸气，直到腹部鼓起为止。然后慢慢地将气呼出来，用嘴或鼻子都可以，总之，要缓慢地、平静地呼出来，呼气的时间是吸气时间的两倍。

多练习，多运用

腹式呼吸法每天可以做3次以上，要持之以恒。早上起床前、中午休息时间、晚上睡觉前各做一次，尽量放松全身。轻轻地告诉胎宝宝：“妈妈现在就把新鲜空气传送给你！”以这种平静的心情练习，可以达到事半功倍的效果。

就这样慢慢进行下去，孕妈妈会马上感到心情平静、头脑清醒。实施呼吸法的时候，尽量不要去想其他事情，要把注意力集中在吸气和呼气上，一旦习惯了，注意力就会自然集中起来了。

这样简单的练习，操作起来非常简便，将来不仅仅是在胎教前练习，就是在每天早起或临睡前，有意识地这样呼吸一次，可使整个孕期焦躁的精神状态归于平复，对稳定情绪的帮助很大。

情绪胎教：静心冥想

孕晚期的时候，由于身体不便，再加上不适感增多，孕妈妈可能不能承受更多的活动，当感觉不适或者觉得自己应该做点什么而又不方便时，不妨静心冥想一下。冥想时，孕妈妈的压力和紧张感可以得到释放，恐惧、焦虑、忧郁等不良情绪也会慢慢消散。冥想还能帮助孕妈妈开发潜在的心灵智慧，提高专注力和洞察力，从而使身心变得平和。

如何进行冥想

保持轻松的姿势坐着，挺直背部，手心向上，放在膝盖上，轻轻挺起胸部，将脸部稍稍向上抬，闭上眼睛。

让自己平静下来，想象一些美好的事物，比如在海滩上，看着潮汐进退，配合呼吸。潮汐来了，吸气；潮汐退了，呼气。然后让脑袋逐渐放空。

慢慢地吐气，默默地想象：我现在很舒服、很放松，这种放松的感觉真好，我可以看到紫色的门，这扇门一打开，就可以看到腹中的宝宝。

开始时，即使冥想无法顺利进行，也不需要急躁，孕妈妈不妨跟胎宝宝说一说话，如：“宝宝，妈妈好爱你，你要健康地长大。”并告诉他，他即将诞生在一个很快乐的地方。

怎样做冥想效果更好

1 尽量穿宽松的衣服，有利于身心放松。

2 每天在早晚心情平静的时候进行冥想，每次10~15分钟。

3 排除不良的意识和联想。想象内容十分重要，美好内容的想象无疑会对胎宝宝产生美的熏陶，内容不佳的想象，则会起到反面作用。所以，孕妈妈要尽量多想些美好的事情，将善良、温柔的母爱充分地体现出来，通过各方面的爱护促进胎宝宝的成长。

4 想象的内容可以丰富一些，可以想象和准爸爸恋爱的幸福时光，可以想象将来宝宝的样子，只要这种想象能唤起孕妈妈愉悦的感受就可以。

5 冥想关键在于静心，不要急于求成，不要期望在很短的时间内就达到预期的效果，急躁的心理反而欲速则不达。

在一定程度上，冥想是一种境界，如果孕妈妈能时常静下心来冥想，这将对孕妈妈保持好心情有很大的帮助，还可以使胎宝宝心情平静，健康生长。

营养胎教：菌类有助增强免疫力

菌类属于山珍，营养丰富，常见的菌类有平菇、香菇、茶树菇、牛肝菌、杏鲍菇等，含有丰富的蛋白质、碳水化合物、维生素、微量元素，孕妈妈多吃可以显著提高机体免疫系统的功能，增强免疫力，特别是那些为体重和便秘而烦恼的孕妈妈，菌类是必不可少的食品。秋冬季节，食品不如春夏季节丰富，不妨让各种菌类来丰富孕妈妈的餐桌。

菌类的营养分析

菌类中含有丰富的单糖、双糖和多糖，有助于提高机体免疫系统的功能。

菌类含有丰富的蛋白质，蛋白质占干重的30%~45%，大大超过其他普通蔬菜，同时避免了动物性食品的高脂肪、高胆固醇危险。

菌类含有多种维生素，尤其是水溶性的B族维生素和维生素C，脂溶性的维生素D含量也较高。

菌类中的铁、锌、铜、硒、铬含量较多，经常食用野山菌既可补充微量元素的不足，又可克服盲目滥用某些微量元素强化食品而引起的微量元素流失。

菌类怎样做更好吃

菌类食物口感好，适合做菜或做汤。常见的菌类食物，可以随意与肉类搭配，炖鸡、炒鱿鱼、炒肉丝等均可。个头小、味道甜的茶树菇、杏鲍菇、袖珍菇等最适合炒制；个大、肉厚、味道清淡的菇类则适合炖制，如平菇、百灵菇。

小贴士

菌类表面有黏液，容易沾有泥沙，清洗前一定要把菌柄底部带着较多沙土的硬蒂去掉，这个部位用盐水泡过也不易洗净。清洗时可在水里先放点食盐搅拌使其溶解，然后将菌类放在水里泡一会儿再洗，或者放在淘米水中洗，这样泥沙就很容易洗掉。

Part 9

孕9月，鬼脸小淘气

胎宝宝的发育

怀孕33周

到了孕33周，胎宝宝的体重仍然在比较快速地增长，33~40周这段时间，胎宝宝的体重增长总量大约是以前增加总量的一半，进入了冲刺阶段。皮下脂肪较前段时间大为增加，身体真正变得圆润，皮肤也不再那么红。

有的胎宝宝现在头发已经非常浓密，也有的胎宝宝头发比较稀少，不过这跟日后的发质没有必然联系，不必太在意。另外，胎宝宝的手指甲和脚指甲长得盖住了手指头和脚指头，其尖端通常还没有超过手指头和脚指头。

胎宝宝的大部分骨头都在变硬，但是头骨还相当软，没有完全闭合，这有助于顺利通过相对狭窄的产道。生产过程中，宝宝的头部受到强烈的挤压，以至于很多刚出生的宝宝头部看起来呈圆锥形，这是正常的，而且只是暂时的。

生殖器发育也在继续，男胎的睾丸从腹腔降入了阴囊，当然也有的宝宝选择在出生当天或者更晚一些时候才让睾丸进入阴囊；女胎的外阴唇已经明显隆起，左右紧贴。可以说胎宝宝的生殖器发育已接近成熟。

在本周，性急的胎宝宝头部开始降入骨盆，不过大多数都要在36周以后才会有这样的举动，还需要耐心等待。

怀孕34周

本周胎宝宝的体重可以达到2300克左右，他的体重还在快速增加，胎宝宝的体重有很大部分是孕晚期积累起来的。

进入孕34周，胎宝宝已经准备好了出生的姿势，头朝下的体位固定下来。大部分胎宝宝的头部已经下降，紧压在子宫颈口，也有的胎宝宝会到分娩的时候才入盆。但也有少数胎宝宝仍然保持着臀位姿势，孕妈妈不用过于担忧，按时产检，医生会针对这种情况告诉孕妈妈对策的。

如果担心自己早产，也许孕妈妈会很高兴地知道，在这个阶段出生的宝宝99%都能够在子宫外成活。

怀孕35周

相比上一周，胎宝宝变得更大了，他现在重约2500克，接下来的几周里，他体内的脂肪还将继续增加，身体圆滚滚的。由于子宫空间已经太小了，所以他现在不是悬浮着的，而是蜷缩在子宫里面，也不怎么爱拳打脚踢了，但是不耐寂寞的他仍然会有不少小动作，胎动的频率还会跟以往差不多，孕妈妈还应坚持计数胎动。

胎宝宝已经完成了大部分的身体发育。两个肾脏已经发育完全，肝脏也能够代谢一些废物了。神经系统和免疫系统仍然在发育——除了不会哭，现在的胎宝宝从外形到各种能力都基本和新生儿一样了。

怀孕36周

胎宝宝的体重在继续增加，现在他大约重2700克，从头到脚长47厘米多。当然了，子宫已经没有继续增大了，所以胎宝宝在子宫里的空间只会越来越小，但他还是会自由地做一些小活动，比如吸吮自己的手、睁眼闭眼等。

覆盖胎宝宝全身的绒毛和在羊水中保护胎宝宝皮肤的胎脂正在开始脱落，他会喝着羊水吞咽掉这些脱落的物质。在胎宝宝的肠道里，这些物质会转化成黑色的混合物，这被称为胎粪，它将成为宝宝出生后的第一团粪便。由于大部分绒毛及部分胎脂脱落，现在胎宝宝的皮肤变得细腻柔软， 已经很漂亮了。

到这一周末，胎宝宝就足月了（在37~42周出生的宝宝被称为足月宝宝，在37周前出生的宝宝为早产宝宝，在42周后出生的宝宝为过期产宝宝），大部分胎宝宝现在都是头朝下的姿势，这是顺产的最理想姿势。

小贴士

如果在这个月内发现阴道出血，量很少一般是正常的，假如量大应引起重视，这有可能是发生了胎盘早剥、前置胎盘、早期破水等，都是早产的征兆，要及时就医。

孕妈妈的变化

腰背疼痛

孕晚期，随着子宫增大，孕妈妈可能会出现腰背酸痛，这是由于肚子向前膨隆，为了保持稳定的直立位，不得不拉紧腰背部肌肉以保持重心平衡，腰背部肌肉长期处于紧张状态，势必会导致腰背肌疲劳而感觉疼痛了。

另外，胎宝宝的头部开始进入骨盆，压迫腰骶脊椎骨，孕妈妈还可能感到骨盆和耻骨联合处酸疼不适（有的孕妈妈还会感到手指和脚趾的关节胀痛）。尤其是怀孕前就有腰椎间盘突出、腰肌损伤、经常穿很高的高跟鞋的孕妈妈，进入孕晚期，腰背疼痛感更明显。

这些现象都是正常的，标志着身体在为分娩做准备，骨盆和耻骨联合处的肌肉和韧带在变松弛，所以此时不应该再有较为激烈的运动，平时散散步即可。

孕妈妈应减少站立时间，站立行走时可以佩戴孕妇腹带，使腹部重量传导至盆骨，从而减轻背部肌肉的异常牵拉。站立时最好把一只脚放在凳子上或稳固的高处，如台阶。在坐位时，为减轻背部肌肉的紧张状态，可以在腰骶部放置一个靠垫，使身体完全获得支撑。不要睡过软的床垫，如果睡的床垫太软，躺下就深深地陷进去，可在床垫下垫一块厚纸板或是木板。此外，对背部进行轻柔的按摩或在热水中泡上10分钟，对缓解疼痛也会有所帮助。

腹部坠痛

由于胎宝宝在逐渐下降，相当多的孕妈妈此时会有腹部坠痛感，骨盆后部附近的肌肉和韧带变得麻木，甚至有一种牵拉式的疼痛，使行动变得更为艰难。

有的孕妈妈对这种胎宝宝下降带来的坠痛感更为敏锐，所以不适的感觉可能还会逐渐加重，甚至持续到分娩以后，有的还会更长。如果觉得自己有点忍受不住，不要硬撑，向医生说明自己的情况，请求适当的帮助，这会令孕妈妈有更多精力去做点别的事情。

小贴士

如果对日益临近的分娩仍然感到忐忑不安甚至有些紧张的话，不要一个人承担，多与家人一起聊聊，注意休息，豁达的心态和充沛的精力对孕妈妈接下来的日子会有很大帮助的。

再次出现尿频

由于胎头下降进入骨盆腔，使得子宫重心再次回到骨盆腔内，膀胱受压症状再次加重，尿频的症状也就又变得较明显。

孕晚期尿频也是正常的生理现象，不用治疗，孕妈妈只要注意不要憋尿，立即去厕所就行了。如果发现小便浑浊，或出现尿痛的感觉，则有可能是尿路受细菌感染，应及时就医。

另外，有些孕妈妈不仅会出现尿频的症状，还可能会出现尿失禁的症状。如果确定是尿失禁，孕妈妈可以使用成人尿不湿解除尴尬。

水肿更严重了

现在，孕妈妈可能发现自己的脚、腿肿得更厉害了，脚踝部更是肿得厉害，特别是在温暖的季节或是在每天的傍晚，肿胀程度还会有所加重。孕妈妈需要注意休息，有时间的话，可让家人帮忙按摩肿胀的腿脚。但是，如果有一天孕妈妈发现手、脸部位突然肿胀得厉害起来，要及时咨询医生，以便发现并控制妊娠高血压综合征。

体重增长达到高峰

孕妈妈的体重现在大约以每周500克的速度增长，增长的量大约有一半都来自于胎宝宝的体重增加。此时，孕妈妈的体重增长达到了怀孕以来的最高峰，可能自己都难以相信，竟然会长胖了那么多，在照镜子时，肚子从侧面看上去就像一座山峰一样，做母亲是件多么了不起的事情啊。

呼吸不适在好转

虽然肚子已经很大，行动依然有诸多不便，但随着胎宝宝头部下降到骨盆腔，子宫的重心会再次回到骨盆位置，孕妈妈的行走可能没有以前那么困难了。没有了胎宝宝的压迫，胃部、肺部压力都会有所减轻，所以胃灼热、呼吸不畅的不适感觉正在好转。只是尿频的症状又变得明显了，多跑几趟厕所，尽量不憋尿，减少尿路感染的可能。

安胎与保健

ξ 产检应增加胎心监护

怀孕35周后，孕妈妈每周去医院产检时，都要进行胎心监护，以便尽早发现胎宝宝异常，采取有效的急救措施。

胎心监护怎么做

孕妈妈躺在床上露出肚子，医生会把一个小仪器抹上耦合剂（做B超时抹的那种黏黏的液体），仪器上的两个探头，一个绑在孕妈妈的子宫顶端（压力感受器，探测宫缩），另一个绑在胎宝宝的胸部或背部（进行胎心的测量），另外还有一个按钮，当孕妈妈感觉到胎动时可以按压此按钮， 它会发出“嘟”的一声， 机器会自动将胎动记录下来。

仪器的屏幕上有胎心和宫缩的相应图形显示，孕妈妈可以清楚地看到胎宝宝的心跳。医生根据孕妈妈按的时间， 会看看每次胎宝宝动的时候心跳是否有相应的反应。

胎心音听诊部位

正常胎心音是120~160次/分，胎心过快或过慢都是有问题的表现，但是一般性的伴随胎动的胎心过快不表示胎宝宝出现问题，往往是胎心过慢的风险更大，提示胎宝宝面临缺血缺氧的危险，需要医生及时予以处理。

孕妈妈做胎心监护时的建议

1 做监护30分钟至1小时前吃一些食物，比如巧克力。

2 最好选择一天当中胎动最为频繁的时间进行，避免不必要的重复。

3 监护前排空膀胱，选择一个舒服的姿势进行监护，避免仰卧位，最好取15°左侧卧位，仰卧位有时影响监护结果。

4 如果做监护的过程中胎宝宝不愿意动，他极有可能是睡着了，可以轻轻摇晃腹部把他唤醒。

5 一次监护30分钟左右，但如果胎心监护的效果不是非常满意，可能需要继续做下去，40分钟或者1小时是非常有可能的，孕妈妈不要太过着急。

准备宝宝用品

宝宝的衣服类、寝具、洗澡用品、配奶用具等，是宝宝出生后马上要用的必需品，爸爸妈妈应在分娩前备齐最重要的那些东西，这样入院待产以及出院后就不用急急忙忙应付了。

下表列出的是宝宝的吃、穿、睡、洗等生活用品：

用途	物品	备注
吃	带奶嘴的奶瓶2~5个	喂水、喂药、喂奶时用
	奶瓶刷子1~3把	
	小勺子2~3个	
	喂奶巾2~3条	柔软的棉织物不易伤着宝宝的脸蛋
	奶粉1包	以备母乳不足之需
	小围嘴2~5条	以便吃奶喝水时不弄脏和弄湿衣服
穿	贴身衣服2~5套	小宝宝皮肤嫩，衣服最好全部选用柔软的全棉制品，可以水洗，不脱色的。贴身衣服选用和尚袍、连体服，最好不要腰上有松紧的
	保暖衣服2~3套	
	外出服2~3件	
	护脐带1~2条	
	手套脚套1~3套	
	帽子1~2顶	
	抱毯1~2件	
	袜子3~5双	
睡	童床1张	童床最好选用无毒无味的
	睡袋1个	
	小棉被1套	
	蚕沙枕套1个	
洗	小脸盆2~3个	宝宝洗脸、洗屁股，甚至洗尿布，都应有个专用盆，不要混用。小毛巾用来平时擦洗，医用消毒酒精用来为新生儿肚脐消毒
	小毛巾2~5条	
	浴盆1个	
	浴巾1~3条	
	浴架1个	
	按摩油1瓶	
	婴儿沐浴露1瓶	
	婴儿洗发水1瓶	
	婴儿护肤霜1瓶	
	医用消毒酒精1瓶	
用	纸尿裤1~2包	
	湿纸巾1包	
	爽身粉1盒	
	可换洗的尿布1包	
	大的隔尿垫2~4张	
	奶瓶消毒锅1个	
	指甲刀1把	
	体温计1个	
	室温计1个	

准备待产用品

随着孕妈妈肚子越来越大，除了准备宝宝用品外，孕妈妈的待产用品也要提前准备好，将入院需要的东西整理好放入待产包中，这样临产会更从容。

孕妈妈待产时需要的东西根据个人的实际情况会有一些不同，因此，在准备的时候不妨根据医院的建议和自己的需要列一张清单。以下清单供参考：

	物品	备注
资料类	孕妈妈保健手册（小卡）	
	医院的磁卡	
	夫妻双方身份证原件、户口本、社保卡、献血证	
	住院押金、信用卡、硬币若干	
	笔1支，笔记本1个	
洗漱类	脸盆1个	
	毛巾3条	
	牙膏1管，牙刷1支	
	护肤品（清洁露、精华霜、眼霜、化妆棉、护手霜、护唇膏）	
餐具类	调羹2把，一次性筷子1包	准备塑料袋可以方便出院时候装东西
	塑料杯子1个，一次性杯子若干，弯头吸管1包	
	微波炉饭盒2个	
	抹布1块	
	洗洁精	
	肥皂	
	大小塑料袋若干	
	晾衣架若干	
衣物、卫生用品	哺乳胸罩2个	若是冬天，还应准备厚棉睡衣、换洗的棉毛衫裤1套，一次性棉内裤5条，妈妈内裤若干
	棉鞋、塑料拖鞋各1双	
	棉袜若干双	
	睡衣2套	
	毛毯防溢乳垫若干片	
	妈妈用卫生巾2包	
	看护垫若干，女性柔湿巾若干，餐巾纸若干	
	卫生纸1包，马桶垫若干	
	帽子、手套、围巾	

小贴士

不要过于紧张是否漏买了某些东西，医院附近一般都有母婴用品店，临时需要买可以随时买，最重要的是放松情绪，增加自己的自信心。另外，医院的单据要保存好，报销等通常会用到。

你了解入盆吗

一般，在怀孕第9个月的头两周，胎宝宝的头部就能入盆了，不过，胎宝宝的入盆时间也因人而异，可能会在37~38周才入盆，还可能直到生产前都不会入盆。

胎头入盆的时候，由于胎头下降，压迫到了膀胱，孕妈妈会觉得尿意频繁，还会感到骨盆和耻骨联合处酸疼不适，不规则宫缩的次数也在增多，孕妈妈此间常常会感到下腹部坠胀难受，这些都表明胎宝宝在子宫中正逐渐下降。

如果孕妈妈身体还不错，那么不妨放松肚子上的肌肉，尽量让腹部向前挺，这样可以减轻胎宝宝入盆的困难，有助于胎宝宝向下移动。

孕妈妈也不必过于担心胎宝宝入盆时间太早，也许胎宝宝可能直到开始生产前都不会入盆，不过即使胎宝宝早早入盆，也不意味着就会提前生产。

小贴士

如果孕妈妈长时间都坐着工作、坐在汽车里或坐在软软的沙发里看电视，胎宝宝很可能会和孕妈妈一样的姿势躺着，那样就会很难入盆，也不是有效分娩的姿势。如果是坐着，孕妈妈就一定注意向前倾斜着就座，让膝盖低于臀部，这会有助于胎宝宝入盆。

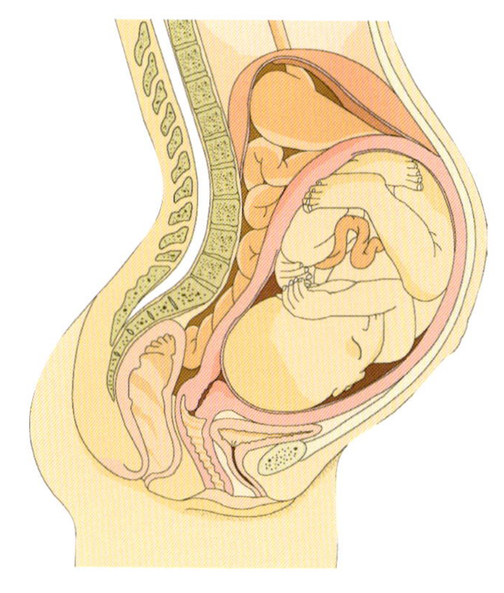

预防胎膜早破

正常情况下只有当宫缩真正开始，宫颈不断扩张，包裹在胎宝宝和羊水外面的胎膜才会在不断增加的压力下破裂，流出大量羊水，胎宝宝也将随之降生。如果胎膜在临产之前（即有规律宫缩前）破裂，就称为胎膜早破，这大多发生于家中，而且破水时没有什么痛苦，往往不容易引起重视，从而引起感染或者脐带脱垂之类较为严重的问题。

如何辨别胎膜早破

一般来说，胎膜早破的信号是不伴疼痛的阴道流水，常发生于腹压增加或大小便之后，阴道内突然有大量水流出，可湿透内裤，然后时断时续。流出的羊水无色无黏性，与黏性的白带不同。另一特点是，此种阴道流水于起立时增多，平卧时减少（甚至停止），羊水微浑，有时可见混杂其中的胎脂。

有时胎膜破口很小或很高，或孕妈妈羊水很少时，阴道流液呈“细水长流”，仅沾湿外阴部，更容易被忽略。所以一旦发现有阴道流水，孕妈妈应立即平卧，再与医生联系，或者拨打120急救，以防脐带脱垂及羊水流净。

预防胎膜早破的方法

1 定期到医院接受产前检查。

2 注意孕期卫生，避免发生霉菌性阴道炎和其他妇科炎症。

3 注意保持膳食的平衡，保证充足的维生素C和维生素D的摄入，保持胎膜的韧度。

4 怀孕期间如果分泌物比较多，有感染的现象，应该及时到医院就诊，接受治疗。

5 怀孕晚期（特别是最后1个月）一定要禁止性生活，避免对子宫的任何压力。

6 如果是多胞胎，要多卧床休息。

7 避免过度劳累和对腹部的冲撞。

小贴士

胎膜破后不要慌张，按照正确的方法处理，或者及时按照医生的指导来做，一般观察24小时，若无其他异常，多数孕妈妈在此期间可出现有规律的子宫收缩，临产，且顺利分娩。

不要让孕晚期的疼痛影响心情

孕晚期经常出现各种各样的疼痛，孕妈妈要学会积极应对，不要让疼痛影响自己的心情，顺利迎接分娩到来。

下背疼痛

由于腹部前凸越多，孕妈妈的下背部凹陷也越多，下背部疼痛可能会更厉害，尤其是长时间站立后，腹部会变得越来越重，髋关节也越来越松弛，这也会影响孕妈妈的步伐。

孕妈妈需要保持正确的站姿，平直地抬起头部，不要侧倾头部，保持腰杆挺直，保证膝关节平直，不要弯曲。腹部和臀部应该收紧，两脚指向同一方向，这样可以让两脚承受平均的重量。

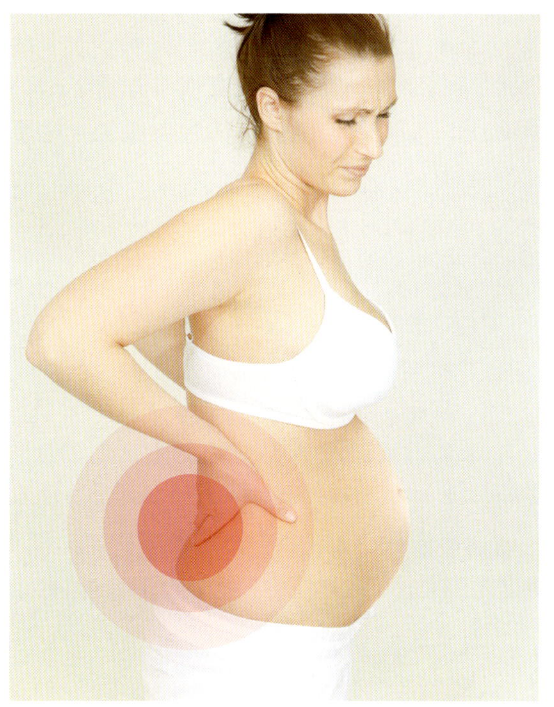

平时走路要放慢步伐，尽量把注意力集中在步伐的轻快和优美上，避免需要快速改变方向的运动，防止可能摔倒的危险。

臀部和腿部疼痛

由于身体的肿胀、姿势的改变和增大的子宫压力，都可能会压迫到坐骨神经，引起以臀部和腿部疼痛为特征的坐骨神经痛。这要求孕妈妈多按摩疼痛部位，睡觉时可以有意识地多翻翻身，留意自己的床是否显得有点软，如果睡觉时床被压得凹陷下去，孕妈妈要考虑将床加硬一点，这也能帮助减轻疼痛感。

耻骨联合疼痛

进入怀孕晚期，有的孕妈妈会感到大腿根部疼痛，有牵拉感觉，特别在上楼梯时，痛感就更加明显了，这种情况是孕晚期耻骨联合松弛的原因造成的。如果感觉疼痛难忍，可能提示孕妈妈需要重视产前检查，同时也需要加强锻炼，经常进行适宜的伸展大腿运动，增强肌肉与韧带的张力和耐受力。睡觉时最好在大腿处垫上一个枕头。

外阴部疼痛

有些孕妈妈在妊娠晚期会感觉外阴部肿胀，同时局部皮肤水肿，在行走时外阴出现疼痛。因为随着胎宝宝的逐渐增大，子宫在骨盆腔内也相应地增大，容易压迫静脉使血液回流受到阻碍。另外，孕晚期血液中的雌激素浓度很高，导致静脉壁松弛，这造成了外阴部静脉曲张。

胎教三人行

第33周胎教方案：做让自己快乐的事情

ξ 动脑时间： 为什么向日葵总围着太阳转

向日葵又称望日莲，是一个很美的名字，向日葵是俄罗斯的国花，这向往光明之花给人带来了美好的希望。

向日葵向着太阳转的原因

在阳光的照射下，生长素在向日葵背光一面含量升高， 刺激背光面细胞拉长，从而慢慢地向太阳转动。在太阳落山后， 生长素重新分布，又使向日葵慢慢地转回起始位置， 也就是东方， 等待太阳升起。但是，花盘一旦盛开后，就不再向日转动， 而是固定朝向东方了。因为花瓣折射的原因，向日葵花蕾内部呈现为橙红色的暖调，再加上黄白色花蕊，显得色彩和谐而又富于生命力。

向日葵的美丽传说

克丽泰是一位水泽仙女，一天，她在树林里遇见了正在狩猎的太阳神阿波罗，她深深为这位俊美的神所着迷，疯狂地爱上了他。

可是，阿波罗连正眼也不瞧她一下就走了。克丽泰热切地盼望有一天阿波罗能对她说说话，但她却再也没有遇见过他。

于是她只能每天注视着天空，看着阿波罗驾着金碧辉煌的日车划过天空。她目不转睛地注视着阿波罗的行程，直到他下山。每天每天，她就这样呆坐着，头发散乱，面容憔悴。一到日出，她便望向太阳。

后来，众神怜悯她，把她变成一大朵金黄色的向日葵。她的脸儿变成了花盘，永远向着太阳，每日追随他，向他诉说她永远不变的恋情。

小贴士

准爸爸、孕妈妈应该明白，生活中可以拿来做胎教的素材其实是取之不尽的，那些令人感到愉悦、心情舒畅、情志豁达的素材，都是很好的胎教素材。

营养胎教：这些食物有助顺产

我们已经说到，顺产无论对于孕妈妈还是胎宝宝都有很多的好处，例如对妈妈来说产后恢复快，生产当天就可以下床走动，产后可立即进食，可喂哺母乳等；对胎宝宝来说，从产道出来时肺功能可以得到锻炼，大脑经过产道的压迫会产生积极作用等。

所以，建议孕妈妈在条件成熟的情况下尽量选择自然分娩。孕晚期是储备分娩能量的时期，孕妈妈除了做些必要的锻炼，还可以在饮食上增加一些有利于顺产的食物，将它们合理安排到每天的食谱中去。

含锌的食物

有研究表明，孕妈妈分娩方式与其妊娠期饮食中锌含量有关，每天从食物中摄取的锌越多，其自然分娩的机会就越大。锌对分娩的影响主要是可增强子宫有关酶的活性，促进子宫肌收缩，把胎宝宝顺利挤出子宫腔。

肉类中的猪肝、猪肾、瘦肉，海产品中的紫菜、牡蛎、蛤蜊，豆类食品中的黄豆、绿豆、蚕豆，硬壳果类中的花生、核桃、栗子等均含有丰富的锌。

含维生素B_1的食物

如果在最后一个月里，孕妈妈体内维生素B_1不足，容易引起孕妈妈呕吐、倦怠、体乏，影响分娩时子宫收缩，使产程延长，分娩困难，因此孕妈妈多吃含维生素B_1的食物有利顺产。

维生素B_1主要存在于种子的外皮和胚芽中，谷类食物一般含维生素B_1较多，但谷类食物碾磨得越精细，维生素B_1的含量就越少；植物性食物中，豆类和花生含维生素B_1最多；在蔬菜中，苜蓿、枸杞、毛豆的维生素B_1含量较多；动物性食物中，畜肉及内脏维生素B_1很多；干酵母中含维生素B_1最高，每100克为6.53毫克，可以作为治疗维生素B_1缺乏的补充来源。

小贴士

在最后几周里，孕妈妈的饮食量不需要刻意地增加，按照自己能吃饱的饮食结构就已经足以为胎宝宝提供足够的营养，因为这个阶段胎宝宝的身体发育已经成熟，主要是皮下脂肪在增多，若摄入营养过量，则很容易使胎宝宝长得太大，在出生时造成难产。

第34周胎教方案：发现身边更多的美

ξ 音乐胎教：欣赏乐曲《摇篮曲》

《摇篮曲》由勃拉姆斯作曲，后人曾将这首歌曲改编为轻音乐，在世界上广为流传，深入人心。

1864年，勃拉姆斯在汉堡遇见了一个维也纳的青年女歌手，名叫贝尔塔。奥地利姑娘特有的温柔妩媚和天真烂漫，比起一本正经、不苟言笑的北方姑娘来，自有一种神秘的魅力。从她身上，勃拉姆斯感到他注定要终老于此的奥地利土地分外可爱。

勃拉姆斯对贝尔塔一见钟情，但最终没能成为眷属，当贝尔塔养第二个孩子的时候，勃拉姆斯送给她一首“随时随地可以用来取乐”的《摇篮曲》。原曲的歌词为：“安睡吧，小宝贝，夜色已低垂，床头满插玫瑰，陪伴你入睡，夜色寂无声，宝宝睡得甜蜜，愿你舒舒服服睡到太阳升起。”那恬静、优美的旋律本身就是一首抒情诗。

曲子旋律轻柔甜美，伴奏的节奏则带摇篮的动荡感，烘托了平稳宁静的气氛。这首曲子犹如一首抒情诗，是母亲抚慰宝宝入睡的歌曲。乐曲的后半段以上行的八度跳进，仿佛充满了希望之光。

小贴士

《摇篮曲》适合在睡前轻轻哼唱，或静静地听，恬静、优美的旋律能让孕妈妈和胎宝宝感觉到温暖，很快你们就能在乐曲中入睡，安享一夜的好梦。除了勃拉姆斯外，舒伯特和莫扎特也都作过《摇篮曲》，孕妈妈都可以听一听，感受一下。

ξ 准爸爸胎教：帮孕妈妈克服分娩恐惧

不少孕妈妈由于没有分娩经验，因此总会有些精神紧张或不知所措，对分娩产生恐惧心理，这种心理对顺利分娩是很不利的。这时候，准爸爸能给孕妈妈很大的帮助，尤其是在孕妈妈生产前准爸爸能够发挥自己特有的魅力，帮助孕妈妈战胜恐惧。

多了解分娩知识，建立自信

多了解一些分娩知识，然后跟孕妈妈讲解，并在她需要的时候给予提醒，告诉她分娩其实是可以控制的，不会出现问题，消除她对分娩的未知感和紧张情绪。此外，准爸爸可以配合孕妈妈练习一些分娩技巧，比如生产时的呼吸技巧、用力技巧、吃东西的技巧等，让孕妈妈对分娩建立自信。

发挥爱的力量

爱是准爸爸给孕妈妈最大的支持，这虽然不用特意训练，但会融入生活的点点滴滴。准爸爸学会抚摩、拥抱、亲吻孕妈妈，学会表达你的情感，学会赞美，这些可以成为强大的心灵“止痛剂”。

学会照顾孕妈妈

在临产时不忘提醒孕妈妈要多喝水，注意排尿，适当走动，帮她打理一些日常琐事。相信孕妈妈一定是善解人意的，准爸爸的努力会让她更有信心战胜对分娩疼痛的恐惧。

心理暗示

准爸爸经常带孕妈妈去看望漂亮健康的小宝贝们，并引导孕妈妈想象自己家宝贝的可爱样子，通过各种方式给孕妈妈积极的心理暗示，让孕妈妈对自己的分娩充满期待，积极的心理因素可让事态向积极方向发展。

小贴士

临产时提前入院对于出现异常情况的孕妈妈来说，无疑是最安全、最保险的办法，但是正常情况下还是不宜提早入院待产，医院的医疗设置配备是有限的，不可能像家中那样舒适、安静、方便，入院后较长时间不临产，会有一种紧迫感，孕妈妈会更焦虑、更紧张。

第35周胎教方案：将爱继续下去

ξ 母爱是最好的胎教

母爱对于胎宝宝来说是至关重要的，在整个孕育过程中，母亲的情感逐步得到爱的升华，产生出一种对胎宝宝健康成长极为重要的母子亲情。正是这种感情，使意识萌发中的胎宝宝捕捉到爱的信息，并转入胎教机制，为形成热爱生活、乐观向上的优良性格打下基础。

一项心理学的研究表明，如果孕妈妈盼望得到孩子，倍加爱护自己肚子里的小宝宝，那么她会更顺利地分娩下宝宝，宝宝出生后身心也更健康。而如果孕妈妈对宝宝不在乎，甚至很淡漠，那么宝宝出生后出现情绪问题和健康问题的概率会增高。

所以说，母爱是最好的胎教，每一位孕妈妈都应充分认识到自己的责任，在妊娠期每一天的活动中，倾注博大的母爱，以一颗充满母爱的心，浇灌萌芽中的小生命。

从胎宝宝在自己的身体里“扎根”那一天起，孕妈妈就可以与他“谈情说爱”，使用爱的语言，充满爱的心情，传递爱的信息，与胎宝宝保持“心”的接触吧，让他每一天都能得到充足的母爱。

ξ 情绪胎教：看晴朗的天空

看看晴朗的天空可是一种解压的好办法，孕妈妈情绪不安的时候可以坐在窗口或是坐在公园的长椅上，抬起头来，看看天空中的云，看看它们像什么，像一只船？ 还是像只小熊？

有资料表明，这种形象的思维对开发右脑也大有帮助，将来等宝宝出生后再大一些的时候，同样可以和他常看看天上的云朵，做做这种简单快乐的游戏。

孕妈妈还可以听一听应景的音乐，平时听过的好音乐或者能令人遐想无限的音乐都能让心情更开阔，比如蒙古民歌《牧歌》。

牧歌简介

牧歌是民歌的一个类别，内容多表现放牧生活、爱情生活、赞美家乡、歌唱牛羊等。一般具有音调开阔悠长、节奏自由的特点。歌唱声音也比较高亢，有的自弹乐器伴奏，有的无伴奏。蒙古族长调民歌音调高亢，展现了美丽、壮阔的草原景象。

孕妈妈在听这样的曲子或哼唱时，脑海中可以想象一望无际的草原，绿得让人忍不住想多呼吸几口清新的空气，天空蓝蓝的，又高又远，云朵却是白白的，在草原上投下清晰的影子。

第36周胎教方案：每天微笑会更快乐

情绪胎教：哲理小故事《牵一只蜗牛去散步》

牵一只蜗牛去散步

上帝给我一个任务，叫我牵一只蜗牛去散步。

我不能走得太快，蜗牛已经尽力爬，每次总是挪那么一点点。

我催它，我唬它，我责备它。

蜗牛用抱歉的眼光看着我，仿佛说："人家已经尽了全力！"

我拉它，我扯它，我甚至想踢它。

蜗牛受了伤，它流着汗，喘着气，往前爬……

真奇怪，为什么上帝要我牵一只蜗牛去散步？

"上帝啊！为什么？"天上一片安静。

"唉！也许上帝去抓蜗牛了！"好吧！松手吧！

反正上帝不管了，我还管什么？

任蜗牛往前爬，我在后面生闷气。

咦？我闻到花香，原来这边有个花园。我感到微风吹来，原来夜里的风这么温柔。

慢着！我听到鸟声，我听到虫鸣，我看到满天的星斗多亮丽。咦？以前怎么没有这些体会？我忽然想起来，莫非是我弄错了！原来上帝是叫蜗牛牵我去散步。

情绪胎教：妈妈爱漂亮，宝宝也开心

爱美的妇女怀孕了，娇美的体形发生了很大的变化。有些孕妈妈为此而痛苦、烦恼，认为自己失去了原有的苗条身材，精力、体力都不如以前，又由于信心不足，有些孕妈妈就不像以前那样顾及容貌了，其实大可不必这样。

通过种种努力，孕妈妈会变得更加美丽可爱，身体更加健康，精神更为舒畅，这会使腹中的胎宝宝处在一个安定、舒适的环境之中，这对胎宝宝的发育是大有好处的，而且，这也是胎教的良好基础。

打扮自己会令你心情舒畅

事实上，美容、穿衣也是胎教，美丽是每一位女性所追求的，姣好的容颜会给孕妈妈带来许多欢乐。怀孕了，孕妈妈也可以精心打扮，虽然不再苗条和拥有美丽身段，但孕妈妈完全可以变得更可爱。别忘了那句话：“可爱的一定是美丽的。”

另外，打扮一方面是自娱的一种方式，对自己容颜、服装的关心会使孕妈妈忘掉妊娠中不快的反应；另一方面，化妆会使孕妈妈显得气色很好，自己看了，心里也会舒服，别人看了，对孕妈妈赞许几句，孕妈妈也一定会很高兴的。

可见，打扮会使孕妈妈保持自信、乐观、心情舒畅，因此，美容、打扮无论对自己还是对胎宝宝都是很有意义的。

准爸爸胎教：讲讲小笑话

用功的爸爸

祖母：“你啊，整天就知道玩，哪像你爸爸。”

孙子：“爸爸怎么啦？”

祖母：“他读书可用功哩！想当初，他光一年级就读了三年。”

孙子：“……”

鸡过河

小偷偷了一只鸡，正在河边给鸡拔毛，这时一个警察走了过来，小偷急忙把鸡扔到了河里。

警察问：你在干什么，河里是什么东西？

小偷说：那是一只鸡，它要过河去，我在这里帮它看衣服……

跳伞

空中跳伞造型学校的教员在上完第一节课后，询问学员是否有什么问题。

“我们每跳一次要交多少钱？”一学员问。“10美元！”

另一学员显得有点紧张，站起来问：“如果在跳伞时打不开降落伞怎么办？”

“不要担心，如果打不开降落伞，我们会把钱退给你。”教员答道。

Part 10

孕10月，最期待的见面

胎宝宝的发育

怀孕37周

第37周，胎宝宝此时的重量约为3000克，身长逐渐接近50厘米。这一周，胎宝宝就是足月儿了，这意味着他已经发育完全，大脑内部的神经纤维也基本上发育成熟。

胎宝宝的皮肤还是有点薄，呈现出淡淡的红色，皮下脂肪将皮肤撑得鼓鼓的，表面的褶皱已经消失，胎宝宝看起来又胖又圆，煞是可爱。

许多胎宝宝这时候的脑袋已经长了满头的头发，但也有一些胎宝宝出生时几乎没有头发，或者只有淡淡的绒毛。不必纠结于头发的颜色或疏密，因为这个时候的头发情况并不决定出生后的情况，日后随着营养的补充，他的头发会自然变得浓密光亮。

小贴士

最后1个月应每周去医院检查一次，以便随时掌握胎宝宝的变化，保证安全。一般医生会检查胎宝宝有没有入盆，估计入盆的时间，察看胎位是否正常且是否已经固定等，并决定最终采取哪种方式分娩。

怀孕38周

现在，胎宝宝已经足够胖了，他的体重可能达到了3100克左右，与上周相比，身长基本没有变化。这一周，胎宝宝的器官已经完全发育，并各就其位。他的肺部和大脑已经足以发挥功能了，但是它们还将在出生后继续发育，直至成熟。

胎宝宝本身的免疫系统已经建立，不过还不十分成熟，为了补偿这种不足，胎宝宝可以通过胎盘和哺乳接受来自母亲的抗体，从而抵御一些像流行性感冒等病毒感染。

此时，胎宝宝的抓握已经很有力了，在他出生之后，如果你用手指碰触他的小手，他很快就会紧紧地抓住。

小贴士

孕妈妈如果还在上班，那么从现在开始要考虑停止一切工作，好好休息，安心在家待产。另外，要注意观察分娩征兆，因为宝宝可能随时都会出生，但也不要整日被此事困扰。如果孕妈妈需要一位导乐助产或进行无痛分娩，需提前跟医院联系、协调。

怀孕39周

第39周，胎宝宝的体重已经长到了3250克左右，一般情况下，如果是男孩，那么他的体重还会重一些。尽管胎宝宝的外形现在已经足够圆润了，但他的脂肪层还在加厚，每天大概还会增加14克，足够厚的脂肪层可以帮助他在出生后控制体温。

由于皮下脂肪的增厚，胎宝宝皮肤的颜色开始从粉红色变成白色或蓝红色，胎宝宝的外层皮肤可能正在脱落，取而代之的是里面新的一层皮肤，皮肤看上去越来越光滑了。胎毛正在消失，若胎毛保存到出生，多会出现在他的肩部、前额和颈部。

如果一切顺利，胎宝宝的头部已经固定在骨盆中了，不要担心，这并不是说他的头被生生卡住了，除了不能退回子宫，他其实还是可以自由地左右摆动脑袋的。他的头很软，头骨没有完全固化，在分娩时，头会在产道中挤压成锥形。造物主很神奇，让胎宝宝用这样聪明的方法降临人世，而不会影响他的头形，出生后几天内，宝宝的头部就能自然地恢复成圆形。

接下来的一段时间里，胎宝宝将会继续从血液和羊水里吸取抗体，它能够为胎宝宝提供免疫力来对抗许多疾病，出生后，宝宝继续通过乳汁来获取抗体。

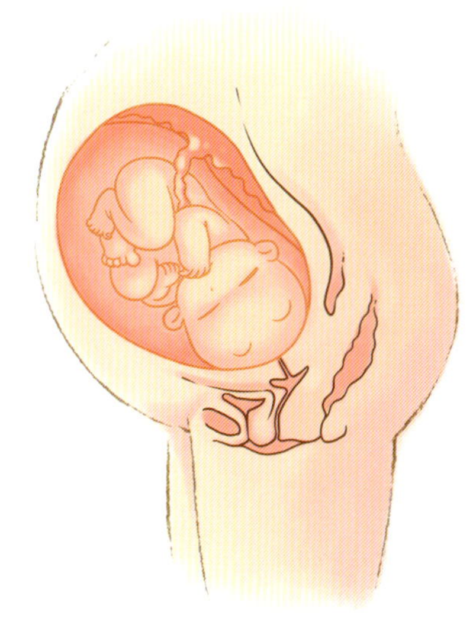

小贴士

随着身体负担越来越重，孕妈妈的体力大减，身体更加容易疲倦，所以，越是临近分娩，越是要注意休息，保持足够的睡眠，只要感到累就要休息一下，不要硬撑，以免引起高血压。

怀孕40周

这一周，是孕妈妈期待已久的日子，胎宝宝来临是早晚的事情。此时他的体重达到了3400克左右，从头到脚大约长51厘米。这是一个平均水平，宝宝出生后，护士会为他测出具体的数值。

现在，胎宝宝的腹部可能比头部稍微大些，脂肪的比例非常大，占全部体重的15%左右。身体内的所有器官和系统都已发育成熟，随时可以出生了。他在等待着呼吸第一口空气，当他出生后第一次呼吸时，会激发心脏和动脉的结构迅速产生变化，从而使血液输送到肺部。宝宝出生后的第一声啼哭通常都是没有眼泪的，因为他的泪腺功能还没有被开发，这种情况会持续2~3周。

这一周，胎盘的使命即将结束，开始慢慢老化，但是孕妈妈不要太担心，宝宝一天不出生，养料仍然会不停地通过胎盘运送过来。宝宝娩出后，胎盘的使命就完成了，随后也会自行娩出。

与此同时，胎宝宝所处的羊水环境也有所变化，原来清澈透明的羊水变得浑浊，渐渐成为乳白色的液体了。

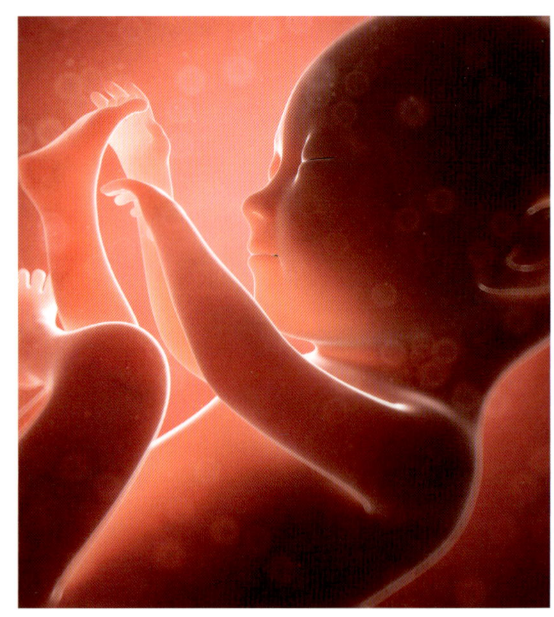

小贴士

大多数的宝宝都将在这一周诞生，但提前2周或推迟2周也都是正常的。如果这一周宝宝仍然没有出生，则需要进行产检。考虑到宝宝的健康，医生可能会建议孕妈妈引产，因为宝宝超过预产期两周后才分娩的话，会增加母子患上各种并发症的概率。

孕妈妈的变化

宫缩更频繁

现在，宫缩比从前更加频繁，如果没有破水、见红这样的症状，这可能只是“演练性”宫缩，也就是说，仍然是假性宫缩，并不是临产宫缩。假性宫缩时，孕妈妈会感觉子宫收缩变硬，持续大约30秒钟后再松弛下来，这种收缩感觉不到疼痛，但频繁的宫缩会稍有不舒适的感觉。当正常宫缩时断时续进行一整天或一整晚后，临产宫缩可能就来临了，要做好分娩的准备。

有的孕妈妈会在此期出现没有规律的阵痛，只要稍加运动，阵痛就会消失。临产前阵痛有规律性，其规律性可能由20分钟痛一次，渐渐变为15分钟，甚至8分钟或6分钟痛一次，而疼痛的时间会越来越长，且不论用任何方式都无法缓解，孕妈妈要注意区分。

当分娩阵痛来临时，孕妈妈最好先平躺，并用手表或时钟测量阵痛的间隔时间，一旦发现阵痛为6分钟或8分钟一次时，就应准备前往医院待产。

在阵痛期间，孕妈妈可能出现恶心和呕吐等症状，饮食上可以偏向清淡好消化的食物。孕妈妈可能更容易口渴，所以随时要喝点白开水。

阴道分泌物增多

白带是阴道黏膜的渗出物、宫颈腺体及子宫内膜的分泌物混合而成，内含阴道杆菌及生殖道黏膜的脱落细胞。白带的量及性状与雌激素水平的高低有关。正常情况下，白带呈乳白色，排卵期量多稀薄，呈蛋清样。当生殖道出现炎症或肿瘤继发感染时，白带往往明显增多，颜色也会改变。

在妊娠期，尤其到妊娠晚期，受胎盘分泌的雌、孕激素的影响，阴道黏膜有充血、水肿现象，外观呈紫蓝色，阴道皱襞增多，松软而有弹性，表面积增大，此时，阴道黏膜的通透性增高，渗液比非孕时明显增多，同时子宫颈管的腺体分泌增多，因此妊娠期阴道分泌物比非孕期明显增多，常呈白色糊状，无气味，这属正常生理变化，无须治疗。如果白带不但多而且有臭味，呈豆渣样或灰黄色泡沫状，并伴外阴瘙痒，则属异常，应及时就诊。

此时，有的孕妈妈子宫口会提前张开，如果发现阴道黏液中伴有一点红色的血，这可能是见红了，表示分娩就要开始。

见红

分娩前24~48小时，孕妈妈一般会发生分娩前的见红，具体特征是从阴道排出少量血性黏液。不过，见红也可能持续几天，每天有少许排出，也可能一下子突然见红。如果见红量较多，超过平时月经量，不要犹豫，立即与医院联系，及时去医院待产。

小贴士

期待分娩的日子里，孕妈妈不要忘了为自己“充充电”，通过看书或者咨询医生等方式，多熟悉熟悉产程，对自己的身体变化有一个大致的了解，充分的思想准备可以令孕妈妈对自己和分娩更有信心。

安胎与保健

入院前要注意的事情

眼看着孕妈妈的产期就要临近了，都需要做哪些准备呢？让我们一起来看看吧！

按时做产检

一般到了孕晚期，产检的次数会变得频繁，孕妈妈一定要坚持按时去产检，关注每一次检查的结果，以便及时发现异常，及时解决。怀孕10个月，孕妈妈要每周去医院做一次产前检查，做好随时入院的准备。

安全与生活细节

由于行走不便，孕妈妈要更加小心地走路，绝对不要做对母体不利的动作；避免向高处伸手或压迫腹部的姿势；抛开不安与担心，安心地考虑产后的事情；保证充足的营养和睡眠，以积蓄体力；清洁身体，淋浴或擦身都可以，特别要注意外阴部的清洁；严禁性生活。

学习分娩知识

孕妈妈对分娩要有正确的认识，以愉快的心情迎接宝宝的降临；重视并积极接受产前教育和分娩知识，学习、掌握分娩时的呼吸动作；正确认识先兆临产和临产表现，并熟悉处理办法；多阅读孕产相关图书或参加产前培训班，全面客观地了解分娩，保持轻松和自信的状态。这样可以避免分娩时的紧张和惊慌，有利于宝宝顺利分娩。

医院的事务与路线

联系好住院事宜。为了防止医院妇产科的床位紧张，爸爸妈妈必须要提前联系好住院事宜，那样才能有备无患。

确定好去医院分娩的路线和交通工具。分娩的时间很难预测，必须准备一个万全之策，准爸妈一定要在之前就设计好去医院的几种方案，以便在紧要关头孕妈妈能顺利平安地抵达医院。

准备好待产包

准爸妈应将入院分娩所需的物品整理好并放置于一处，以备用时迅速拿取。待产包里包括洗漱用品、水杯、小勺等日用必需品；少量的鸡蛋（蒸过）、点心、红糖等营养品；卫生纸、卫生棉、卫生巾（消毒）、胸罩等卫生用品；根据分娩所处季节准备宝宝衣服、帽袜、被褥、尿布和孕妈妈出院时穿戴的衣物。

别忘了带上一些娱乐休闲设备，比如相机、杂志、音乐等，同时要随身携带通信工具。孕晚期孕妈妈不要单独外出，如果一定要单独外出，手机一定要随身带，以防有紧急情况出现的时候好与家人取得联系。

小贴士

入院前，准爸爸可以将妈妈、宝宝的住室打扫干净，保持清洁，在寒冷季节应准备好取暖设备，以免母婴受凉。

临产前会出现的几大征兆

分娩不是突然发生的，在临产前总会有各种各样的征兆提醒每一位孕妈妈分娩即将开始了，孕妈妈要特别注意这些征兆，以免到时候慌乱不知所措。

见红

前面说到，当阴道分泌物中见红时，就要考虑是否属于分娩前兆。分娩前24~48小时内，子宫颈口开始活动，子宫颈内口附近的胎膜与该处的子宫壁分离，毛细血管破裂，经阴道排出少量血，与宫颈管内的黏液相混而排出，这种阴道流出的血性黏液便是俗称的见红。

孕妈妈在预产期已到，并且已有不规律宫缩的时候，应及时发现这种征兆。若发现靠阴道口的内裤处有潮湿不适的感觉时，应立即查看内裤上有否血性分泌物。若阴道只是流出少量淡淡血丝，孕妈妈可留在家中观察，不要过度操劳，避免剧烈运动。如果流出鲜血，超过月经量，或伴有腹痛，就要去医院待产。

破水

胎宝宝在子宫内，周围包着薄薄的一层膜，称为胎膜，羊水就被包在胎膜里。临产后子宫收缩，压迫胎膜中的羊水作用到子宫口，使宫口逐渐开大。在宫口开大过程中，胎膜逐渐增大，一直到被胀破，羊水流出称为破水。

一般来说，孕妈妈都会先有阵痛才破水，但也有没发生阵痛就破水，一般破水后很快就要分娩了。孕妈妈发生了破水，千万不要慌张，尽量减少活动，取仰卧位或半坐位姿势，马上通知家人，带好健保卡、产检手册等就医证件，立即去医院。在去医院前或在就医的路上与主治医师联络，确保得到及时的处理。

宫缩

一般在临产前2周左右，孕妈妈会出现不规则的肚子发紧和疼痛的感觉，这是子宫收缩。这种子宫收缩不规则，一般不超过半分钟，休息后可以减轻或停止，这被称为假宫缩。如果腹痛逐渐增强，持续时间延长，间隔时间越来越短，腹痛一阵紧过一阵，就预示着快临产了，应及时赶到医院。

最后一个月不妨多多走动

怀孕的最后一个月，孕妈妈仍然要保持运动，当然不是说要进行大汗淋漓的运动，适量的运动就好，此时推荐的运动是走动。

多走动有助顺产

别小看这一步步的走动，这样小幅度的运动能有效帮助孕妈妈顺产。此时胎宝宝的头部已经入盆，是一个向下的状态，孕妈妈多走动可以帮助胎宝宝持续这样的状态，也有助于锻炼自己的体力，为分娩时积蓄产力，有助生产的顺利进行。

这种走动不一定是外出散步，哪怕就是在室内走动走动就很好了。孕妈妈此时身体达到最笨重的时刻，要走远路或者散步会太累，因此，在室内多走走，不要总坐着或者躺着。

不宜用爬楼梯来进行锻炼

临近分娩，孕妈妈的行动越来越不便，此时的走动练习不推荐爬楼梯。孕晚期身体会出现不同程度的骨质疏松，而且身体负担加重，体重增加，爬楼梯时，膝关节要负担体重的3~4倍，身体越重，对膝关节的压力越大。由于爬楼梯时膝关节弯曲度增加，髌骨与股骨之间的压力也相应增加，使得爬楼梯对膝关节的压力更大，会加重膝关节疼痛。

偶尔爬几次楼梯也一定要掌握好速度与持续时间的关系。开始时，应采取慢速，坚持一段时间，可以逐步加快速度或延长时间，但是不能过于剧烈，否则会增加心肺负

担。在爬楼梯的过程中发现不适，应立即停止锻炼。如果孕妈妈住在没有电梯的楼房，每天必须爬楼梯的话，一定要注意脚下要踩稳当，不要着急，上下楼梯都要慢一点。上楼梯相对来说要吃力一些，可以手扶楼梯扶手，将身体的一部分重量转嫁给扶手，每上一步都要踏实了再移动另外一条腿。下楼梯时，为了防止膝关节承受压力增大，应前脚掌先着地，再过渡到全脚掌着地，以缓冲膝关节的压力。爬楼梯后可对膝关节局部按摩，防止其僵硬强直。

ξ 预防难产发生

难产，医学上称为异常分娩。发生难产的原因很多，但不外产力、产道、胎宝宝3个因素中任何一个或一个以上异常。

顺产和难产在一定条件下也可以互相转化，如果顺产处理不当，也可能变成难产，反之，难产处理及时，也可以变成顺产。

孕妈妈在妊娠期间必须通过一系列产前检查，妊娠晚期还要做骨盆的内外测量，以便对母婴情况有全面了解。在预产期前2 周左右，医生要对产妇的分娩方式做出鉴定，并在事先告诉本人，可以自然分娩或需要试产，如果需要剖宫产也要告诉本人，以便做好思想和物质上的准备。有的需要早入医院在医生指导下待产。

如何预防难产

1 营养要适当。避免在孕期吃得过多又不运动，造成胎宝宝长得过胖、过大，这是导致难产的最大危险之一。

2 做好分娩前的心理准备。了解有关分娩的知识，进行必要的辅助分娩动作的练习，做好心理准备，要对自己自然分娩有信心，这样，拥有良好的情绪、态度是保证顺利分娩的重要举措之一。

3 定时做产前检查。这样可以早期发现问题，及早纠正和治疗，并能及早确定分娩方式，避免意外分娩的发生，顺利地度过妊娠期和分娩期。

4 分娩前养足体力。孕妈妈注意在分娩前保持正常的生活和睡眠，吃些营养丰富、容易消化的食物，为分娩准备充足的体力。

小贴士

一般在接近预产期的半个月前后，孕妈妈就不宜再出远门了，尤其不宜乘车、船去比较远的地方，因为在途中各种条件都很难控制，一旦分娩出现难产是很危险的事情。假如难产真的出现了，家人不要犹豫，按照医生的建议及时选择剖宫产。

胎教三人行

第37周胎教方案：保持美丽心情

营养胎教：为体力加分的美味鲜汤

临产阶段，孕妈妈可以通过调整饮食来储备能量，合理的营养将给孕妈妈带来充足的体力，为分娩以及坐月子打好基础。临近分娩的孕妈妈不适宜吃一些需要很久才消化的食物，所以清淡稀软的食物比较符合此时的生理需要，家人可以多增加一些营养鲜汤的菜谱，来丰富孕妈妈的饮食感受。

下面为孕妈妈量身选择了3款美味的汤，适合孕晚期妈妈的口味和生理需要，孕妈妈可以尝试一下。

小贴士

研究表明，孕妈妈的情绪紧张会加重分娩恐惧，不利于分娩顺利进行，所以孕妈妈应积极地调整自己的身心状态，依据自己的体质条件在孕期适当安排工作、生活与娱乐，尽快地从紧张不安的情绪中走出来。

莲子炖猪肚

材料： 猪肚1个，水发莲子（去心）40粒，植物油、精盐、生姜、面粉各适量。

做法：

1. 将生姜去外皮，洗净切片；猪肚用面粉、盐分别揉搓，反复清洗干净。
2. 将水发莲子放入洗好的猪肚内，用线缝合好，放入炖盅内，隔水炖至肚熟，取出凉凉后切块。
3. 锅置火上，放油烧热，下姜片煸香后放入猪肚莲子烩炒，用精盐调味即可。

花生炖牛筋

材料：牛蹄筋（发好的）100克，花生米80克，红枣20克，当归5克，香油、精盐各适量。

做法：

1 牛蹄筋反复清洗干净，切段；花生米、红枣洗净。

2 炖锅中加适量清水，放入牛蹄筋、花生米、红枣、当归，大火煮沸后改小火炖至牛蹄筋熟烂。

3 滴入香油，加入适量食盐调味即可。

姜枣枸杞炖乌鸡

材料：乌鸡1只，生姜1块，大枣10颗，枸杞子10克，精盐适量。

做法：

1 将乌鸡宰杀，剖洗干净；大枣、枸杞子洗净；生姜洗净去皮，拍破。

2 将大枣、枸杞子、生姜放入乌鸡腹中，再将乌鸡放入炖盅内，加水适量。

3 大火煮开，改用小火炖至乌鸡肉熟烂，加入适量精盐调味即可。

准爸爸胎教：克服产前焦虑情绪

很多孕妈妈在怀孕的过程中，会产生强烈的恐惧感、孤独感，也就是所谓的产前焦虑症。造成这种心理问题的原因有很多，比如没有生产经验、害怕疼痛、担心胎宝宝畸形、身体不适等。不过这种情况有时候也可能在准爸爸身上出现，甚至有的孕妈妈很豁达自信，反而是准爸爸十分忧心。

准爸爸出现这种情况大多是由于周围环境出现改变而感到有压力，产生了适应上的障碍，甚至有少数准爸爸在孕期还会跟着孕妈妈一起出现害喜，有恶心、想吐等生理不适。准爸爸这种情况虽然不会直接影响孕妈妈，但情绪会互相影响，孕妈妈与胎宝宝也会感受到不舒适的情绪，所以准爸爸的产前焦虑情绪也不可忽视。

把焦虑写下来，放在一边

准爸爸花一点时间，仔细整理思路，把所担心的东西写出来，然后研读一下，这时你可能会发现这很可笑，然后就可以把它们扔在一边。在自己的心里，也做同样的动作，把闷闷不乐扔到一边，想点其他的事。

感受胎宝宝的存在

在胎动时，准爸爸可以用手摸摸孕妈妈的肚子，感受胎宝宝的各种动作，这样做有助于让自己体会越来越真实的准爸爸角色，成就感会油然而生。而且这也是在感受胎宝宝生命的力量，他和你有了交流，你对他的状况就会越来越有信心。

学会控制情绪

当准爸爸感觉到担心焦虑正渐渐地袭来时，要想办法让自己更舒服些，比如适当的休息、充足的睡眠、适量的运动以及均衡的饮食、听点音乐、打打游戏等，或者想点高兴的事，不要让这种负面情绪不断加重。

多看看孕产专业书籍

通过学习，准爸爸会明白现在的医疗技术很发达，因为孕产给孕妈妈和胎宝宝带来的风险绝大部分是可以控制的，所以只要保持良好的心情，做好应该做的事情，做足准备，分娩会非常顺利的。

适当地倾诉

倾诉当然不是女人的特权，准爸爸也需要通过倾诉来缓解自己的情绪，包括向父母、朋友倾诉自己的担心。这不是没面子的事，而恰恰说明准爸爸能够正视自己，表现得很成熟，正准备以更好的心态升级做爸爸。

试着去解决所担心的事情

有时候准爸爸会因为对即将到来的分娩情况感到手足无措，因而产生忧虑情绪。如果准爸爸很担心某些情况，可以试着预演和解决，比如把去医院的路线写在纸上，而且一定要事先走一遍。因为孕妈妈一旦破水，准爸爸得马上送她去医院，这是至关重要的事情，所以应该预演一遍。而且准爸爸还要想到，在那种情况下大脑往往会“短路”，所以将路线写在一张纸上，放在车上或者钱包里是有必要的。

第38周胎教方案：看看电影，做足准备

运动胎教：简单练练盘腿坐

在怀孕的最后一个月里，孕妈妈不妨做一些临产前的准备练习，可以做一些比较简单的运动。这里给孕妈妈介绍盘腿坐练习，这项练习可以增加背部肌肉的力量，使大腿及骨盆更为灵活，并且能改善身体下半部的血液循环，使两腿在分娩时能很好地分开。

盘腿坐的具体做法

1 在地上垫上垫子，孕妈妈轻轻坐下，保持背部挺直。

2 两腿弯曲，使脚掌相对，让脚尽量靠近身体。

3 两手抓住脚踝，两肘分别向外压迫大腿的内侧，使其伸展。

4 保持这种姿势20秒。

5 重复第2~4步数次。

6 也可两腿交叉而坐，也许会感到更舒服，但在做的过程中要注意不时地更换两腿的前后位置，以免阻碍血液循环。

分娩时的用力技巧

现在，宝宝即将到来的喜悦之情和临产的紧张心情交织在一起，孕妈妈要调整好心态，可以继续练习分娩时的拉梅兹呼吸技巧，并且学会在分娩时正确用力，增强对自己与宝宝的信心，缓解紧张焦虑的情绪。

分娩开始后等待宫开的阶段

此时宫口未开，不需要过于用力，如果过于屏气用力，会过早地消耗体力，而且过长时间屏气易导致呼吸性酸中毒。孕妈妈需要保持均匀呼吸，宫缩时慢慢深吸气，慢慢吐出；宫缩间歇期，最好闭眼休息，养精蓄锐。

宫开至胎宝宝头部娩出的阶段

这时宫口开了，需要足够的力量将宝宝推出。孕妈妈要用尽全力，屏气使劲。宫缩时，可以双腿屈曲分开，两手抓住手柄（或陪产人的手），像解大便一样用力向下，时间越长越好，以增加腹压，促进宝宝娩出。

宫缩间歇时，充分放松休息，下次宫缩时再开始用力。

头部娩出后的阶段

孕妈妈此时可以再次用力，因为此时宝宝娩出一部分了，这时可按照第二阶段的屏气法用力。

分娩时应避免这样的用力方式

避免一些错误的用力方式能让分娩轻松许多，分娩中孕妈妈需要避开的错误用力方式有：

1 生产过程中大声呻吟或大喊大叫。这样做不仅不能减轻疼痛，反而可能引起过度换气，致使孕妈妈体内缺氧，同时还使得胎宝宝脑、脐带、胎盘循环血量减少，继发碱血症等。此外，还会过多消耗孕妈妈的体力，真正要用力时便无力可使。

2 宫口开之前就屏气使劲用力。这样做会过早地消耗体力，而且过长时间屏气还容易导致呼吸性酸中毒。

3 宝宝胎头即将娩出时，仍向下屏气用力。这样很容易导致胎宝宝娩出过快，从而裂伤会阴部。

准爸爸胎教：分娩前后可以做的事

眼看着孕妈妈就要分娩了，准爸爸此时需要做好可以做的所有准备，如果记不住的话，不妨用记事本记录下来，在分娩前后不同的阶段拿出来对照着做，充足的准备会给孕妈妈和胎宝宝带来最为实际的帮助。

待产时准爸爸可以做的事

待产过程可能在家中，也可能在待产室度过，整个过程可能长达10~20个小时，准爸爸可以做的事情有：

1 可以在这一时期替孕妈妈补充一些营养可口的食物以储存体力。

2 用被子和枕头做靠垫，让孕妈妈调整到最舒服的姿势，或者带孕妈妈就近散散步。

3 可以用笑话来缓解孕妈妈对产痛的恐惧。

4 如果去医院比较方便，尽量让孕妈妈在家里度过分娩早期，这样精神压力要小得多，等宫缩变得有规律，差不多每10分钟一次的时候，再进入医院的待产室也不迟。

进入待产室后需要着力做的事

1 为孕妈妈补充水分和食物。这一阶段孕妈妈的阵痛感受尚未达到高峰，可以多准备些她喜爱的食物，如鸡汤面、花色粥等，帮助储存足够的体力，也可准备一些牛肉干、巧克力等高能量、小体积的零食为她加油，同时要随时询问是否口渴，及时为她补充温开水，最好在水杯中附上一支长吸管，方便在半躺卧的状态下摄取水分。

2 认真观察子宫收缩与胎宝宝的心跳。准爸爸可以观察胎音以及阵痛监测器，来了解母体与胎宝宝的状况，并记录每小时中出现的阵痛次数和胎心音监测结果， 提供给医生做参考。

3 协助孕妈妈如厕、换产垫。在待产过程中，护理人员会在孕妈妈的臀部下方垫上一层产垫，保持被褥的清洁。准爸爸要随时观察产垫的状况，一旦孕妈妈身下有大量液体流出，可能是羊水已破，要及时提醒医护人员处理。破水与未破水的处理方法是不一样的，这一点准爸爸要牢记。

4 帮助孕妈妈轻轻按摩减痛。有针对性的按摩可以大大缓解孕妈妈的产痛。在孕妈妈阵痛来临时，以手掌贴住尾骨部位，抵紧片刻后以轻轻画圆的方式按摩，大腿内侧也可画圆按摩，这可以避免腿部痉挛，并放松会阴；在阵痛间隙，可让孕妈妈趴在床边，替她按摩臀部，然后仰卧放松，用从外向里的打圈方式按摩腹部，还可以轻柔地按摩头颈、上臂和水肿的双脚，这都有利于恢复体力来迎接下一波阵痛。

分娩时准爸爸可做的事

如果准爸爸可以陪产，那么可以做的事情可能有这样一些：

1 站在合适的地方，并随时鼓励孕妈妈。准爸爸的站位应以不妨碍医护人员行动为条件，可以与医生协商，一般站在孕妈妈的左侧方较好。分娩时孕妈妈特别需要鼓励，准爸爸可以随时向她报告一下进程，给她鼓励，比如“我看到宝宝的头了，你做得很棒”等。

2 为孕妈妈做小范围的按摩。在这一阶段，按摩孕妈妈的手和脚， 即使是单侧的按摩， 都能对孕妈妈的情绪起到很好的安抚作用。

3 辅导孕妈妈用力和呼吸。如果之前与孕妈妈一起练习过用力与呼吸技巧，并且对这些技巧了然于胸的话，准爸爸可以在阵痛时给予孕妈妈一些提示， 假如不是很熟悉，可以在医生的指导下提示孕妈妈。阵痛间隙， 准爸爸不妨轻拍孕妈妈的手臂和肩膀，让她尽量放松，然后伴随下次宫缩，手握产床旁边的把杆， 将力量会到下半身。

4 为孕妈妈补充水分。分娩过程会消耗相当多的水分，准爸爸不妨用棉花棒蘸上温开水，擦拭在孕妈妈的双唇上，以及时补充水分。

胎宝宝娩出后新爸爸可做的事

宝宝娩出后称为后产期，是胎盘娩出的时期，此时阵痛已弱，母子平安，爸爸也可以舒一口气了。这时可以做一些后续的事项：

1 拍摄整个迎接新生命的过程。如剪断并结扎脐带、过磅，护士向新妈妈展示新生儿性别，护士填写出生卡片，给孩子脚上套辨别卡片，新妈妈欣慰的笑容，等等，作为日后珍藏的记忆。要提醒新爸爸的是，除非得到新妈妈允许，不要在娩出期录像，拍照和录像在胎宝宝娩出后最合适，此时新妈妈比较放松，也会配合拍摄，不会增加她的紧张情绪。

2 继续观察陪伴新妈妈。新妈妈产后大出血有六成以上发生在产后1小时内，因此，新爸爸要继续观察新妈妈至少30分钟，预防意外发生。这一时期，宝宝通常被送去清洗包裹，新爸爸可以说一些安慰和感激的话，对彼此的感情升华十分有用。

3 协助哺喂母乳。自然分娩的新妈妈，在产后半小时内就会接手照料宝宝的任务，此时她已耗尽体力，可能连把宝宝抱持过来吸吮母乳的力气也不够了，新爸爸可以在一旁协助新妈妈哺喂母乳。

营养胎教：分娩时应该怎么吃

在一般情况下，初产妇仅第一产程就需10~12小时之多，而产妇摄入的营养，既要满足自身呼吸、心跳、排泄等基础生命活动的消耗，又要为胎宝宝生存提供必需的养分，还要为子宫收缩所需提供大量的能量。

可以说，临产相当于一次重体力劳动，产妇必须有足够的能量供给，才能有良好的子宫收缩力，宫颈口开全才有体力把宝宝排出，因此，安排好分娩时孕妈妈的饮食是十分重要的。

分娩时的饮食安排

第一产程时，由于不需要产妇用力，因此产妇可尽可能多吃些东西，以备在第二产程时有力气分娩。所吃的食物一般以碳水化合物性的食物为主，因为它们在胃中停留时间比蛋白质和脂肪短，不会在宫缩紧张时引起产妇的不适感或恶心、呕吐。另外，这类食物在体内的供能速度快。食物应稀软、清淡、易消化，如蛋糕、挂面、糖粥等。

第二产程中，多数产妇不愿进食，此时可适当喝点果汁或菜汤，以补充因出汗而丧失的水分。由于第二产程需要产妇不断用力，产妇应进食高能量易消化的食物，如牛奶、糖粥、巧克力。如果实在因宫缩太紧，很不舒服不能进食时，也可通过输入葡萄糖、维生素来补充能量。

催生粥推荐

紫苋菜粥：将紫苋菜250克洗净切丝；粳米100克洗净，加水煮粥，粥将成时加入适量猪油、精盐、鸡精、紫苋菜，粥熟即可食用。产妇临盆时食用，能利窍滑胎易产。

空心菜粥：将空心菜150克洗净切碎；粳米100克洗净，加水煮粥，粥半熟时放入空心菜、精盐、猪油、鸡精各适量煮至粥成。产妇临盆食之能助滑胎易产。

分娩佳食：巧克力

分娩时可能无法想吃什么就吃什么，我们向孕妈妈推荐巧克力，它可以充当“助产大力士”，可以算得上是“分娩佳食”。

一来它营养丰富，含有大量的优质碳水化合物，而且能在很短时间内被人体消化吸收和利用，产生出大量的热能，供人体消耗。

二来它体积小，发热多，而且香甜可口，吃起来也很方便，孕妈妈只要在临产前吃上一两块巧克力，就能在分娩过程中产生出更多热量。

因此，孕妈妈在临产前可以多备几块巧克力，需要时吃一点，这对母婴都是十分有益的。

要提醒的是，虽然孕妈妈临产前吃巧克力帮助很大，但平时孕妈妈千万别贪吃巧克力，原因是巧克力大量的热量将使得孕妈妈肥胖，不利于胎宝宝健康，也不利于顺利分娩。

第40周胎教方案：哈罗，我的宝贝

做好升格做爸爸的准备

眼看着一个实实在在的宝宝即将来到你的生活中，准爸爸随时可能升格为新爸爸，面对这个角色转换，准爸爸除了激动和兴奋外，还要做好充分的身心准备，迎接宝宝的到来。

承担起家庭的责任

从现在起，准爸爸就要做好家庭的开支计划，而且也要为宝宝未来的每一步做一个大致的计划，让家庭和宝宝日后的生活有可靠的保障。

这些计划做起来缺乏经验是必然的，准爸爸可以去拜访一些已经做了爸爸的朋友，向他们讨教一些经验，也可以让他们告诉你一些做了爸爸之后的心得，看一看他们的生活状态。对于工作繁忙的准爸爸来说，这是最快也是最生动的获得宝贵经验的渠道。

担当起做父亲的责任

孕育生命不是孕妈妈一个人的事情，孕妈妈与准爸爸是相辅相成的，准爸爸应多学习一些育婴知识， 比如怎样给宝宝穿衣服、洗澡、喂奶、把尿等， 这样在宝宝出生后，爸爸就可以和妈妈一起去照顾这个小生命。在这个过程中爸爸一定会深刻地体会到一个父亲肩膀上的责任， 而且这也能够帮助激发起爸爸心底的父爱。

把握好丈夫和父亲的角色

宝宝出生后，在给爸爸带来父爱欢乐的时候，很容易让爸爸忽略了丈夫的角色。三个人生活的开始，并不意味着两个人浪漫的终结，有了宝宝后爸爸也需要呵护与关爱妻子，这才是真正的三人生活。丈夫与父亲的角色转换，爸爸也需要把握好。

小贴士

每个人的生活都会面对太多的改变，新生命的降临，也许会打破二人世界的宁静，却会给你们注入三口之家的温馨，准爸爸不要担忧即将到来的改变，要相信自己，做好该做的，相信你一定是个真正的好爸爸！

做好升级做妈妈的准备

宝宝诞生后，孕妈妈就正式升格为新妈妈了，这不仅仅是角色转变了，还意味着自己多了一份责任。孕妈妈要为顺利进入角色提前做好心理准备，因为熟悉新妈妈的角色需要时间。

为了帮助孕妈妈快速进入角色，我们给孕妈妈提供了以下几点建议，相信孕妈妈通过调整，一定能顺利适应当妈妈的感觉。

和宝宝建立亲密关系

在最初的几个月里，由于换尿布、喂奶、拍嗝、哄睡觉等琐碎的事情，新妈妈可能感到手足无措，力不从心，甚至怀疑自己是否真的能够胜任妈妈的角色，但是新妈妈要相信，宝宝出生后最需要的人是你，没有谁会比妈妈更了解宝宝，要坚持与宝宝互动。

1 尽量多看宝宝的眼睛，给他足够的关注，用眼神和他交流，并给他鼓励。

2 尽量满足宝宝想和妈妈亲近的愿望，多抱抱他，坚持为他洗澡、穿衣，让他随时都能体会到你对他的爱。

注意和新爸爸的沟通

宝宝出生后，新爸爸新妈妈的生活都发生了巨大的改变，而新妈妈需要日夜照顾宝宝，常常忽略了新爸爸，与宝宝更亲密一些，而新爸爸好像落单了。新爸爸虽然会努力习惯宝宝拥有更多的爱，但感情上可能会失落，新妈妈要注意与新爸爸的沟通。

新妈妈可以经常单独和新爸爸相处，比如早上宝宝还没醒时，彼此互相沟通，说说宝贝，也说说各自的事和感受，交流是最好的安慰、理解和支持，也能避免关系疏远。

照顾好自己

照顾宝宝对新妈妈的体力和情感都是一项挑战，为了更好地照顾宝宝，新妈妈需要照顾好自己，这样才有可能更好地照顾宝宝。

尽量多休息，保证睡眠，按照宝宝的作息时间来安排活动，宝宝睡觉的时候，新妈妈也应尽量睡，否则很容易疲倦。

除了照顾宝宝，新妈妈也要给自己留一点时间，可以去看望朋友、和新爸爸说说话、看看喜欢的书等，如果生活内容全部被宝宝占满，会因为失去自己的乐趣而得不到缓解。

和外界沟通

新妈妈没有太多的育儿经验，这需要学习并不断实践，这个过程很长，新妈妈要多认识其他新妈妈，听听她们的经验，交流一下各自的感受，这会帮助新妈妈更容易地度过困惑期。